The Financial and Academic Management in Private Universities

# 私立大学の経営と教育

## 丸山 文裕

東信堂

# はしがき

　日本の私立大学財政の一つの特徴は、収入の多くを学生納付金に依存していることである。この財政的特徴下における私学経営の成立条件は、高等教育需要が、常に供給を上回ることである。幸いなことに私学の発足以来、国民の教育熱心によって、需要はほとんどの時代で供給を上回ってきた。しかし21世紀初めにこの条件は変わり、高等教育供給過剰時代が予測されている。この時代に、私学にとって新たな高等教育財政システムの模索や高等教育政策の展開が必要とされると同時に、それらの実現実施の猶予期間に、個々の私学は自大学の財政基盤の強化、そのための強力な学生募集と学生の教育充実を図らなければならない。本書は、このような状況下での、私立大学の経営と教育を検討したものである。『私立大学の経営と教育』というタイトルの下、本書で扱っている内容は狭いと齟齬を感じられる方もおられようが、筆者が3年前に出版した『私立大学の財務と進学者』（東信堂）と併せてご判断願いたい。

　本書の特徴は、以下の4点にまとめることができる。第一に、個別大学の事例研究を含んでいることである。筆者の前著『私立大学の財務と進学者』では、主に集計的データを用いて日本の私立大学の経済行動を分析した。ほとんどが平均値の議論であった。それはそれなりに私大全体の授業料水準、学生数、収支構造、教育条件などの時系列的変化を明らかにすることができ、政策的インプリケーションを提示できたと思っている。しかし個別私学がどのように特定の行動を強いられてきたか、どう選択的行動をしてきたか、などを明らかにすることには限界があった。本書の第1部では、個別私学のケースを分析することで、その限界を取り払おうと試みた。また甚だ中途半端な分析ではあるが、日本の私大の成立期の財政にも触れた。現代の私大の財政状況がよりわかりやすくなると考えたからである。

　第二に、前著と同様、アメリカの高等教育財政を検討している。ただし前回は、アメリカの高等教育を取り巻く環境は、経済不況、政府財政赤字とい

う必ずしも恵まれたものではなかった。しかし今回扱ったアメリカ高等教育は、IT関連産業の興隆で好景気にわき、景気の拡大、政府財政の黒字化などの比較的余裕ある財政状況にあった。その中での高等教育財政を検討したので、前回とは異なった考察ができ、新たな知見を示すことができた。

第三に、前著では政府、大学、家計の3つのアクターを扱ったが、今回は、政府と大学のみに分析の焦点を絞り、私立大学は財政だけでなく、学生教育の問題も扱った。高等教育の研究者や関係者は、近年「大学の構造改革」に大きな関心を寄せている。再編・統合化および民間的経営手法の導入は、中でも国立大学の関係者の間で特に話題になるが、評価の問題は、私立国立を問わず大学改革の議論で必ず中心的議題になる。ただし筆者は、今日の多くの大学評価の議論の中に、学生への効果測定、コスト・パフォーマンス、大学教育の利益が、必ずしも十分に論じられていないと思っている。大学評価の議論で欠けているのは、大学がどのように、どのくらい学生に効果を与え、それをどのように測定するかであり、また学生が支払った授業料など直接コストと放棄所得の間接コストを含めた教育コストにくらべて、どのくらいの在学中のゲインがあり、将来のベネフィットがあるのか、そして学生や社会は、大学教育から何をどのくらい収穫するのか、という点であると思う。そこで大学教育の効果や教育の利益に関する分析を本書第2部に含めた。やや場違いな感もあろうが、意図は以上のとおりである。

18歳人口の減少によって、私学経営のあり方が注目を集めている。今後の私学の存続と発展には、財政基盤の確立と教育重視による学生募集の2つの単純な作業が必要である。しかしこの財政強化と教育重視という努力は、簡単には達成されない。各大学や大学法人において、複雑な内的制約があるからであり、強力な外的規制もあるからである。内的制約は、歴史、伝統、建学の精神、法人の経営方針、教授会の意向、などであり、外的規制は、もちろん政府の規制である。それらの内的制約や外的規制が複雑に絡み合って、個々の大学や法人の経済的経営的行動が決定される。本書ではこれらの絡み合いを少しでも解きほぐす作業を行ったつもりである。そのため取った方法は、歴史研究、数量的データ分析、インタビュー調査、教育経済学アプローチ、比較高等教育論アプローチと多岐にわたる。これが第四の特徴である。

本書の構成は以下の通りである。まず序章では、私立大学が現在置かれている経営環境を需要動向を中心に整理し、今後の私学の取りうる経営行動についてまとめた。第1部では、私学の財政を扱った。日本の私学財政の特徴を考えるため、まず私学が明治期にどのように発足し、経営維持されたのかを確かめた。そして私学の発足時から基本的財産を持ち、そこから生ずる果実をもって経営がなされる理念、法律があったにもかかわらず、実際は学生納付金収入が、当初からの主要な財源であったことを指摘した。また私学の現在の資産が、どのように蓄積され、また大学法人によってはなぜ蓄積されないのか、それは私学の収容学生数とどのような関係があるかを実証的に分析した。この実証分析に続いて、数校の私学の財務責任者へのインタビューを行い、ユニークな私学経営のいくつかの実態を紹介した。

　18歳人口減少下で私学は、学生を巡る競争に置かれることになるが、その競争状態の中で今後私学が取りうる経営行動の一つは、授業料の多様化と奨学金を用いた学生募集である。そこで学費をどのように差別化して入学者数を確保するか、奨学金をいかに利用して学生数を増加させるかを探った。第1部の最後では、日本の私立大学において、大学教育の質がどのような指標で測定されるか、そしてその質と価格（授業料など学生納付金）がいかなる関係にあるかを析出した。

　第2部では、私立大学の学生募集のカギとなる教育の充実化の傾向を指摘し、教育の様々な効用を整理検討した。まず各大学で活発に行われるようになってきたＦＤ活動の背景を検討した。そこで私大ではこれまでＦＤ活動は、教職員に対する建学の精神などの強調を通して、すでにインフォーマルな形で行われていたこと、今後も私大では特にＦＤ活動が経営上重要になることを指摘した。そして学生による授業評価の目的、機能、課題をアメリカの先行研究を精査することでまとめた。次に日本では大学評価が、徐々に大学の日常的活動として行われるようになってきたが、大学評価には、学生に対して大学がどのような影響を及ぼしているのかの測定がほとんど行われていないこと、および大学評価が教育の充実に貢献していないことを指摘した。加えて付論では、近年、日本の大学での退学率が上昇していると考えられるが、それがどのように説明できるかを試みた。

第2部の後半は、教育の効用をまとめた。教育、特に大学教育にはどのような利益が考えられるか、誰にそれが帰着するかを検討した。教育の利益についての検討は、大学評価を始める上で、まずなされなければならない作業である。これなしでは大学評価は適切になされないと考えられる。そして最後に、教育の利益の中で、社会的および経済的利益と考えられる教育の経済成長に対する貢献度がどのように測定されるかを検討した。これら教育の効用は、大学評価はもちろん高等教育に対する公財政支出、私学助成、奨学金政策を考える上でまず検討されるべきトピックである。

　第3部では、アメリカの高等教育システムや個々の機関が試みてきた様々な財政的経営的戦略をまとめた。まずこれまでの日本の高等教育機関にくらべ、はるかに充実している奨学金制度を検討した。そしてこれまたより厳しい競争的環境に置かれているアメリカの個々の大学がとる学生募集戦略の実態を検討した。次にＩＴ関連産業の興隆によってもたらされた経済的繁栄によって、1990年代終わりにアメリカ高等教育財政がいかなる影響を受けたかを検討した。さらに1990年代に急速にアメリカ各州で発展してきた営利法人大学の成長過程とそこでの問題などを考えた。最後の終章では、日本の私立大学の経営について、本書で展開した議論をふまえてまとめてみた。

2002年1月

著　者

# 目次／私立大学の経営と教育

はしがき 3
## 序章　私学経営を取り巻く環境 15
 1　18歳人口減少の衝撃 15
 2　文部省の政策変化 17
 3　日本の私学財政の特徴 18
 4　日本の私学の役割 20
 5　私学に対する規制と保護 22
 6　私学の将来 25

### 第1部　私学の財政

## 第1章　日本における私立大学の成立 31
 1　私立大学の成立 31
 2　私立大学の機能 33
 3　私立大学の経営 36

## 第2章　私学の資産分析 41
 1　私学の収入 41
 2　私学の資産 44
 3　相関分析 48

## 第3章　私学の経営：ケーススタディ 53
 1　ケースA：学生依存―資産アリ運用セズ 54
 2　ケースB：親企業依存―資産潤沢、消極運用 55
 3　ケースC：基金依存―資産積極運用 57
 4　ケースD：卒業生依存―loyalty収入とroyalty収入 58
 5　ケースE：スライド制による学費値下げ 60
 6　ケースF：公私協力方式の私大設立 62
 7　まとめ 63

## 第4章　学生募集と学費差別化 65
 1　売り手市場から買い手市場へ 65

2　価格の差別化　65
　3　学生募集と奨学金　67
　4　奨学金の種類と役割　68
　5　評価の時代　69

## 第5章　大学教育の質と価格　71
　1　学生にとっての教育の質　71
　2　教育の質の指標　72
　3　日本の大学の質と価格　76
　4　アメリカにおける大学教育の質　79
　5　ランキングと価格　80
　6　まとめ　84

### 第2部　大学教育の充実と効用

## 第6章　FD活動の背景と実践　89
　1　FDとは：個人から組織へ　89
　2　FD活動の背景　91
　3　FDの実際　93
　4　私学とFD　95
　5　FDと大学評価　96
　6　FDの課題：組織から個人へ　97

## 第7章　学生による授業評価　99
　1　はじめに　99
　2　教員評価の役割　100
　3　教員評価の妥当性と信頼性　101
　4　教員評価の矛盾　104
　5　おわりに　105

## 第8章　学生に対する大学の効果　109
　1　カレッジインパクト研究の成果　109
　2　研究の方法とデータ　110
　3　教育効果の源泉　115
　4　理論のインプリケーション　117
　付論　大学退学の環境要因分析　119
　1　問題　119

2　大学退学の説明モデル　120
　3　日本の大学退学の傾向　125
　4　大学環境要因の影響力　126
　5　まとめ　131

## 第9章　教育の利益分類　135
　1　利益の分類　136
　2　教育と家庭生活　142
　3　教育と出生率　144
　4　教育と健康　145
　5　市民性の発達と犯罪　147
　6　教育効果の原因　147

## 第10章　教育と経済成長　151
　1　はじめに　151
　2　計測の方法　152
　3　相関関係 vs 因果関係　159
　4　経済成長と教育投資の戦略　160
　　4-1　初等中等教育 vs 高等教育、先進国 vs 開発途上国　161
　　4-2　普通教育 vs 職業教育　162
　　4-3　教育の質 vs 教育の量　162
　　4-4　その他の問題　163
　付論　高等教育投資の時系列的分析　166
　1　高等教育費支出の時系列的変化　166
　2　投資としての教育費　167
　3　教育の社会的収益率　167
　4　ミスアロケーション・コスト　169

### 第3部　アメリカの経験

## 第11章　アメリカの奨学金制度　175
　1　奨学金の種類　175
　2　受給学生の決定　177
　3　奨学金の機会均等効果　178
　4　民間企業への援助？　180

## 第12章　学生募集と奨学金　183

1　買い手市場　183
2　マーケティングの努力　184
3　キャンパス見学　185
4　ランキングと学費　186
5　募集手段としての奨学金　187

## 第13章　好況とアメリカ高等教育財政　191

1　政府助成の増額　191
2　積極的な資産運用　192
3　個人と企業の巨額な寄付　194
4　家計負担の軽減　198
5　教育減税　199
6　閉校する小規模大学　200
7　若干のコメント　201

## 第14章　営利法人大学の成長　207

1　発足　207
2　進展　209
3　フェニックス大学の現在　210
4　営利大学の成立条件　212
5　質の確保　213
6　生涯学習理念の体現　215

## 終章　私大の経営と学費　219

1　私立大学の経営環境　219
2　日本の私学と授業料　221
3　アメリカの大学授業料と奨学金　223
4　授業料の大学間と学生間格差の拡大　226
5　結論:私学の対応と助成強化　227

あとがき　231
事項索引　234
人名索引　239

## □図表一覧

| | | |
|---|---|---|
| 図2−1 | 私学の純資産と運用益 | 43 |
| 表2−1 | 相関係数マトリックス | 49 |
| 表5−1 | 単純相関マトリックス（経済学部　N＝81）1989年 | 77 |
| 表5−2 | 単純相関マトリックス（経済学部　N＝81）1999年 | 78 |
| 図8−1 | 退学の説明モデルの諸タイプ | 124 |
| 表8−1 | 4変数の相関マトリックス | 129 |
| 表8−2 | 退学者の回帰分析：標準化された偏回帰係数 | 130 |
| 表8−3 | 退学率の回帰分析：標準化された偏回帰係数 | 130 |
| 図9−1 | 教育の利益の分類 | 141 |
| 表14−1 | 非営利大学と営利大学の特徴 | 218 |

———凡　例———

　文部省の名称は、本文内容上、省庁再編以前にあたる箇所は文部省とし、それ以降は文部科学省とした。省庁再編以前に発表した論文については、文部省の名称をそのまま使用した。

私立大学の経営と教育

# 序章　私学経営を取り巻く環境

## 1　18歳人口減少の衝撃

　戦後日本では、大学教育の需要は常に供給を上回り、受験地獄という言葉に象徴されるように、需要者の間の競争が供給者間のそれよりも強い傾向にあった。しかしこれは1990年代に入って様変わりしつつある。1992年に205万人を数えた18歳人口は、2001年で151万人、2012年には119万人となる。20年間に4割の減少である。他方大学の収容力はさほど変わらないから、いわばこれまで需要者の上にかぶせられていた圧力釜のふたが、取り外されたことになる。よってこれまで学力の点で合格の可能性の少なかった受験者にも進学する道が開かれたことになり、高校生の大学志願率は上昇し、合格率上昇の結果、進学率も上昇してきた。しかし志願率と合格率の上昇によってもたらされた進学率の上昇は、それほど長くは続くものではない。いずれ進学率は、ストップする。文部省は、すでに2009年度に大学の志願者数と入学者数が一致する大学全入時代を予測している。ただしこの推計は、国公私立併せた平均の話であり、大学によっては全入時代は、1990年代終わりからすでに始まっており、定員確保のできない大学も出始めている。

　大学短大への進学率は、いずれストップするであろうが、1990年代にそれは大きく上昇してきた。そして経済的データを観察するとその背後には、これまでとは異なった大学進学行動がなされていることがわかる。大学教育も一般の財やサービスと同じで、価格が下がれば需要が増加するだろうし、高ければ購入意欲が下がる。また需要側の所得が上がれば需要量も増加する。そこで大学教育の価格と家計所得との関係をみるため、私立大学の学生納付金を、大学生の父親のおおよその年齢である45～49歳の男子年間所得で割った指数を算出する。そしてそれを検討すると、その指数は90年代13.5％から

16％ぐらいまで上昇していることがわかる。つまり家計所得に占める私立大学教育費の割合は、1991年から2.5％ほど上がっていることになる。よって経済変数を検討する限りでは大学短大の進学率は、90年代に減少または停滞しても不思議ではなかった。

　ところで家計負担が上昇しても、大学教育から得るメリットが充分あれば、家計負担の上昇は相殺される。現在メリットはあるのだろうか？　それを確かめるため、高卒と大卒の初任給比率を取ってみると、1975年から1989年まで男女とも減少してきたことがわかる。75年には男女とも0.85であったが、89年には男子で0.78、女子で0.76であった。これは高卒にくらべ大卒が優遇されてきたことを物語っている。しかしそれ以降は上昇し始めている。98年には男女でおおよそ0.80である。バブル期の大卒が異常に優遇されていたとみることもできようが、近年では初任給でみる限り、大卒は雇用市場でそれほど有利な立場にあるわけではないといえる。さらに大卒にとって好ましくない状況は、就職率の急激な下降である。1975年から1991年までは、短大卒女子、大卒男女共、それぞれの就職率は上昇を続け、大卒女子は88％を記録した。しかしそれ以後は下降し、98年で65〜67％あたりである。このように高卒大卒の初任給比率および大卒短大卒の就職率でみた限り、大卒の経済的メリットは低下しており、大学進学率が下がってもおかしくはない。90年代の進学率上昇の背後には、家計負担が重くなり、大卒の経済的メリットも減少しているという奇妙な現象が隠されている。

　以上のことから2つのことがいえる。一つは、合格率の上昇に伴って上がってきた進学率も、近々ストップするであろうことである。家計負担が上昇し、卒業後の経済的メリットが薄れた大学教育に進学し進学率を支えているのは、かつてなら合格の可能性が小さい学力の低い層である。しかしこれらの学生も年々縮小していく。第二に負担の上昇とメリットの下降する中、大学進学率は過去最高を記録した。この背景には、学生の進学動機の変化と多様化があるということである。これについては、他で詳しく述べるが、単純化して述べれば、投資型の学生から消費型の学生が増えてきたことを指摘することができる。将来の展望が確実に描けなくとも、とりあえず現在を充実させることに価値を置く学生の増加である。

もし私大全体がこれまでのように日本の高等教育の中で重要な位置を占め、各私立大学が存続しその役割を果たしていこうとするならば、以上の状況から、私立大学自体の変化が必要であることがいえる。それは特に、大学教育の中身と財政の面である。消費型の学生にどう応えていくのか、どのように彼らを満足させるような教育を提供できるのか、また従来から存在する投資型の学生の要求にどのように応えていくのか。また需要が減少する中で、学生納付金に依存せず大学をどのように経営していくのか、経営基盤の強化は可能であるのか。国際競争力の強化、国際標準への適合、18歳人口減少によってもたらされた21世紀初めの大学改革が、国立大学だけでなく私立大学にとっても、1918(大正7)年の大学令、戦後の新制大学の誕生に次ぐ規模の変化になるという見方も誇張ではない。

## 2　文部省の政策変化

　1987(昭和62)年、学校教育法に定められ日本の高等教育の基本的方向を実質的に決定する常設機関として大学審議会が設立された。大学審議会は発足当初から日本の高等教育の個性化、多様化を進めることに大きな関心を寄せており、1991(平成3)年にそれに関するいくつかの答申を行った。中でも「平成5年度以降の高等教育の計画的整備について」は、大学審議会の考えを要約しているとみることができる。そこでは、高等教育の質的充実が図られ、そして各大学が自由で多様な発展を図ることができるよう制度改革が前提となっている。制度改革を進める上で、例えば大学設置基準の大綱化なども行われている。質的充実を目指す大学審議会の答申では、18歳人口減少の影響が高等教育機関の存立基盤にまで及ぶとしている。

　18歳人口減少が高等教育に大きな影響を及ぼすことは、すでに1980年代に一部の研究者から指摘されてきたことである。1990年代初め文部省も、それに対して大学教育の政策の変更を余儀なくされたのである。1991年の大学設置基準の大綱化はその具体策の一つであり、そこでは各大学の自由が強調されたが、同時に自己責任の考えも明確にされた。それから7年後の1998年の大学審議会の答申(21世紀の大学像)では、将来の大学短大の閉校を明言して

いる。その動きは、これまでの規制から規制緩和と、いわゆる護送船団方式の廃止を明確化したものといえる。競争原理の導入、教育機能の強化、国際的に通用する大学などの動きは、18歳人口減少という要因が少なからずかかわっているとみてよい。

　自己責任を強調する文部省の政策変更は、主に学生をめぐる私学同士の競争を激化させることになる。さらに現在進行中の国立大学の設置形態の見直しも、この競争をより激しくするだろう。行政改革の一環として国立大学の設置形態について様々な議論がなされてきたが、それは「独立行政法人化」として落ち着き、文部科学省は、2001年度中にその制度設計の概要を発表すると見込まれている。国立大学の独法化については、喜多村ら私学関係者が、様々な機会に私学に与えるマイナスの影響を予測してきた。それらを簡単に要約すれば、国立大学の独法化によって、国立大学はこれまで行ってこなかった「経営」原理を導入し、学生や資金市場に積極的に参入し、私大にとって強力な競争相手となるというものである。さらに国立大学の法人化に加えて、文部科学省以外の省庁や地方自治体が資金および土地を提供し、経営を私学が行う第三セクター大学や、「公設民営」大学が出現しつつある。これらの大学は、設置主体の分類によれば私立大学ということになってはいるが、財政的には公的資金が導入されており、これまでの私立大学とは運営方法も異なっており、既存の私大にとっては新たな競争相手の出現であるといえる。

## 3　日本の私学財政の特徴

　アメリカの私立大学財政の特徴の一つに、経営に占める授業料依存度が低いことが挙げられる。規模の大きな研究大学では、連邦政府からの受託研究費が大きな割合を占め、基本財産の運用収益も大きい。学生数の少ないリベラルアーツ・カレッジでは、政府の研究費が収入に占める割合はそれほど高くもないが、個人、財団、企業からの寄付や投資収益が重要な財源となる。日本の私学は、大規模小規模を問わず授業料依存度が頗る高い。授業料依存脱却が常にいわれてはいるが、その度合は、年々上昇しているのが現状であ

る。1975年時点では、私学平均で約55％であったのが、97年では、74％ほどになっている。

このような授業料依存は、少なくとも理念上は、私学成立期には考えられなかった。1918（大正7）年の大学令には、私立大学は財団法人が設立し、基本財産を持ち、利子収入によって運営されることが定められていた。これをクリアするのは容易なことではなかった。よって戦前に私立大学として認可されたのは、26校にすぎない。高等教育の機会拡大は、何よりも政府の役割と考えられていたのである。この点は、アメリカにおける考え方と同じとみてよい。

本来政府の役割であると考えられていた高等教育の機会拡大が、何故確固たる財政基盤がなく収入を学納金に依存している私立大学で担われたのだろうか。2つの理由が考えられる。第一に私立大学の教育が明治の成立期から、専ら教育コストの低い文科系学部に特化したことである。文科系学部は、教師と教室さえあれば最低限の授業が成立する。また教師一人あたり教授する学生数は、実験演習のある理系学部とは比べものにならないほど多い。学納金収入に依存しても、学生一人あたり学納金は比較的安価であり、よって高すぎて需要が減少するリスクはなかった。

第二に、私立大学が基本財産をそれほど保有せず授業料だけで経営できた「幸運」は、内部補助が可能であったことである。戦前の私立大学は、専門部、大学予科、大学で構成された。専門部は教育の質、教育コスト、卒業生の就職展望などにおいて大学よりワンランク下であった。私立大学の中には、そこに大量の学生を入学させ、その利益を大学経営に充てていたところもあった。戦後大学法人によってはその基本構造を引き続き保持し、高等学校、短大などワンランク下の機関を併設することで大学経営を行ったところもある。ただしこの内部補助が可能となる条件がある。すなわち学校段階が下がるほど、教育需要が大きくなるピラミッド構造があり、ワンランク下の学校を卒業しただけでも就職できるという学歴別労働市場もピラミッド構造であることが必要である。明治以降の日本は、人口の急増と資本主義の急成長によって、以上の2つのピラミッド構造を維持していたと考えることができる。日本の私立大学は、以上の条件によって基本財産を実質的保有せず発

展することができた。日本における私学の成立と維持については、第1章で検討する。

## 4　日本の私学の役割

　戦前には、日本もアメリカも公立と私立高等教育機関の学生シェアは、ほぼ半々であった。それが戦後の高等教育拡大期を経ると、アメリカは学生の多くが州立大学に、日本は私立大学に収容されることになった。日本とアメリカとでは、高等教育機会の拡大政策が異なり、日米で私立大学に違った役割が与えられたのである。戦前日本の私立大学の機能は、官立大学の補完であり、法経商学部のホワイトカラー養成であった。また戦後は、国立大学の補完であり、具体的には文学家政学部、短大による女子高等教育の充実であり、さらに理系学部も含めて全体的な量的補完機能も担った。戦後の私立大学・短大の新設や拡大は、事実上無政策によって行われたといわれるが、私立大学はこれらの高等教育機会の提供と拡大という補完機能を、国から委託されていると考えることができる。これによって政府の高等教育支出が大幅に節約できることになる。確かにGDPに占める高等教育の公財政支出が、他の先進国にくらべ小さいことはしばしば指摘されてきた。また私立大学が高等教育機会の拡大に寄与してきたことは、国民の高等教育に対する需要を急速に充足し、しかも国立大学だけではカバーできない多様な分野でそれを満たし、もし満たされなければ発生していたであろう社会的不安を除去できたことになる。1960年代拡大期において発生する私立大学の経営危機を救う助成金は、国からの委託金と考えることができよう。

　ところで私学の存在意義は、大きく分けて二つ考えられる。一つは、宗教教育やより高い質の教育など国公立大学では提供が困難な個人的便益を供給してくれることである。第二に、国公立大学の量的補完を行うことである。第一の場合は、これを選ぶ家計は一般に平均所得以上であるから、公的助成の必要はないといわれる（市川，2000, p.44）。第二の場合には、家計には本来国公立大学において教育サービスを受けたいのだが、やむを得ず私学を利用している家計があるかもしれないので、その場合は公的補助の根拠となる。

日本の私学の中には、宗教教育や国公立大学以上の質の高い教育を提供するところもある。しかし大部分の私学は、国公立大学の量的補完を行っている。よって私学または私学に通学している学生は公的補助を受けてしかるべきである。

　教育には受けた本人ばかりでなく、第9章で指摘するように、第三者にも恩恵が生じる外部効果がある。もちろん高等教育にもこの効果はある。受益者負担原則からすると、外部効果がある以上、高等教育の費用を学生やその保護者に任せるだけでは公正ではない。また教育費をそれを受ける個人によってのみに負担させると、裕福な階層が有利になる。高等教育費は、特に他の学校段階に比べ相対的に高価であるので、その傾向が強く、学生の出身階層には偏りが生じ、貧困層が高等教育機会享受の恩恵を受けられないことになる。そこで高等教育の機会均等達成は、政府の役割であり責任である。そのことは、戦前には認識されていたと思われる。

　しかし戦後に私立大学の設立認可が比較的容易であったため、多くの私立大学が設立された。そして高等教育の量的拡大期には、政府は、国立大学の収容定員をそれほど増加させず、そればかりか、私立大学に対して事実上の無政策をとり、結果的に国民に高等教育の機会拡大を提供したのは、私立大学になった。高等教育の機会均等は、政府の役割であるにもかかわらず、日本ではそれを私立大学に任せた。これは私学の役割に対する認識を誤るというより、むしろ無視してきたと考えられる。そして国の役割を将来財源が豊かになった時点で行おうとする、いわば国の役割を先送りしてきた。これはあたかも年金制度を現行の賦課方式から積み立て方式に変えるべきところをいつまでも先送りして、事態を益々困難にしていることと同じである。機会均等化の役割は、国の仕事であり私学の仕事ではない。

　日本の私立大学はそれほど大きな基本財産を持たずに発足した。当初から学生納付金が経営を支えていた。しかし役割だけは、官立、国立大学の補完、高等教育の機会の拡大化を担わされている。よって日本の高等教育は学費が高い機関が、機会均等を担うという構造的矛盾を抱えていることになる。それでも国民の高等教育需要が常に充分大きいこともあって、学費の高い私学が学生の大部分を収容するという日本のシステムは成立してきた。しかし高

等教育需要そのものが小さくなり、文部省の政策も保護から自由競争へ転換するにあたって、私立大学の中には経営的に苦しい状況に陥る大学も出てくる。しかしこれまで私学が置かれた状況や果たしてきた役割を考えると、文部省の政策転換はあまりにも唐突であり、ほとんどの私学は経営体質改善ができていない状況にある。私学としてはなんとか個々の大学はもちろん、私学全体としても軟着陸する方法を見出さなければならない。

## 5　私学に対する規制と保護

　戦後私立学校法制定の際、日本の私立大学はかつての財団法人から学校法人による設置となった。財団法人制の下では、理事は一人でよく、監事も評議員会も必要ない。一人の理事の主導によって運営された場合、私学の自主性、公共性の保持が困難であると判断されたためである。さらに財団法人の場合、許可主義をとり、設立が政府の自由裁量に任されるところがある。学校法人の結成、私立学校の設置にあたっては、政府の過度の干渉が排除されることが望まれるので、許可主義をとらず認可主義をとると解釈される（日本私立大学連盟，1999, p.36）。認可主義では、法律の定める要件を具備していれば、必ず政府から認可は得られるとされる。しかし認可主義の下でも、私立大学の設置や改組において政府から厳しい規制を受けることは、ほとんどの私学関係者の共通認識であろう。私立大学が、厳しい規制を受けていることは、それが国立大学の補完機能を果たしていると考えることもできる。大学設置基準は、私立大学が国立大学と同様公共性と永続性を有し、そのため充分な資産と運転資金を保有することを定め、また私大の教育研究条件の最低基準を明示し、私大の教育条件が、将来国立大学の水準に達することを暗に求めている。さらに認可主義の下でといえども、要件の充足がなされても、必ずしも認可されない場合もある。これまでの例では、大都市における新設増設の抑制策がこれにあたる。

　私立大学が国の補完機能を果たしていることは、規制ばかりでなく保護の面にも表れる。認可した以上保護する、いわゆる護送船団方式である。厳しい認可は、すでに認可された学校法人には新規参入を防ぐという意味で、私

立大学の保護として機能する。大都市抑制策は、既存の大学に供給カルテルを形成させ、私立大学はそれによって授業料値上げが容易になったという効果をもたらした。また学校法人に対するいろいろな免税措置や補助金の交付にも保護の姿勢が見られる。認可した法人の保護が、行政責任と解される。そして政府の私立大学への最大の保護は、このところ補助金である。

　戦前の日本の私学は、建前上は基本財産を有し、その果実をもって経営されることになっていたので、国が私学に恒常的に助成することはなかった。しかし戦後は、1970年に日本私学振興財団が設立され、1975年に議員立法によって私立学校振興助成法が制定された。これによって政府は私立大学に経常費補助を行うことになる。当初半額助成が目標とされたが、ピーク時でも対経常費支出の30％弱であった。私立大学は、国立大学の補完という発想によってか、助成方式は、国立大学への補助と同じ機関助成である。私立と国立では、授業料水準、教育条件、経営の安定度などに大きな格差があったので、私国格差の是正は望まれていた。しかし国立にくらべ、量的規模の大きな私立セクターを国立並にすることは、莫大な政府負担を要し、事実上不可能であった。結局私学助成は、90年代に政府財政悪化のあおりを受け、現在私大の一般収入の約10％を占めるにすぎない。この機関助成方式によって家計負担を国立大学並にすることは、政府負担を増加させ、助成額を増加させても授業料が低下する保証はないので、非効率であり限界がある。そこで少なくとも機会均等策には、個人助成方式が望まれるわけであるが、それは額が十分大きければ、学生を通じて高等教育機関を潤すわけであるので、機関助成と何ら代わらないことになる。よって個人助成も、私立大学への保護と考えることができる。

　政府が大学教育サービスの供給者である私立大学に対して、以上のような規制と保護を行う根拠は、私立大学教育が外部効果を持つからであり、受益者が不測の損害を被らないためである。このうち受益者の保護は、大学教育の場合、供給者と需要者の間に情報の非対称性が存在し、需要者が事前に大学教育の中身を知ることができないため、政府がその内容をある程度保証（メリット）するためになされる。規制も保護も需要者の保護のためである。しかし現実には、受益者保護を行うためには、機関や事業者なり、供給者保

護の形を取る。文部科学省が設置認可を通して、大学教育の質を保証確保し、学生の保護を行う方法をメリット・レギュレーション・システムという。

しかしこのシステムは、変化の速度の速い社会においては、認可後当初の保証がなされにくいことから、ディスクロージャー・システムに変わりつつある。このシステムの下では、政府は供給者や事業者に対する規制や保護をそれほど厳しく行わない。しかし供給サービスの内容、性能、リスクについての情報を需要者に充分に与え、需要者にサービスを受けるかどうかの最終判断を委ね、リスクは需要者の自己責任において処理されることになる（日本私立大学連盟，1999, p.216）。自己点検評価、第三者評価、情報開示などの大学を取り巻く動きは、大学教育もメリット・レギュレーション・システムからディスクロージャー・システムに移行しているとみてよい。従って今後は設置認可における規制は、強化よりも緩和の方向に動くであろうし、それに沿ってこれまでなされてきた機関保護の度合いも小さくなることが予想される。

現在大学改革論議が、至る所で起こっている。その理由は、現行の大学教育システムが様々な面で効率的でないと認識されているからである。教育サービスを効率的に提供するには、様々な改革が必要であるが、私立学校への公的規制を緩和し、教育市場への参入や退出を自由にすることが提案されている。例えば理系学部への私立大学の新規参入がより簡単にできるよう、国公立大学の授業料を上げるべきという具体案もある（山内，1996）。また社会的ニーズに対応した大学が発展し、そうでない大学が円滑に退出できるルールの整備を求める経済学者もいる。雇用が流動化する中現在の日本の大学は、市場価値を高める専門的な内容の教育需要に応えていないという。その原因は大学の新規参入や既存の学部・学科内容の弾力的な改革への規制が強すぎるからである。設立時には厳しく制限するが、事後的な質の維持のチェックが少ない現行の認可制では、市場で淘汰されるべき大学も温存される（八代，2001）。設置基準には、まだ校舎面積の3倍の校地を要し、その半分以上を所有する義務などの「土地信仰」があるといわれる。これらの主張は、メリット・レギュレーション・システムからディスクロージャー・システムへの移行を支持し、効率重視の一つの手段が規制緩和にあるとする。

## 6 私学の将来

　以下では、競争的環境下における個々の私学が取るであろう経営行動についてまとめてみた。それらは教育の充実と奨学金による学生募集の努力と、他方収入源の多様化とコスト削減による財政基盤の強化につきる。

　**1）教育の充実**　私学はこれまで以上に学生の教育を充実する方向に進むであろう。研究志向の強いとされる国立大学でもシラバスの作成など教育に力を入れてきたが、私学も競争的環境の中で、国立大学以上に教育の充実を図るべきである。それには、第6章で検討するように現在各大学で行われつつあるFD活動やSD活動などの啓蒙活動によって、学校法人構成員のすべての意識向上が有効であろう。またこれまでステイタス向上に役立つとの理由から、学部教育の充実とは無関係に大学院を設置する学校法人もあったが、充分な需要があり、採算が確保される保証がなければ、国立大学を追従して大学院を設置することはなかろう。

　**2）授業料差別化と奨学金**　学生は、大学に学力と授業料の支払い能力によって選抜される。大学は、学生のこの二つの能力をうまく利用しなければならない。学力があるのに支払い能力がない学生が多く存在することは、社会にとって不利益をもたらすので、そのような学生が大学進学を果たす援助が必要となるが、それは育英事業であり、基本的には政府の仕事と考えられる。しかし支払い能力に如何にかかわらず、学力の高い学生をできるだけ多く自大学に収容させることは、その大学の大きなメリットとなるので、大学がそのような学生に独自の奨学金を用意したり、授業料支払いに特権を与えたりして、学力の高い学生を集めることには意味がある。支払い能力を基準として奨学金を与えることを、ニードベース奨学金といい、学力による基準をメリットベース奨学金というが、大学はメリットベース奨学金を独自用意する必要がある。それには第3号基本金の充分な蓄積が必要であるが、問題はこれを保有する学校法人が多くはないことである。これらの点については、第2, 4, 11, 12の各章で検討する。

　**3）マーケティング、潜在需要開拓の必要**　高等教育も他の業種と同様、需要の減少時には、新たな需要を創出することも必要となろう。18歳人口の

減少する中で、現在の量的規模を高等教育全体で維持するには、新たな顧客を開拓しなければならない。その場合成人は有力な候補である。高校卒業者や短大卒業者がそのターゲットとなる。これまで高等教育の機会を享受できなかった成人、職業的知識技能または教養をつけたい職業人、4年制学位を目指す短大修了者等に注目し、そのような人が学びやすい学習条件を整備しなければならない。夜間授業、週末授業、ウェッブ授業の開講が考えられる。また4年間での履修にとらわれず、それ以上、また編入学生は2年以上の履修を認めるカリキュラムや、授業料支払い方法の弾力化も必要である。これらの具体的事例については、第14章で扱うアメリカの営利法人大学の実践が参考になる。これらの試みは、各大学の努力も大切であるが、定員の扱い、私学助成額の算出方法などの行政側の見直しも必要となろう。1991（平成3）年の大学審議会「平成5年度以降の高等教育の計画的整備について」（答申）は、生涯学習についてふれた部分で、伝統的な進学年齢層以外の者に配慮した履修形態の柔軟化や多様な学習成果に対する評価の工夫が求められているとしているが、審議会の生涯教育の理念と今後の私学の学生確保戦略は一致している。

　4）学生のニーズ充足　かつて大学は、現在を犠牲にして未来に賭ける投資型の学生の場であった。しかし今やそのような学生ばかりが進学するのではない。現在を楽しむ消費型の学生が増加すると考えられる。彼らは、将来の就職などそれほど気にせず、気に入った就職口がなければフリーターでもかまわないと考える。投資型の学生には、キャンパスアメニティーはそれほど必要なかった。教室が少々汚くても、トイレの掃除が行き届かなくても我慢できたのは、卒業後の明るい未来があったからであろう。しかし消費型の学生には、現在の快適さが重要である。教室、図書館、学生控え室、ロビー、食堂、トイレの清潔さ、快適さ、各種学生サービスの充実が必要である。また交通不便なキャンパスには、学生用駐車場の整備が重要である。授業に関しては、第7章で見るように、日本でも学生の教員評価が徐々に導入されているが、キャンパスアメニティーについても評価が必要であるし、学生の消費者モニター制度も導入される必要がある。学生への効果については、第8章でふれる。

5）**コンソーシアムの利用**　私学は、収入源の多様化を考えると同時に、これまで以上に経営コストの削減に力を入れるであろう。教育の物的人的資源を有効に利用する術を考えなくてはならない。大学の物的資源、例えば教育施設の利用は、著しく不効率と考えられる。これまでは、ほとんどの教室は午後4時を過ぎれば、利用されることがまれであるし、2ヶ月連続の夏季休暇をはじめ1年の4ヶ月が休みである。しかし大学設置基準の縛りで、これらの施設は、大学である以上用意しなければならない。大学設置基準の一層の緩和が必要であるし、個々の大学は、人的物的大学資源をさらに有効利用する方策を模索しなければならない。その一つのあり方として、コンソーシアムの設立とその利用を挙げておきたい。私立大学は、建学の精神、経営方針、基本財産の違いなどあって、学校法人の統合が簡単ではない。この点については、国立大学の方が、容易に出来ると思われる。よってコンソーシアムによって、単位互換、教育施設の共同利用または、物品の共同購入や事務業務の外部委託の共同化などによってコスト削減が必要である。

 6）**教職員のマネジメント感覚の涵養**　私学経営が厳しさを増すにつれて、第3章のケーススタディが示唆するように、大学を構成する個々の教職員に対してマネジメントの重要性を認識してもらう必要がある。コスト削減と収入増加の手だてを教職員全体で考える必要がある。それには、FDやSDが有効かもしれない。また教職員人事においても、これまでとは異なった考え方が必要となる。

　ところで経営には、短期的視点と長期的視点がある。しかしそれらは必ずしも一致しないことがあるので、行動選択は難しい。例えば、短期的に学生を確保したい状況では、入試科目の削減や推薦入学者枠の拡大によって志願者数を増加させることができるが、それは長期的視点に立てば、入試難易度を低下させ、いずれ学生募集にマイナスになる。また経営の短期的視点に立って、入学者数の決定の際、定員以上を最終的に入学させる決定は、多くの大学でとられてきた。しかしこれも、長期的な視点に立てば、入学難易度を下げることになり、マイナスである。今後各大学は、どのような入学者決定を行うか、難しい選択を強いられる。

　高等教育需要が供給を上回った条件下では、各大学は入学者を決定するに

際して、質と量とのトレードオフの選択を強いられた。つまり質を重視する場合は、入学者は定員にできるだけ近い数で決定される。しかし質よりも、経営上、量が重視される場合は、定員を超えて入学者数が決定される。後者の場合を選択すると、入学難易度が下がり、さらなる学生の質の低下を招くことがある。しかし需要超過の下では、質の低下それ自体は問題となっても、年を越した波及的な影響はない。翌年度は、質の低下があっても、量は同じように確保することができたからである。しかし需要が十分大きくないときは、質の低下は学生募集にとってマイナスであり、場合によっては定員割れという私学にとって致命的な影響を及ぼす。今後は、質と量のトレードオフが存在する大学群は少なくなる。これについては、第5章で検討する。

　7）寄付金集めの努力　学生納付金収入に依存した私立大学の財政構造の改革は、常に話題になってきた。まずもって収入の多様化が必要であるが、その一つは寄付金が考えられる。寄付金源としては、卒業生、地域、企業、地方自治体などが考えられる。寄付金集めには、それなりの努力が必要であり、何もしなければ、誰も寄付してくれない。例えば卒業生には、卒業後にも大学の現状を報告するパンフレットやウェッブ上での情報発信が必要である。そしてなされた寄付が何に使われるかを明確にすることも大切である。例えば、奨学金に使用されるならば、寄付の動機付けも強まるであろう。また地域の個人や地方自治体から寄付を募るには、大学が地域に対していかなる貢献をしているかを知らせる必要もある。大学への寄付については、第13章においてアメリカの事例を紹介する。

### 参考文献

市川昭午、2000、「高等教育財政の基準と方法」『高等教育の変貌と財政』玉川大学出版部。
日本私立大学連盟、1999、『私立大学の経営と財政』開成出版。
八代尚宏、2001、「大学の参入規制撤廃を」日本経済新聞1月18日号。
山内直人、1996、「NPOとしての私立大学」『経済セミナー』No.503 12月号　pp.60–68.

# 第1部　私学の財政

# 第1章　日本における私立大学の成立

　日本の私立大学は、戦後高等教育の機会拡大の担い手として中心的な役割を果たし、現在学生の約8割を収容するに至っている。これに対してヨーロッパの大学は、ほとんどが国立といってよく、他方有名私立大学の存在するアメリカでは、学生数の2割ほどしかそこに収容されておらず、高等教育機会の提供は、州立大学でなされている。よって日本のような私立セクターがこれほど大規模な国は、フィリピンを除き他に例をみない。このような日本における私立大学の発展は、直接的には戦後のアメリカの影響を受けた私立大学が拡大しやすい教育政策によるところが大きい。しかし戦争直後設立された大部分の私立大学は、戦前からそのルーツを持ち、戦後突然出現したのではない。そこで本章では、現在の私立大学のルーツである戦前の私立大学の成立過程と、それがどのように経営維持されたのかについて検討する。

## 1　私立大学の成立

　日本のいくつかの私立大学は、明治維新以後設立された私立専門学校から発展したが、私立大学として成立するまでには様々な法律が整備されていく。それらの専門学校は、個人や特定グループの意志によって組織作られていき、法律はその後追いにすぎなかった。日本の私立大学の成立には特に3つの法律が大きく関与している。そのうち最初の重要な法律は、1888（明治21）年に出された「特別認可学校規則」である。この規則は、専門学校が尋常中学校卒業者用の学校であることを定義し、3年以上そこで学んだ学生に官僚任用上の特権を与えることによって、専門学校の位置を明確にすることになった。具体的には、高等文官試補の受験資格と判任官見習の無試験任用の特権である。その法律施行によって東京専門学校が設立され、その2年後、慶應

義塾「大学部」が開設されている。その後専門学校卒業生には徴兵制上の特典や中学教員任用の特典も与えられている。

「特別認可学校規則」には専門学校として認可を得るのに教員、校舎の整備とともに毎年の資金のうち、2,400円以上は利子収入であるための基本財産の条件もあった。明治の半ばにすでに基本財産の保有というアイディアがあったのである。しかしこれを保有するところはほとんどなく、これは事実上無意味な規定であり、その後認可の条件としては削除されている。ちなみに、大学が基本財産をもつというおそらくアメリカ的な考え方は、私立だけではなく官立校にもあった。1880（明治13）年公布の「官立学校及図書館会計法」には、官立学校においても一定の財産から利子収入を得て経常費にあてることが規定されている。しかし財産形成は、授業料からは繰り入れできなかったので、基本財産の理念は実現されてはいない。

そして1903（明治36）年、第二番目に重要な法律「専門学校令」によって私学は、大学の名称を使用することを許され、高等教育機関として法的に承認されることになる。それによって早稲田大学、明治大学商学部が自らを大学と名のることになる。1905（明治38）年には、大学という名称を用いた私立専門学校は、15校を数えている。このあたりの経緯について、大久保は次のように述べている。「専門学校令が公布になると、間もなく先ず早稲田がやつて来て、専門学校令によつて組織を変更するから、大学と称することを許可しろと言うのであつた。菊池文相は内心不賛成であつたが、遂に之を許す事とし、其の代わり本科三年だけでは困る、其れに予科一年半をつけなければいけないと言ふので、早稲田では中学卒業者を入学せしむる処の予科一年半をおいて早稲田大学と称する事となつた」（大久保, 1943, p.375）。この予科設置は後にみるように、私学経営によって重要な意味を持つことになる。予科は、中学卒業を入学資格とし、私大予科の多くは大学部入学のための受験準備教育を行ったが、予科学生の中には自校大学部ではなく、官立学校受験を目指す者もいた。

第三の重要な法律は、1918（大正7）年の「大学令」である。日本において私立大学が正式に発足するのは、この法律によって私立大学の設置認可が法的に整備されてからである。それ以前は、専門学校が大学の名称を勝手に使

用していたにすぎない。「大学令」以前の私学は、「大学」という名称を使用していたが、法的には「専門学校令」で承認されていた専門学校であった。「大学令」以後、1920(大正9)年に、慶應と早稲田の2大学が官学と同格となる大学として正式に認可されている。戦前期を通じてこの認可を得るには、厳しい要求をクリアしなければならなかったので、私立大学として認められたのは僅かに26校にすぎない。認可の基準は、利子収入のある基本財産の供託、高等学校と同水準の大学予科の設置、図書館の設置、学生数に応じた専任教員の確保、校舎の施設設備であった。

　私立大学設立の主体は、戦後のような学校法人ではなく、1898(明治31)年の民法施行後に規定された財団法人であった。大学を設立することができるのが財団法人である理由は、学生の授業料のみの収入では大学教育の運営に様々な弊害が生じることを政府が危惧し、財政的基礎の必要性を重視したためである。1900(明治33)年に早くも同志社財団が登録され、1908(明治41)年早稲田が社団法人から財団法人に変更している。慶應義塾も1907(明治40)年に、財団法人の認可を得ている(長峰, 1978, p.34)。社団法人は、教員一人一人を社員とし、社員のための法人であり、社員の集合体である。他方財団法人は、非個人的な目的のために拠出された財産の集合に法人格が与えられ、財産の独自性と管理の永続性の確保が目的となる(日本私立大学連盟, 1999, p.83)。ここにおいても、私立大学における基本財産保有の考え方がすでに強調されていることがわかる。

## 2　私立大学の機能

　私立専門学校の役割は、1880(明治13)年創設された明治法律学校や、イギリス法律学校(1885年設立)、関西法律学校(1886年設立)の校名が示すとおり法学教育であり、司法官、判事試補(優秀な者)の養成であり、官僚の供給であった。これは、限られた官学の収容力からはみだした進学要求の充足であった。興味深いことにイギリス法律学校、ドイツ学協会専修校、東京仏学校法律科など私立法律学校のうちには司法官養成の役割を果たすべく政府から多額の補助金を与えられたものもあった。その後さらに弁護士、企業経営者な

どのプロフェッション養成の一部を担うことになった。

　しかしその役割に加えて1903(明治36)年の「専門学校令」施行のあたりから、私立大学で商学が教授されるようになった。明治大学は1903年に、東京専門学校は1904年に商学科を加えている。その役割は民間企業のサラリーマン養成であり、夏目漱石のいう「腰弁」であった(「行人」)。このように明治期までは、官学は「国家の須要」に応ずる人材養成、他方私学はプロフェッション養成と役割分化が明確であった。しかし「大学令」によって官私同格が規定されると、大正から昭和にかけて、私学は官学と機能において変わらなくなり、その結果私学の独自性が失われてしまった。そして官私同格が達成されるどころか、皮肉なことに財政基盤の強固な官学の私学に対する優位性が確立してしまった。このように日本の近代化の過程における私学は、希少な資源配分構造の中でさしたる地位を得なかったため、独自の経営、組織形態を「発明」するしかなかった(天野, 1986, p.138)。それは、「国家の須要」＝官学の枠をはみ出した社会のニーズを的確に捉えることから始まるのである。

　私学は1903(明治36)年に公布された「専門学校令」以来、官立校の補助的な役割を果たすことを期待されていく。永井は創設期私学を3つのタイプに分類している(永井, 1969, p.129)。一つは、自由主義派の学校で、東京専門学校(早稲田)、慶應義塾、同志社がこれに当たる。これらの学校は、官制の学校に対抗する国民の自由な学校として当初成立した。第二は、伝統主義派で、神宮皇学館、皇典講習所(國學院)である。第三のタイプは適応派であり、東京法学社(法政)、経済と法律専門の専修学校(専修)、明治法律学校(明治)、イギリス法律学校(中央)、関西法律学校(関西)、日本法律学校(日本)が当たる。これらの私学は、その養成した人材から判断して官立の学校の機能的補完物であるといえる。

　大学教育は所得向上、威信の高い職業への就職という経済的メリットばかりでなく、学生の徴兵猶予などの特権があり、これも進学希望者にとっては進学の一つの動機付けでもあった。また徴兵猶予は大学にとっても、学生募集において有利となり、専門学校の大学昇格を促進した。これらを背景として高等教育への需要と供給は、「大学令」以後大きく拡大することになる。

明治期の高等教育進学に高い関心を示したのは、すでに高度な教育を受けた士族層や豪農層であった。そこで国は、中学校卒業者の強い進学希望要求に対して官立の新増設により、それに応えようとした。戦前では高等教育の機会拡大は、政府の役割と考えられていたのである。しかし私学と官学とを同格とする「大学令」をはじめとする一連の高等教育政策は、高等教育の量的拡大を担うことができる組織形態を私学の中に作り出し、それは、私学も政府も意図しない結果であったといえる（天野, 1978）。

昭和の初めに大学、専門学校卒業生の就職率が3割ほどしかなかったことから、大正期の大学教育の拡大政策については、これまでは批判的な見方がほとんどであった。例えば永井は、大正期には、行政、政党、教育関係諸団体にも大学政策を立案し、計画実施する力がなかったとして、審議会方式が各界の意見と努力の均衡の場として機能し、これが大学教育の「拡張にともなう混乱」を生じさせたとしている。そして1915（大正4）年から10年間に2倍となった高等教育在学者数が、ほとんど法文系に吸収されたことを混乱の具体例としている（永井, 1969, p.38）。そして「理工系よりも法文系が不当に拡大され…明治時代にすぐれた教育によって人材を輩出した私学の質は急速に低下し」たと述べている。さらにこれは「収支をつぐなうため、時代が必要としない無内容な文科系が拡大され」た結果として厳しい解釈を与えている。

しかしこの高等教育拡大政策への解釈は、その後の日本経済の中長期的な発展を考えると、必ずしも正しいとはいえないだろう。日本の私学は、法学系の学校として発足し、経済商学において拡大した。むしろそれは、その後の経済発展に大いに寄与したと考えられる。最近の教育経済学の研究によれば、近代国家を目指す開発途上国では、従来思われていたほど理工系だけが必要な人材として重要なのではなく、社会科学系卒業生も経済発展に大いに貢献することが示めされている（この点については本書第10章を参照されたい）。戦前の日本においても、私学に法経商学系の学生を養成させたことは、短期的に卒業生の就職率が低くても、開発に必要な人材養成の点から長期的にみれば、決して間違いではなかったといえよう。

## 3 私立大学の経営

　先にみたように私学の法人化は、1898（明治31）年の民法施行後進み、設立の主体は財団法人となった。その後1911（明治44）年「私立学校令」改正により、専門学校設立には、利子収入を生む資産を備え、財団法人による管理が義務づけられた。1918（大正7）年の「大学令」によって私立大学設立には、50万円と一学部当たり10万円の基本財産の供託が条件とされたが、その利子収入は、大学の経常費をまかなう額としては僅少であった（天野，1978）。そこで例えば慶應は基本財産を拡充するために、卒業生などに対して積極的な募金活動を行い、それが功を奏して当時としては最も潤沢な私学になった。1911（明治44）年に、慶應の資産総額は108万円となる。しかしその半分は不動産であり、流動資産は3割ほど、金額として約35万円にすぎなかった（天野，1989，p.234）。その頃ほとんどの私学経営の財源は、授業料収入であり、収入の全額を学生納付金によっていた学校もあった。天野は学生納付金を主要な財源とする経営形態の下では、法商経系私学は、大規模校への道を取り、医歯薬系私学は、多額の授業料を徴収する方向に向き、それ以外の宗教系私学は、設立母体である宗教団体に依存する方法を取ったと分析している（天野，1989，p.312）。

　理念としての基本財産からの利子収入は、現実には不可能であり、そこで私学は、独自の経営組織を生み出すことになる。1918（大正7）年の「大学令」によって官立と同格になるべく私立大学の設置が認められたが、その前身である専門学校のすべての組織が大学に昇格したわけではなかった。教育に充実したそして高い水準を持つ部分が大学に移行し、それ以外は専門部という形で残った。ただし教員の多くは、大学と専門部とを兼務していた。私立大学は、大学、大学予科、専門部で構成されることになり、この構成は私立大学の維持、経営に重要な意味を持つことになる。これまで述べたように「大学令」により、私立大学は、維持するための収入をもたらす基本財産を必要とされたが、そこから得られる利子収入は、大学を維持していけるほど大きくはなかった。収入のほとんどは授業料からであった。例えば1915（大正4）年、早稲田の場合収入の92.6％が学生納付金であった（尾形，1977，p.34）。他

の大学でも経常費に対する授業料収入の割合は、同じように8～9割と推定されている(天野, 1989, p.235)。私学は専門部に大量の学生を入学させ、彼らの授業料収入によって、大学が維持経営されたのである。大学全体のうち大学部学生の比率は、1915(大正4)年においても多くの大学で10％台であり、早稲田、慶應でようやく46％であった(天野, 1989, p.226)。1935(昭和10)年に、私立大学の学生数は1万以上に達したが、この時期に至っても早稲田、日本の各大学では、半分以上が専門部の学生であった。明治期における私学の授業料は、官立大学より低いか、ほぼ同水準であった。しかし大正の半ばより、私学の授業料は、上昇し、官立大学の授業料を上回るところも出てくる。これは、私学に対する進学需要の高まりが反映されたものとしている(伊藤, 1993)。ちなみに1912(明治45)年には、早稲田の授業料は年50円、慶應年48円と、年35円であった帝国大学の授業料を超えている(羽田, 2000)。

　このような戦前日本の私立大学は、大富豪が巨額の基本財産を提供し、その利子が運営に大きな役割を果たしたアメリカの私立大学とは経営や財政の点で著しく異なっている。日本の私立大学の経営は、学校体系の中で大学よりワンランク下の専門部学生の授業料収入で、その上に位置する大学の教育を支える内部補助(cross-subsidization)方式であり、専門部は、家計の教育資金の吸い上げ機能を果たしていた。私立大学の学生は、自ら支払った授業料以外にも学内補助を受けていることになる。私大の組織は、政府財政、基本財産の僅少な状況で、高等教育需要を吸収するのに必然的に生じたシステムといえる。ただしそのシステムが維持されるには、大学を支えた専門部の学生が、充分な進学動機を持ち、卒業後の就職状況が明確に提示されていることが条件となる。大正期のある企業の文科系卒業者の初任給は、私立大学65～70円、私大専門部50～60円であったというから(天野, 1986, p.193)、専門部に進学するメリットは充分あったと考えることができる。また明治期における高等教育の機会を享受したのは、初期において士族層、末期において充分な経済力を持った中産階級の子弟であり(天野, 1989, p.193)、「大学令」当時には、専門部の進学需要も充分大きなものと考えられる。

　ところでアメリカの私学は、その創設にも維持運営にも、個人の寄付金が大きな役割を果たした。アメリカの資産家は、その財産を病院、博物館、老

人施設、救貧施設、美術館、オーケストラ支援、財団などに向けることができ、大学への寄付や大学設立は、一つのオプションにすぎなかった。私立大学設立には、政府または国家でも、市場でもない個人のボランタリーな行為が作用していたのである。しかし日本の場合は、私学の設立維持に資金を提供する個人、企業、財団はほとんどなかった。日本の私学は、特定の財団や団体が創設したものはほとんどなく、唯一挙げることができるのは植民地政策を推進することを目的に作られた団体が中心になって創られた台湾協会学校、後の東洋協会で現在の拓殖大学だけである（日本私立大学連盟，1999，p.31）。

　企業によっては、高等教育の役割に注目し、寄付金を提供することもあったが、それは私学には向かず、専ら帝国大学学生の奨学金に用いられた。1907（明治40）年に古河財閥が多額の寄付を行ったが、それは東北、九州、北海道の各帝国大学の創設に向けられ、私学には恩恵がなかった。足尾鉱毒事件の世論指弾をかわそうとしていた古河は、100万円を国に寄付し、その寄付金によって、北海道帝国大学が札幌農学校から格上げされた。また大正期には各地に官立の高等学校、実業専門学校が設立されるが、中には民間の寄付金によって設立されたものもある。民間のまとまった教育資金が、私学に流れないような水路が形成されていた。また1900年代（明治の終わり）に各地に官立の実業専門学校が新設されたが、その設立資金に県や市が寄付を行ったり、校地の提供をしたりしている。またもともとは私立学校として設立されたものが、官立に移管された例もある。1875（明治8）年設立の私立三菱商船学校は、1882（明治15）年に官立に移管され、その後1925（大正14）年東京商船学校となった。また川崎財閥が1917（大正6）年設立した川崎商船学校は、1920（大正9）年施設設備、維持資金、基本金240万円つきで、政府に寄付され官立神戸商船学校となった。

　ところで東京専門学校は、1904（明治37）年に商学科を、中央大学は1909（明治42）年に商業科をそれぞれ設置した。商業科は、日本資本主義の発展期におけるホワイトカラー人材供給源として機能したことから、私学が社会的需要に応えたといえる。しかし私学は社会的使命を意図的に果たそうとしたというよりも、学生が集めやすくかつ教育コストが安価であることから、私

学は商学科を積極的に設置しただけだいう見方もできる。永井は、この現象を私学がかつてはより多く理想を中心としていたものが、いまや学生と社会の要求に応えて、より多く経営によって左右される企業体となったと否定的に捉えている(永井, 1969, p.146)。しかし理念では経営できず、結局私学は授業料収入を最大化しうる組織を作り、教育コストの低廉化が可能な分野での発展に力を入れた。また法律学校から発足した私立大学の場合、コストを低く抑えるため教育に専任教員ではなく多くの非常勤教員を充てることになった。それらの非常勤教員は判事、検事、弁護士、官立大学教授などの本業を有していた(日本私立大学連盟, 1999, p.31)。大学令施行の2年目までに認可された慶應、早稲田、明治、法政、中央、日本、國學院、同志社の8大学のうち慶應の医学部、早稲田の理工学部を除くと後は全部、文、経、法、商、政経、法文の実験実習施設設備のいらない、また教員一人あたり学生数の多い文科系学部で構成されていた。

　日本の私学の中には、戦後の拡大期において単位費用の安価な高等学校教育から生じた利益により、短大を経営し、その後短大の生む利益により4年制大学を運営し、そして4年制大学の収益によって大学院を設立運営する方策を採る学校法人があった。荒井の大学短大の設置パターンの研究によれば、大学が設置されるとき併設校がなかった私立大学は約3割ほどにすぎず、あとは同じ学校法人の傘下に何らかの併設校があった(荒井, 1995)。これが意味するのは、学校法人内部で内部補助が行われていることであり、これは、戦後だけの現象ではなく戦前から行われていたのである。この内部補助による経営は、補助する側が補助される側よりも、学生一人あたり経費が低く、学生構成がピラミッド型であり、下位の組織が多くの利益を生むこと、そして学生のすべてが上級学校に進学しないこと、またはそれらの卒業生を吸収する充分な労働市場があることなどが条件となる。よって中等教育が未発達な国、または学生構成がピラミッド型を取らず、中等教育機関が進学準備教育をし、ほぼ全員が大学進学する国、中等教育卒業者を吸収する労働市場が小さい国では、内部補助方式による学校経営は成立しないであろう。

　最後に大学、大学予科、専門部で構成された私立大学の組織としての目標は何であったのかを検討することも興味深いことを指摘しておきたい。それ

には2つのタイプが挙げられる。一つは設立法人の目的が、あくまでも帝国大学と並び称される大学の維持で、そのための方策として専門部経営を考えるタイプである。先に挙げた戦後の大学短大の設置についての荒井の分析によれば、大学が先に設立された後に、短大が設置されるケースが少なからずある。これは後に設置される短大を収入源として、先行する大学の費用をカバーするという方策が取られていることを示唆している。この場合法人目的は、短大よりも大学の発展である。戦前期このタイプには、早稲田、慶應が当たるであろう。これらの2校は、帝国大学との同格化に強い意志を持ち、早稲田は創立30周年記念事業として理工科および医科の新設を計画し、慶應も医学化学の2科の創設計画を持っていた(天野，1989，p.224)。理系を設置し総合化することは、帝国大学と同格化とならんことを欲すると考えられる。

　もう一つは大学はシンボルにすぎず、専門部の経営が組織本来の目的の場合である。現在の私立大学学校法人の中には、その目的が学部教育の充実であり、アカデミックなシンボルとして大学院を設置しているケースが見られるが、それと同様なタイプである。

### 参考文献

天野郁夫、1978、「私立大学の歴史的展開―その社会的基盤」『私立大学の社会的構造』国立教育研究所。
天野郁夫、1986、『高等教育の日本的構造』玉川大学出版部。
天野郁夫、1989、『近代日本高等教育研究』玉川大学出版部。
荒井克弘、1995、「新設私立大学・短大の供給メカニズム」市川昭午編『大学大衆化の構造』玉川大学出版部　pp.125–153。
伊藤彰浩、1993、「高等教育拡大過程における『官』と『私』」『教育社会学研究』第52集　東洋館出版社。
大久保利謙、1943、『日本の大学』創元社。
尾形憲、1977、『私立大学』日本経済評論社。
永井道雄、1969、『近代化と教育』東京大学出版会。
長峰毅、1978、「法制的特質と管理上の諸問題」『私立学校の社会的構造』国立教育研究所。
日本私立大学連盟、1999、『私立大学の経営と財政』開成出版。
羽田貴史、2000、「授業料の100年」『ＩＤＥ現代の高等教育』No.424、12月号。

# 第2章　私学の資産分析

「トヨタ自動車が、金融事業で得た営業利益は全体の4.7％。売り上げの2割を金融で稼ぎ出す米フォードなどとは依然として大きな隔たりがある」
(『朝日新聞』2000年5月18日)
「持たざる者の最大の資産運用術は、〈資産運用など考えずに働くことです〉」
(『朝日新聞』「天声人語」2000年5月22日)

## 1　私学の収入

　周知のとおり日本の私学は、その収入の多くを学生納付金に依存してきた。また国庫補助金も一時ほどではないにせよ、収入に大きな貢献をしている。つまり私学は、その費用の大部分を家計に、そして一部を政府に依存していることになる。しかしこの構造維持は、今後それほど容易ではないと考えられる。18歳人口減少により、私学は、学生確保競争状態に置かれ、これまでのように継続的な学費値上げは困難となり、家計依存ができなくなる。また政府の補助金も、財政状況悪化により今後多くを期待できない。よって私学はさらなる経営努力、自助努力によって納付金や補助金以外の収入増加策が、ますます大切になってくる。そこで資産運用収入、寄付金収入が注目されるわけであるが、ここでは、それらを中心に私学の財政を検討する。
　私学の一般収入の中で学生納付金、手数料、補助金以外の収入には、寄付金、資産運用収入、資産売却収入、雑収入があるが、それは、一般収入の約10.9％を占める(1997年)。1993年には、13.3％であり、授業料収入に頼らない収入構造が求められる中、家計依存度が、むしろますます高まっているのが現状である。私学が家計依存、政府依存から脱却するための有力な財源と考えられる寄付金と資産運用収入は、経済不況と低い金利水準によってこの

ところ減少している。他方資産売却収入と雑収入（固定資産以外の物品の売却収入）は、過去5年で2割ほど増加している。

　日本の私学は、その収入のかなりの部分を家計に依存し、アメリカの私学と比べて、資産運用収入が極端に低いとしばしば指摘されてきた。その理由として2つの見方がある。一つは運用するにたる資産が、日本の私学にはないという考え方である。もう一つは、資産そのものはあるが、私学はその運用の仕方、果実の取り方を知らないという考え方である（藤田幸男『朝日新聞』1998年3月2日）。どちらが正しいのか？これを考えるためまず資産運用する資産自体の検討から始める。

　日本の私学、学校法人の資産は「私立学校の財務状況に関する調査」によって毎年明らかにされる。しかしそこでの資産には、土地、建物の購入価額が含まれており、時価で評価されているわけではない。そして資産のうちには負債も含まれるから、何よりもまず負債を除かなければならない。資産額－負債額＝純資産。しかしこれにもまだ問題がある。純資産に含まれる第1号基本金は、自己資金で取得された教育研究用固定資産の購入価額であり、時価評価後の実質的な自己資産でもなく、自由に使用できる金融資産でもない。一般的に運用できる資産は内部留保資産が最も近い指標と考えられる。

　内部留保資産は次式から求められる。すなわち消費収支差額＋第2号基本金＋第3号基本金＋第4号基本金＋減価償却累計額－基本金未組入れ額、である。内部留保資産とは、過去から積み立てられた自己資金量であり、自由に使用できる金融資産である。よって多いほど、資産運用にも使用可能であり、経営安定性も増すと考えられる。基本金未組入れ額は固定資産のうち借入金の占める額である。日本私立学校振興・共済事業団によると内部留保資産が総資産の30％以上占める場合、財政的に余裕のある学校法人としている。大学法人総数407のうち122がこれに当たる。内部留保資産が総資産の10％に満たない法人は、94法人有り、これらの法人は財政的に窮迫してるとみてよい（『月刊私学』、1999）。他にも大学法人の資産を表す指標もある。

　文部省「私立学校の財務状況に関する調査」の「学校法人の資産負債等調査票」は、貸借対照表に近い。そこではかつてなされていなかった基本金の分類も、10年以上前から第1号から第4号まで区分されている。さきの内部

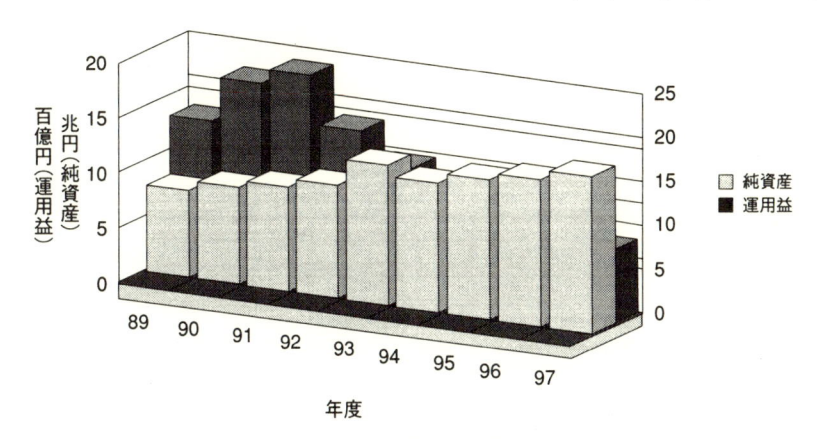

図2-1 私学の純資産と運用益

留保資産は、貸借対照表から算出されるが、「私立学校の財務状況に関する調査」からは、不可能である。というのは減価償却累計額が、1995年以降記載されなくなったためである。減価償却累計額が再び記載されることが望まれる。よってここでは、内部留保資産は使用できない。純資産をそのまま使うか、第1号基本金を除いた純資産を使用するしかない。ここでは、第1号基本金を含めた純資産を使用する。

　大学法人の純資産額を合計すると、1989年約8兆円、1997年14兆円と順調に増加している。しかし資産運用収入のほうは、1989年から91年までは増加し、2,200億円に達していた。しかしその後減少傾向を続け、1996年の790億円にまでなっている（図2-1）。これは運用利率の低下を意味する。純資産と資産運用収入から大学法人全体の運用利率を算出することができる。資産運用収入は、1996年度法人部門で290億円、大学部門で505億円、合計795億円である。当年度大学法人の保有する純資産は、13.5兆円であり、計算上は0.589％の利率で資産運用していることになる（その年度の実際の資産運用支出は、有価証券購入、特定預金への繰り入れ、収益事業元入金、第3号基本金引き当て資産等のための支出を含んでおり、大学法人で9,564億円である）。

　大学法人によっては、資産運用を積極的に進め、最高で3.3％の運用利率を得ているところもある（第1号基本金を含んだ純資産に対する運用率であり、実際の運用支出に対するネットの運用率はより高い）。もし純資産の13.5兆円を3.3％

で運用すれば、4,457億円の運用収入が見込まれ、これは現行水準の5.6倍となる。そしてこの額は、国庫補助金(3,000億円)の1.5倍になる。これらのラフな形での計算結果を考慮すると、明らかに日本の私学は、資産運用の点で、経営努力が不足しているといえる。資産が少ないというより、果実の取り方を知らないという指摘は正しいかもしれない。もちろんこれらは、私学全体データを用いた仮説であり、後に見るように私学の中には、資産を活用し多くの果実を得ているところもある。

「私立学校の財務状況に関する調査」の個票データを分析すると、各私立学校法人の資産および資産運用収入の実績が析出できる。学生一人あたり純資産額、一般収入に占める資産運用収入の割合、学生一人あたり資産運用収入(大学部門＋法人部門)、純資産に対する資産運用収入の割合(運用率)(大学部門＋法人部門)等の指標を、405大学法人それぞれで算出できる。ほとんどの実績ランキングには、医学部、歯学部、薬学部を持つ大学法人が上位に現れる。そこで同じ指標について上記3学部を除いた大学法人(その法人数は347である)でも行い、その結果を検討すると、それぞれの指標ランキングを大学の規模、歴史、有名度、所在地などによって説明することが困難で、大学法人の資産や資産状況が多様かつ複雑であることが窺いしれる。

## 2 私学の資産

以上のように日本の私学の資産および資産運用収入に関する指標を大学毎に検討すると、日本の私学が思いのほか、多様であることが確認できた。次なる課題は、この多様さがどのようにもたらされたのを検討することである。その場合、日本の私学の資産増加という経済行動に、2つの外的要因が関与していたことを確認しておく。一つは、日本経済の特質である。戦前の私学の中には、株式債権を大量に保有し、その運用収入が財政の中で大きな位置を占めていた大学もあった。また私立大学の設置主体である財団法人は、供託金を国債という形で保有していた。しかし戦中戦後のハイパーインフレによって、それらは紙屑と化し、いくつかの財団法人は資産を失った苦い経験を持つ。その後の日本の経済も、インフレの持続的傾向によって推移してき

た。特に土地についてはその傾向が強い。よって株式債権現金の保有よりも、不動産という形で資産を保有しておくという方法が、企業や個人と同様、私学の魅力的な経済選択であったと考えることができる。とりわけ設置基準を満たすだけの最低限の校地しか持たない大学法人、また将来学生増、学部増を見込んでいる私学は、土地購入を積極的に進める必要があった。それゆえせっかく現金などの流動資産が増加しても、それは土地購入で帳消しにされてしまう。もちろん土地を保有していれば、将来の資産拡大につながり、土地購入は私学においても最善の資産運用ということもできる。しかし土地保有そのままでは、何らの収入を生み出さない。ある時点での売却は、確かに大きな収入をもたらすが、毎年の恒常的な収入を保証するものではない。日本経済のインフレ傾向下では、恒常的な収入のための基金保有は、よほど余裕のある法人だけに許される行動であり、そのほかの法人は、土地購入などの不動産投資の選択がなされやすいといえる。

　この点について、1980年から私立大学在学者数と私立大学法人の資本的支出額との変化を検討すると、在学者数は80年代前半で一定であるが、資本的支出の方は、80年代初めから90年代前半に増額していることがわかる（物価調整済み）。しかしそれは90年代中頃は停滞している。さらに資本的支出の内訳をみると、土地費は、1980年代90年代比較的一定であるのに対し、建物費は毎年伸びていることがわかる（数値の詳しい説明は、丸山，2001参照）。

　もう一つの外的要因は、高等教育システムの特質及び高等教育政策である。高度経済成長を背景として、日本の高等教育需要は、一貫して上昇し続けた。その社会的需要を充足させたのは、他ならぬ私立の高等教育機関である。政府は国立大学の量的規模を拡大せず、そこに集中投資することで教育と研究の質的向上を計った。一方、私立大学にはこれといった政策を施さず、いわば自由放任であった。結果として社会的需要は、国立に向かず、私大は量的拡大を担わされることになる。しかしここで私大は、在学者数を増加させる選択と、それを現状維持のままにしておく選択の意志決定に直面することになる。

　個々の私大が、学部学科新設、既存学部の定員増加によって収容定員を増やすかどうかは、その後の私大が資産を蓄積できるか否かの大きな分岐点に

なる。私大にとって収容定員数の増加は両刃の剣である。すなわち在学者数の増加は、かつてはほとんどの大学で、拡大すれば必ず学生が集まるという保証があったので、短期的には大きな収入増加をもたらす。収入増加のため在学者の増加がなされたといってもよい。しかし在学者数の増加によって教育条件が悪化すれば、学生や教職員の不満が募り、それを向上させる圧力が高まる。よってまず教員給与の上昇や学生一人あたり教員数の増加などによって、人件費が高まるであろう。そして中長期的には、土地建物その他の教育研究施設設備の整備、つまり資本的支出も増加することになる。大学教育需要が社会的に充分大きければ、将来の収入増を確実に期待できるので、それを見越して法人の中には土地建物の購入を、自らの蓄えがなくとも借入金でまかなうところもでてくる。よってそういう大学では負債額が大きくなり、基本財産の蓄積する機会を失ってしまう。結果的には基本財産からの果実も少ないことになる。

　さて、私学にとっては、ある程度の在学者数規模になってから、規模拡大をしない意志決定もできたはずである。収入増を現行水準でもよいと判断し、学生の質を向上させる動機付けが強い大学もあるであろう。事実そういった経済行動をとった私学は存在する。その場合、資本的支出は、拡大策を取るより小さいものとなる。特に土地に対する支出額は、他の経常費支出にくらべて、大きいので、それへの支出がなければ、資産蓄積がなされやすくなる。戦後の日本の私学は、拡大策を取らなかった場合、少なくとも３回の大きな資産蓄積チャンスがあったと考えられる。一つは、国庫助成が本格的に開始された後である。もちろん国庫助成は経常費補助という目的上、それを基本金などの資産形成にまわすことは難しいが、不可能ではない。しかし私学助成が開始されたのは、多くの私大の経営悪化が引き金であって、この時期に資産蓄積を為し得た大学法人は少ないと推定される。

　第二は、ほとんど同時期に行われた大都市の私大新増設抑制策である。この抑制策は、大学人口の地域分布の平準化を目指してはいるが、需要の多い大都市での増加を認めなかったため、私大の入学競争倍率を高めることになった。よって抑制策は、私大の競争力を強め、授業料を毎年値上げできた効果をもたらした。つまり新規参入が規制されることによって、既存の私大は

大きな行政保護を受けることになる。この抑制策によって多くの既存の私大財政は好転し、この時期にほとんどの私大は資産蓄積が可能となったはずである。第三のチャンスは、臨時定員増の時期である。設備投資を一切伴わない定員増は、そのまま収入増を意味する。しかしこの場合、例えば教授会の要求や良心的経営方針によって、臨定分の施設設備および人件費の支出増があれば、資産増加は難しい。そしてよりクリティカルなのは、臨定分を時期が来たときに戻すか、またはある程度保持するかである。戻さないとすると、収入も減少しないが、いずれ将来そのための支出が増加することになる。以上の三つの時期に資産を増加させた大学法人は、純資産額が拡大し、その運用収入も大きくなると考えられる。

　量的規模を拡大させず、資産蓄積に努めた私学は他の副産物もある。資本支出が小さいのは、負債も小さいことを意味する。また将来も量的拡大しないとするならば、そのための準備金も少なくて済む。財政的には、健全になり、結果的に教育条件の改善ができる余裕が生まれる。教育条件の改善は、多くの場合、教職員給与の上昇が先んじ、それから教員一人あたり学生数が減少する（丸山, 1999, p.43）。これら双方とも、支出を増加させることになる。しかし教育条件が改善されれば、国庫助成の算定上有利になり、これも増加することになる。そして以上のことから授業料収入に対する依存度が、小さくなると期待される。

　もう一つの副産物は、学生のいわゆる入学偏差値の上昇である。収容定員を一定に保つ、または定員超過率をできるだけ定員に近づけることによって、入学者数を増加させない戦略を取ると、その大学の受験競争は激しくなり、その大学正確に言えば学部学科は、入試に関して選抜的となる。大学経営にとって入学難易度の上昇の恩恵は、需要超過時代にはそれほどはっきりはしないが、21世紀の18歳人口減少期には、難易度の上昇が財政的恩恵をもたらすため、すべての大学に重要となる。入試競争倍率の低下や定員割れなどの現象は、入学難易度の低い大学から進行するからである。定員確保のできない大学や大学経営が悪化する大学は、入学難易度の低いという特性を持つ。

　日本では、受験地獄という言葉によって象徴されるように、大学教育市場は、長い間売り手市場であった。そこでは豊富な需要に安心し、当面の経営

はほとんど授業料収入でなされることができるためか、私学の資産形成の動機付けは小さかったと考えられる。また私学が、資産増加を行うには批判が内外からある。その一つはマスコミ、大学関係者らの高等教育機会均等論からの批判である。それは、私大は国立大学に比べ高い授業料を課しているが、資産形成の一環としての基本金組入れができるくらいなら、機会均等を実現するため授業料の値上げをするなという批判である。また学校法人の労働組合の中には、基本金組入れができるくらい余裕があるなら、教職員賃金を上げろという要求を出すところもある。加えて日本の非営利組織は、資産蓄積活動に積極的でありすぎても、または投資に失敗し資産を減少させても、マスコミから大きな非難を受けやすい。この点は本書第13章「好況とアメリカ高等教育財政」において紹介するアメリカ大学の資産形成活動と対照的である。

## 3　相関分析

　以上私学の資産形成が、日本経済の特質及び高等教育システムの特質に影響を受けていること、そしてこれら二つの外的条件下で、個々の私学が量的拡大に積極的に関与したか否かが、私学の現在保有する資産量を決めているのではないかという仮説を展開した。しかしこの図式を検証するのは、簡単ではない。一歩一歩アプローチするしかない。そこで1996年度の私立大学法人の個票データを用いて、分析の手がかりを探った。

　表2-1は、各大学法人の純資産量と資産運用収入が、他の指標とどのように関連しているかを見たものである。ここで用いる指標は、学生／教員数および学生数を除いて、すべて学生一人あたりの額である。まず純資産額と他の変数との相関、第1号基本金と他の変数との相関の比較検討をしよう。純資産額のうちには第1号基本金が含まれているので、両者の相関は当然高くなる。日本の私学法人の場合、ここでいう純資産が、すでに支出されてしまった固定資産購入額でほとんど構成されていることを示している。そして学生一人あたり純資産額は、負債額と相関が高い。そして第1号基本金は、負債額とさらに相関が高い。第1号基本金は、基本金といっても教育研究用の

表2-1 相関係数マトリックス

| | 純資産 | 1号基本金 | 負債 | 運用収入 | 学納金 | 補助金 | 学生/教員 | 学生数 |
|---|---|---|---|---|---|---|---|---|
| 純資産 | | | | | | | | |
| 1号基本金 | 0.937 | | | | | | | |
| 負債 | 0.660 | 0.800 | | | | | | |
| 運用収入 | 0.442 | 0.188 | 0.006 | | | | | |
| 学納金 | 0.149 | 0.230 | 0.284 | −0.053 | | | | |
| 補助金 | 0.339 | 0.390 | 0.276 | 0.104 | 0.262 | | | |
| 学生/教員 | −0.406 | −0.434 | −0.353 | −0.165 | −0.399 | −0.378 | | |
| 学生数 | −0.245 | −0.256 | −0.211 | −0.046 | −0.134 | −0.124 | 0.430 | |

＊医学部、歯学部、薬学部を持つ大学法人を除く340法人の1996年データに基づく。

固定資産の購入価額であるので、手元にある自己金融資産ではない。これらの相関が示しているのは、過去の設備投資が、自己資金（第1号基本金の増加）ばかりでなく借入金でなされ、それが負債の増加につながっていることであろう。

　資産運用収入は、もちろん純資産額の大きい私学で多いであろうが、それは、両者の相関があることで示される。しかし相関の強さは中程度である。これは各大学の資産運用成績の違いを示していると考えてよい。第1号基本金は、自由に使用できる自己資金ではないので、それと運用収入との相関は、純資産と運用収入との相関より低い。もちろん負債額と運用収入との相関はほとんどない。その学生一人あたり純資産額は、学生一人あたり国庫補助金と正の相関がある。補助金は、傾斜配分によって教育条件が良いところでは多く配分されているが、これは補助金と教員一人あたり学生数と負の相関であることから、データによっても示されていることになる。補助金は、運用収入と相関しているので、形の上では自助努力をする法人に補助金が多く配分されていることになる。そして教育条件の良さと学生一人あたり資産額とも相関している。以上純資産額の多さが、好教育条件、助成額増、純資産増、資産運用収入増の好循環を生んでいることが示される。

　次に学生一人あたり学納金と他の変数との相関を検討しよう。それは、純資産額、第1号基本金、負債額とそれぞれ相関しているが、その値は順に大きくなっている。3つの変数の中で、負債額は学納金と最も高い相関を示している。設備投資を行い（第1号基本金）、それによって生じた負債を学納金

で少しでも返済しようとする図式が浮かび上がる。学納金と運用収入とは、相関が小さく、符号はマイナスであるので、学納金の上昇が財政の余裕のなさを示している。ただし学納金は教員一人あたり学生数が少ないところ、すなわち教育条件の良いところでより高くなっている。

　補助金と他の変数との相関は、教育条件の良さを含め、プラスである。補助金は、純資産の大きな、これまでなされた設備投資の大きな大学法人（1号基本金および負債額）により多く配分されている。そしてそれらの大学での授業料は高く、教育条件が良いといえる。最後に、教員一人あたり学生数との相関であるが、これはすべての変数で符号はマイナス、つまり教育条件が良いと、純資産が多く、負債も多く、学納金も高いといえる。そして教育条件の良いところに補助金が多く配分されている。以上の相関分析は、先に示した分析枠組みをすべて説明するものではないが、少なくとも矛盾しない結果となっている。

　さて以上の図式の中で一つの重要な仮説は、現在私学法人の所有する学生一人あたり純資産や、それからもたらされる学生一人当たり資産運用収入は、過去に私学法人の行った量的規模への意志決定によって影響を受けるということである。より具体的にいえば、学生数の増加は短期的な収入増をもたらすが、その後の人的物的設備投資の増額を招き、結局中長期的には、資産増加をもたらさないということである。それを明らかにするために、次に大学の規模とその他の変数がどのような関係にあるかを探ってみた。規模は、在学学生数であらわした。それによると、量的規模の大きな大学ほど、学生一人あたり資産額が小さい関係にあることがわかった。これから類推すると、大規模校ほど運用収入も小さいはずである。しかし興味深いのは、規模と運用収入の相関が、小さいことである。これは大規模校のほうが、資産絶対額が大きいため運用上有利なためなのか、運用効率が高いためなのかによって、学生一人あたり資産額の少なさの不利が帳消しにされているのではないかと推測される。そして大規模校ほど、学納金が安く、補助金が少なく、教育条件がよくないことが示されている。

　純資産額と量的拡大との関係を検討するため、1996年の学生一人あたり純資産額と、過去の学生数の増加の程度との関係を分析してみた。後者の指標

として、1986年から96年までの学生数の変化率と1976年から86年までの変化率とを用いた。1996年には学生数の報告をしているのは340法人であるが、1986年は257法人、1976年には236法人である。よってこの分析には、1976年以降および86年以降設立された大学は含まれていない。1976年から86年の変化率と純資産額との相関係数は、0.048（N=236）、1986年から96年の変化率と純資産額とは0.055（N=257）と、いずれも相関はほとんどない。ここでの検討は、まだ試みの段階を出ていないので、今後改めて検討するつもりである。

　ここで使用したデータは、文部省「私立学校の財務状況に関する調査」からの個票であり、平成10年度～平成12年度科学研究費補助金研究用に提供されたものである。使用に関して研究代表者である矢野眞和東京工業大学教授に特別な便宜を図っていただいた。記して謝意を表したい。尚データの詳しい説明とさらなる分析は、下記の研究成果報告書（全522頁）を参照されたい。

　参考文献
　　丸山文裕、1999、『私立大学の財務と進学者』東信堂。
　　丸山文裕、2001、「私学の資産：歴史的背景、データ分析、ケーススタディ」
　　　平成10年度～平成12年度科学研究費補助金研究成果報告書『高等教育政策と費用負担』研究代表者　矢野眞和　pp.168-189.
　　『月刊私学』、1999、日本私学振興・共済事業団　Vol.19、7月。

# 第3章　私学の経営：ケーススタディ

　第2章での個票データ分析において明らかなように、大学法人の資産および
その運用収入の実績には、法人によって大きな違いがある。それは、それ
ぞれの大学法人の歴史、大学法人が持つ財務体質、財務に対するポリシーの
違いによってもたらされるであろう。それらを明らかにするには、データ分
析に加えて個々の大学法人の内部に立ち入った詳細な検討が必要となる。そ
こで私立大学の財務構造を明らかにするため、六つの私立大学の財務関係者
にインタビューを行った。以下はその内容の一部である。

　六つのケースは、何らかの私大財政の分類によって選ばれたものではない。
また、それぞれが何らかの分類の代表というわけではない。しかし六つのケ
ースは、見事なまでに対照的である。ケースBを除いて、他の五つのケース
は、基本的には授業料が最も大きな収入源であるが、そのウエイトはそれぞ
れ異なり、その違いは大学財政を特徴づけることになっている。もちろん授
業料のウエイトが小さいケースBは、日本の私学の中では、特異な存在であ
る。そしてケースBは、親企業の財政援助なしには、自立した行動が困難と
考えられる。ケースAは、学生納付金に依存するしかないという意味で、日
本の私学の典型かもしれない。ケースCは、かつてはBと同じように外部に
財源を頼っていたが、現在は完全に財政的に独立し、基本金の自らの運用が、
大学財政の中で大きなウエイトを占めている。ケースDは、大学財政に卒業
生の寄付が大きな比重を占める伝統校ならではの財務体質を持つ。ケースE
は、宗教系の大学法人でケースCと類似点を持つが、授業料値下げするなど
財政に関するポリシーに違いが認められる。ケースFは、大学としての歴史
も浅く基本金の小さい法人であるが、それがどのように設立され運営されて
いるかはユニークであり、検討に値する。

　この六つのケースは、私立大学財政の分類ではないが、現実の私大の中で

それぞれ特徴的である。もちろんこの他に別な特徴を備えた私大もあるかもしれないが、多くの私大はこれら六つの特徴の組み合わせであると考えてもよい。これら六つのケースは、医学部歯学部薬学部を持たない大学法人である。それらを持つ大学法人、特に付属病院を持つ法人の財政上の特徴は、先の六つのケース以外である可能性が高いが、それについては、別の機会にケーススタディを行うつもりである。

## 1　ケースA：学生依存—資産アリ運用セズ

　ケースAは、学生数4,000人以上の女子大学である。一般収入の大部分を学納金収入に頼っており、資産運用収入および寄付金収入の小さい大学である。資産運用収入は、1993年8,000万円、1996年4,000万円あるが、学生一人あたりに換算すれば、9,000円にすぎない。しかし純資産は230億円有り、学生一人あたり520万円となり、これは小さいとはいえない。純資産があるのに資産運用収入が小さいのは、総資産のうち第1号基本金の占める割合が高いためである。加えて、運用率が低いからである。この大学法人では、金融資産のほとんどを銀行預金にしか回していないためである。銀行の他には、貸付信託であり、元本保証商品に限定されている。資産運用の実績がほとんどなく、学内に専門家もいないことからローリスク、ローリターンの金融商品に依存せざるを得ない状況である。しかし現在学内の資産運用規則を整備中であり、資産運用を特定限度内で試みるつもりであり、理事会および法人事務部も準備中である。

　ケースAは、寄付金収入がほとんどないことが特徴である。これについて、これまで積極的に増収を計ってこなかったし、今後も法人としてそれほどの期待をしていない。その理由として学生や家計からは、学納金という項目から徴収するのが、望ましく、寄付金は、社会的規範から外れるということを挙げている。また卒業生に関しても、これまでそのほとんどが家庭の主婦と推測され、寄付を積極的にできる立場にないという理由から、寄付募集も行われていない。

　財務担当者は、今後私学は学納金収入、国庫補助金収入に期待できないこ

とは、十分承知しているものの、新たな収入増の方策について答えを見出しかねているのが、実状であるという。ケースAの理事会は、10数年前から18歳人口減少による学生募集の困難さを察知し、時代に合った内容と名称を持った学部の創設、学生募集の上で不利な既存学部の改組、併設短期大学の4年制化、キャンパスアメニティーの充実に取り組んできた。また学生納付金に依存する財務体質の改善にも努力しており、事務部の経常費の節約、職員数の削減、研究費の据え置き、教職員給与のカットなどをこれまで実行している。そして基本金組入れを積極的に行い、基本財産の増加を図っている。しかし教職員給与を削減しながら、基本金組入れを行うことには、職員組合からの反発もあって簡単ではないと推測される。他方情報開示によって、基本金組入れ額が、学生および父母に明示されている。授業料を徴収しつつ、基本金組入れがどの程度許されるのか、父母に対する説得的な説明が求められてもいる。

　収入の大部分を学生納付金に依存するケースAの貸借対照表をみると、財政状況は極めて健全であることが示される。すなわち消費収支差額は、プラスであるし、減価償却費も33％引き当てられている。総資産に対する内部留保資産の割合を第2章の算定式によって算出すれば、20.5％となる。それは全国の大学法人の中で、中ぐらいの数値である。18歳人口減少期を迎えて、これまでのように学生数を確保できなければ、健全な財政状況を維持することが困難となる（インタビューは、1999年2月に学長、および2000年5月に財務経理部課長に別々に行った）。

## 2　ケースB：親企業依存—資産潤沢、消極運用

　ケースBは、地元の世界的企業が社会的貢献の一環として、1980年代初めに設立した工学部だけで構成される単科大学である。インタビューに答えてくれた事務局長は、かつて親企業のビジネスマンであった。ケースBは、学費を国立大学と同額に設定するというポリシーを持ち、少人数教育、小規模大学の基本姿勢は開学以来一貫している。事務局長によると、教員一人あたりの研究費は、工学部では日本で最高ランクであるという。

基本財産が設立当初から充実しており、学生一人あたり資産額（1億3,000万円）は、全国医歯薬系を含む405法人の中で第3位となる。この財産から得られる果実も大きく、学生一人あたり資産運用収入（220万円）および、一般収入に占める資産運用収入の比率（30.5％）は、医歯薬学部を有する法人を含め全国で1位である。しかし資産運用収入は、過去10年で約半額に減少している。それは、運用収入が、ほとんど銀行定期預金と国債に依存しており、その利率が低下しているからである。このローリスクの資産運用方法は、理事会の方針であるという。よって純資産に対する資産運用収入の割合、すなわち運用率は、全国で12位となる。意外なことに、元本割れの危険のある金融商品の購入は、まだ経験がないという。資産運用方法は、運用資産の約8割を親企業に委託し、法人で扱う2割のほとんどは、銀行定期預金である。

学生一人あたり寄付金収入額も多く、全国最高ランクである。ここでの寄付金は、学生の父母や卒業生ではなく、親企業を中心とした企業からのものである。しかし不況下で寄付金収入もこのところ減少傾向にあるという。資産運用収入と寄付金収入が減少傾向にあるなかで、ケースBにおいて、それを補填する形となっているのが、受託事業収入（委託研究、研究契約など）と国庫補助金である。国庫補助金については、国への依存を避けるポリシー、または必ずしも必要ではないとの理由からか、数年前まで申請していなかったという。申請後は、学生定員の管理状況、教員一人あたり学生数、納付金の還元状況等、教育条件が良いということもあり、いわゆる傾斜配分で有利な条件で補助金が算定され、交付されている。

潤沢な財政状況の恩恵を受けるのは、研究条件、教育条件の他には、学費水準を通じた学生についてもいえる。授業料は国立大学と同水準に設定されている。奨学金は大学独自に奨学金用基本財産運用財産が、約17億円あり、無利息の貸与奨学金、給付奨学金（授業料の全額免除、授業料の半額免除、貸与奨学金の返還免除）を用意している。貸与奨学金は、希望者全員が利用でき、実際には、約半数の学生が利用している。

事務局長によると、少人数教育小規模大学が、ケースBの大学経営の重要なポリシーである。それによって資本支出、特に土地購入が抑えられ、基本

財産を増加させることができるという。設立以後現在まで、土地購入の実績はないし、将来もその可能性は低いという。それによって総資産に対する内部留保資産の割合が、79％と高水準を達成している。現在安価な授業料や恵まれた教育条件によって優秀な学生募集に力を入れており、また研究業績向上を目指して教員に対する研究費支出も大きい。少収入多支出は、親企業の寄付金という補填で支えられているが、親企業からは、大学法人の経営上の自立が求められ始めているという（インタビューは、2000年5月30日事務局長および経理課長に行った）。

## 3　ケースC：基金依存—資産積極運用

ケースCは、1975年に所有するゴルフ場を都に売却し、それを基金に資産運用収入の増加に努めている。そこでは、帰属収入を学生納付金にそれほど依存しない構想を持っている。ゴルフ場売却の直接のきっかけは、それまでなされていた海外の宗教団体からの寄付が打ち切られる決定がなされたことである。大学の独立の財政運営が求められることになった。ゴルフ場売却資金318億円をもとに「大学創立25周年記念基金」を設立した。それを管理するのは、理事会であるが、実際の運営は「25周年基金委員会」が行う。その委員会は、理事長および学長を含むが、学長以外は、金融、経営ビジネスの専門家や経験者である。基金委員会のメンバーは、アメリカの私立大学経営にも精通しており、研究調査旅行も行っている。基金委員会は、3ヶ月に一度資産運用パフォーマンスのレビューを行っている。

ケースCの純資産額は、720億円、学生一人あたり2,471万円になる。これは全国405法人の中で52番目に位置する。資産運用収入は、19.2億円、学生一人あたり67万円（全国405法人中8番目）で、計算上の運用率は2.69％になる。この運用率は、日本の医歯薬系を含む全大学法人の中でも、トップクラスである。貸借対照表から、総資産に対する内部留保資産の割合を算出すると、ケースBと同じ79％で、高水準である。資産運用基金の投資先は、株式2～3割、債権6～7割、その他定期預金、中期国債ファンドである。株式売買には、一定の基準が定められており、概ねそれに沿って売買が行われている。

それらは契約している投資顧問会社のアドバイスによって行われる。

運用益によって、現在の授業料水準の維持が可能となる。といっても年間授業料は、約130万円と文系学部としては、安いほうではない。よって学生一人あたり教育費が高い、すなわち教育条件が良いと解釈できる。インタビューに答えてくれた副学長によれば、当大学は学生に授業料の「倍返し」を一つのポリシーにしているという。つまり資産運用収入が学生一人あたり約70万円、および国庫補助金収入が、学生一人あたり30万円であるので、合計すると授業料分に近くなるということである。ケースBと同様、教育条件が良いので、補助金算定上有利であり、学生一人あたり補助金額も高い水準になっている。

高水準の運用収入は、学生への奨学金制度の充実にも恩恵をもたらしている。入試上位者に対する給付奨学金制度がある。また特定銀行と提携し、学生ローン制度を設けている。大学は学生のローンの利子支払いを受け持つ。資産運用益によって、学校債の発行はしなくてよいし、学生および父母に寄付金の依頼をしなくて済んでいるという。

約25年前にゴルフ場を売却した判断について、財務担当副学長は、「先輩たちの英断に感謝している」と答えてくれた。たとえゴルフ場を保有経営していても、そこから得られる収入は僅かであったろう。318億円の基金は、現在720億円に膨らみ、さらに毎年運用益を経常費に繰り入れることができている。トータルにすると推定800億円近い収益を生み出していることになる（インタビューは、2000年6月22日に副学長に行った）。

## 4　ケースD：卒業生依存—loyalty収入とroyalty収入

ケースDは、歴史のある有名総合大学である。伝統校だけに卒業生が、大学財政に果たす役割も、戦後新設された大学とは異なり、格段に大きいと思われる。ある学部の建物は、すでに1938（昭和13）年に、その学部卒業生全員の寄付によって建造されている。戦後も卒業生に対して募金活動を積極的に行っている。大学創立記念事業を何度も行い、講堂、校舎、研究棟、図書館などの建築、キャンパス移転、新学部設置、その他のキャンパス整備が、記

念事業の一環として行われている。その都度、卒業生の寄付の果たしたところが大きい。卒業生依存は、大学財政の様々な指標にも見て取れる。例えば、将来の目的のための準備金である第2号基本金が、相対的に低い額でしかない。これは、これまで記念事業によって目的が達せられているからであろう。また施設設備の更新用と考えられる減価償却累計額521億円（2000年）のうち、実際に引き当てられている資金は17億円と3.3％にすぎない。これは建物の新設、更新は記念事業で行うことが可能という考えが、表れていると解釈できる。募金募集があるので、ケースDでは、累積赤字は減価償却累計額を超えなければ、許されるという興味深い考え方もある。実際貸借対照表上における累積赤字額といってよい消費収支差額は、マイナス360億円である。単年度の貸借対照表を見た限りでは、ケースDの財政状況は困窮しているといってよい。企業会計において単年度損益の赤字が続けば、倒産を免れない。しかし学校法人会計上の消費収支差額が、毎年支出超過でも倒産せず存続している例があるといわれるが、ケースDは、その一例である。総資産に対する内部留保資産の割合を算出すると、20.6％とさほど悪くはない。

　ケースDは、第2号基本金とくらべて、奨学基金用の第3号基本金額が大きい。これにも卒業生の果たした役割が大きい。この基本金の内訳を見ると、大口の寄付者には名前が残されており、その数は約35名にものぼる。法人では主にこの基金を運用し、収入を得ている。これまではリスクの低い確実性のある金融商品が中心であったが、低金利に対処するために徐々に株式投資に比重を移し替えている。そのため資産運用担当に、信託銀行からスカウトした専門家を充てている。

　ケースDの財政における他の特徴の一つは、事業収入額が大きいことであろう。一般的に大学の事業収入は、医学部歯学部を持つ大学の付属病院があると、大きくなる。ケースDは、医学部歯学部を持たない大学であるが、積極的多角的な事業を展開することによって、その収入を増加させている。最も大きいのは、理工学部を中心とする受託研究からの事業収入である。他にはエクステンションセンターの講座料収入、不動産貸付事業による収入、土地信託事業による収入、学生寮運用収入がある。

　インタビューに応じてくれた副学長によると、ケースDは、学費に関して

日本の私立大学のペースセッターと自負しており、ケースDの学費水準は、社会的影響も大きいと判断し、学費値上げには極めて慎重な態度を取っているという。また過去25年にわたって、定員増加にも慎重な姿勢を取り、水増し率も低いという。よって学費と学生数の制約によって、財政的には苦しいはずである。しかしこれを補っているのが、多くの卒業生であるといえる。そして母校に協力的な卒業生を養成するのが、教育内容と奨学金であるという。奨学金は、学内だけでも11種類を数え、学外各種奨学金を含めると約1万4千人以上の学生が利用しているという。確かに学生に対するこれらの奨学金サービスの充実と、寄付金の額と種類の多さとは、無関係であるとはいえない（インタビューは、2000年7月18日副総長に行った）。

## 5 ケースE：スライド制による学費値下げ

　ケースEは、1913年専門学校令によって大学として設立された伝統ある宗教系大学である。理系学部を含む7学部に、約1万人の学生が学んでいる。入学難易度も高水準である。純資産はかなりの程度の額になるが、学生一人あたりにするとそれほど多いとはいえない。基本金は、第1号が多いものの第1号から第4号まで、バランスよく蓄積されている。ケースEの財務上の特色は、純資産額に比べて、資産運用収入が多いことである。数百億円の純資産から十数億円の収入を得ている計算になる。この結果資産運用率は高くなり、それはケースCに次ぐ2.24％と計算される。学生一人あたり12万円ほどになる。ケースEでの資産運用手段は、債権、株式、預金、外国債など多様である。運用方法についての意志決定は、法人財務部独自の判断により外部の投資コンサルタントや投資会社とは契約していないという。インタビューに応えてくれた財務理事によれば、リスクのないところにリターンはないという方針を持っているが、幸いこれまで大きな損失を被ったことはないという。今後さらに効率を高めるため法人内の財務専門家の育成に力を入れなければともいう。

　ケースEの財務上のもう一つの特徴は、寄付金収入が多いことである。法人大学合計で、10億円ほどになる。ただし収入が多かったこの年は、設立記

念年の特別キャンペーンにより企業と後援会の多額の寄付があったからである。外国の宗教母体からの定期的な寄付も続いているが、先進国での宗教人口減少によって、これについては年々減少しているという。ケースEは、国庫補助金獲得にも力を入れており、特色ある教育によって特別補助の額が大きくなっている。また教員一人あたり学生数が少なく、また外国人学生や外国人教員の数も多いことで補助金算出に有利となっている。ケースEは、理系学部を持っており、法人としてはそこでの教員に企業との委託研究を積極的に勧めている。ただし企業からの委託研究費、寄付の扱い、特許、知的所有権についての細かい取り決めがほとんどないため、ガイドラインの作成が今後の課題という。

ケースEでは、最近授業料を文科系で2.3万円、理系で3.5万円値下げして私大経営や学生募集の点で話題になった。これは教職員人件費の節減と事務費節約が成功し、それを学生の負担軽減に反映させることにした結果である。授業料減額による減収は、企業からの委託研究費や補助金の獲得などによって一部補われる予定である。この授業料減額策は、教職員人件費削減による研究教育学生サービスの低下を伴い、さらに学生募集に対してどれほどの効果があったかという点から評価が分かれるところである。しかしインタビューの結果明らかになったのは、ケースEでは以前から、授業料水準が人件費スライド制によってこれまで決定されており、今回の減額も人件費が節約でき、それをもとに算出した結果であるという。よって当初から学生募集に対するポジティブな影響、入試における偏差値の上昇効果、授業料値下げの宣伝効果などを意図したものではない。実際、翌年の入試倍率や入試偏差値にはほとんど影響がないという判断である。授業料値下げは財務部独自の判断でなされていると推測され、教務部や入試広報部の意見がどれほど反映されているかは不明である。授業料値下げは財務が健全で余裕のある証拠であるが、他の部局の意見がどうなのか興味あるところである。

ケースEでは、早くから奨学金制度の充実に力を入れており、学生の一割弱が給付奨学金を受給している。大学の給付総額は2億円を超える。奨学金の原資は、基本金からの収入のほかに、経常費からも充てている。先にも指摘したように、ケースEでは、授業料水準を決定するのに、20年以上も前か

ら人件費スライド制を採用している。そのため法人の財務内容について学生や保護者への説明が、早くから行われていた。よって情報公開の水準は、高いといえる。ただし財務部長は、学校法人会計は、企業会計と異なるので、たとえ情報公開が進んでも、保護者が私学の財務内容を適切に把握できるとは限らず、学校法人会計の何らかの変更が必要であると応えてくれた（インタビューは、2001年7月23日財務理事、財務部長、財務担当理事付部長に行った）。

## 6　ケースF：公私協力方式の私大設立

　ケースFは、1994年に地元の地方自治体の協力を得て設立された私立大学である。いわゆる公私協力方式による私大である。市にはかつて国立大学の1学部があったが、統合移転に伴い無大学状態が続いていた。またまわりの自治体が、新幹線駅誘致に成功したりして、市は相対的地盤沈下を避けようとしていた。そこで市は、同県内に短大、高校、中学、予備校などを経営するケースF法人に大学誘致を持ちかけた。市は十数億円の補助金、農地であった土地を整備し、それの無償提供及び調整池等の周辺整備を行った。大学設立後は、市や県は大学に対しては直接の補助は行っていない。しかし市は、設立後も留学生奨学金、一般学生奨学金、講演会その他の催し物に対する講師謝金その他補助を行い間接的にサポートしている。

　市は、大学運営にかかわる参与会に対して、市長、議長、教育長を送り込んでいる。法人からはその参与会には、理事長、副理事長、学長が参加している。インタビューに応えてくれた法人副理事長によれば、参与会の大学運営に対する影響力は、それほど大きくないという。市は、市の活性化目的で大学設立に協力したが、法人副理事長によればその効果は、大学周辺以外はきわめて限定的だという。法人副理事長は、大学設立に際して市の財政的協力と農地転用に関する諸手続に対して感謝の気持ちを有しているという。そこで市に対しては、学生の保護者が市の住民である場合は、入学金の10万円の減免措置をしている。また地元にある系列高校からの進学に対しても同じく10万円入学金値下げをしているという。

　情報開示の点でケースFは、理事会に報告を行っている程度であり、外部

に公表する文書の形にはしていないという。また資金援助してくれた市に対して財政的報告もしてないし、市からその要求もないという。副理事長によると、この公私協力方式の私大の設立経営は、基本金の潤沢でない法人にとって魅力的だが、市および県そして財界にも関係者を含むことになるので、その調整にエネルギーを使うことになる。そして失敗したときの影響は、多方面にわたりかつ地方自治体にも及ぶので決して楽ではないという。そしてこのような方式の設立は、地方自治体財政が比較的良好であった時代には容易であるが、財政悪化によって、今後はどこでも難しくなるのではないかという（インタビューは、2001年12月13日副理事長に行った）。

## 7　まとめ

　これら6つの大学法人の経営する私立大学は、それぞれユニークな財務構造をもち、経営を行っている。そして経営状態も健全であると判断できる。しかし日本のその他の私大と同様、収入に占める学生納付金の割合が高い。入学難易度が高く学生募集に困らない大学でないと、健全な経営状態の維持も難しくなるであろう。この一連のインタビューで興味深かった点は、多くのケースで学生への奨学金の種類と提供額が思いのほか大きいことであった。これは第4章で検討する学費の差別化がすでに進行していることを示している。日本育英会の奨学金ばかりでなく、それぞれのケースで独自リソースによって奨学金プログラムを用意している。これは今後学生募集競争が厳しくなると、大きなメリットになると考えられる。しかしこの点でも奨学金プログラムの充実に遅れた私大では、学生募集の点でアドバンテージを持てないであろう。またここで取り上げたケースだけの特徴か、全国の私大で共通に見られることかは不明であるが、法人に資産管理の専門家がそれほど多くないことが意外であった。専門家を有した法人は、やはり資産運用で大きな実績を上げているといえる。ただしそれぞれのケースで資産管理専門家の必要が認識されており、今後はどこの法人でもこれらの人材は増えるであろう。

　ここで取り上げた六つの大学法人のうち利用可能な五つの法人の貸借対照

表を検討すると、各法人の特徴が浮かび上がる。貸借対照表は消費収支計算書からは伺えないその大学法人のまさにストックを表している。しかし貸借対照表も大学財政状況を表す上で、万全ではないことも五つの大学法人の財務担当責任者のインタビューから判明した。現在企業会計基準が企業の経営財務状況を表さない、情報開示機能を果たしていないといわれる。そこで国際会計基準、時価会計基準が導入されつつあるが、そこでは資産を購入価額ではなく時価評価し、また有形固定資産だけではなく無形資産をどう評価するかが問題となっている。つまりパテント、ブランドは企業にとってすでに大きな資産部分を形成しているが、それをどう評価するかということである。学校会計基準にも、これらの無形資産が含まれておらず、これをどう組み込むかも問題となる。ここで無形資産は、入学難易度、受験競争倍率、教員の研究教育能力、卒業生の愛校心といったものが考えられる。これらの無形資産を時価評価する作業は、今のところ容易ではないと思われるが、大学法人の経営財務を評価する場合には、これを考慮に入れないと実態が見えてこないことがインタビューで判明した。

# 第4章　学生募集と学費差別化

## 1　売り手市場から買い手市場へ

　大学短大入学者数を志願者数で割った合格率は、1999年に数字の上では81％であるが、受験生は選り好みしなければ、どこかの大学や短大に入学できる時代となった。つい10年ほど前には、合格率は63％で、当時受験競争もそれなりに厳しかったといえる。大学が主導権を持って入学者を選抜する時代には、様々な面で大学は強気な策を取れた。例えば、入学検定料は、私大の重要な収入源であるが、その水準がどのように設定されているのかを、説明するのは難しい。少なくとも検定にかかる費用の対価では、なさそうである。というのは、前の年に比べて入試科目が少なくなって、費用が明らかに低下しても、検定料が値下げされたという話は聞いたことがないからである。このような強気の検定料水準が設定できたのも、大学が売り手市場にいたからである。

　しかし大学教育の需給関係は逆転し、学生を巡って競争するのは、今や大学の側である。最も厳しい状況下に立たされているのは、入学難易度の低い大学であり、定員確保すらおぼつかない大学も出始めているという。また入学難易度の高い大学でも、学力の高い優秀な学生確保のため、これまでなされてこなかった努力が必要となる。いずれの大学でも、学生確保競争が、本格的に始まったとみてよい。

## 2　価格の差別化

　かつて多くの人々にとって、飛行機旅行が高嶺の花であった頃、航空運賃はほぼ一律であった。しかし複数の航空会社が同一市場に参入し、顧客を取

り合う時代になると、一律運賃制は、いつの間にか崩れていった。今や航空業界は、買い手市場といってよく、そこでは財やサービスの売り手が競争する「逆オークション」が、成立していることになる。買い手が競争するオークションと違って、そこでは売り手は買い手の動向を見て、早期割引や団体割引など価格を変えて、少しでも空席を満たそうと努力しなければならない。かくして同じ飛行機には、様々な価格で航空券を購入したお客で、占められることになる。ここではお客は、皆異なった運賃を支払ったことをお互い知っており、それに対して不平を言う者も、まずいない。その理由の一つは、お客は納得づくで、その時点の運賃額でチケットを購入しているからである。また一つには、運賃は異なっても、受けるサービスは同じであるからである。

　大学教育も買い手市場になれば、この逆オークションが成立し、価格の差別化が起こりうる。高い学費を払っても、その大学に入学したい学生もいれば、学費が安ければ入学してもよいと考える学生も存在する。大学教育が売り手市場であった時には、大学は前者のような学生を相手にしているだけでよかった。しかし今や後者のような学生もターゲットに入れなければならない。後者のような学生を実際に大学に入学させるには、学費の値下げ、または奨学金の提供が有効であろう。

　日本の大学入試も、一頃の学力入試一辺倒から、文部省の政策もあって徐々に多様化し、ある特定の大学に入るのに、複数のチャンスが、受験生に与えられるようになった。例えば、推薦入学を選択するか、入試で入るか、入試を受けるとするなら、センター入試か、一般学力入試か、または論文中心の二次試験で入学する可能性もある。このように入試は多様化したが、ほとんどの場合、どの方法で入学しても、授業料は一律である。しかしこれからは、大学にとって最も入学してほしい学生（多くの場合、学力の高い学生）が、選択する入試方法の授業料を安くするなど、入試方法毎に、授業料が変わることも予想される。ただしそれぞれを、どのくらいの授業料水準に設定するのは、簡単ではない。

## 3　学生募集と奨学金

　授業料水準が上昇すると、その大学への志願者がどれだけ減少するか、または逆に授業料の低下は、どれだけの志願者増をもたらすかは、本来個々の大学毎のデータによって明らかにされるべきであるが、残念ながら日本ではまだなされていない。しかし集計的データを用いた全体的傾向を検討すると、そのような効果は小さいと推測される。つまり受験生は、大学を受験するかしないかに関して、それほど学費に敏感に反応しているわけではない、ということである。例えば、学生数4,000人規模大学で、人件費節約によって4,000万円の節約ができたとする。これを学生に還元しようとすると、在学生一人あたり1万円の値下げが可能となる。しかし年間納付金が、例えば120万円から119万円になったとしても、これによって志願者が増加するとは思われない。だから授業料の値下げによって、学生を集めようとするならば、もっと大幅な値下げが必要となる。この方法は、大学にとっては非効率であり、賢明な方法ではない。また授業料値下げは、必ずしも受験生を増加させる上で、効果が大きいとはいえず、好意的に捉えられないばかりか、むしろそれが大学教育の質の低下を意味しているのではないか、または学生募集に支障をきたし学生確保のための値下げか、といった悪いイメージを、かえって広めることになりかねない。

　大学教育が売り手市場である時は、授業料を少々値上げしても、受験生が減少するということはなかったが、買い手市場では、これが変化する可能性がある。しかし多くの私学にとって、授業料水準を下げることは、帰属収入全体に与える影響を考えると困難である。授業料を値下げするには、人件費の節約が考えられるが、単年度ならともかく継続的に何年も節約できるものでもない。それよりも学生募集のためには、授業料をそのままにして、奨学金の提供額を増加したほうが、得策であろう。しかし奨学金を用いて、より効率的に学生募集を行うには、考えなければならない点がある。

　もし授業料水準が受験生に影響を与えるとすれば、それは受験前の志願時である。受験生は、授業料が自分にとって高価すぎる大学は、初めから志願リストからはずし、受験しないであろう。だから奨学金が利用できるかどう

かの情報は、合格か不合格が判明する以前の受験者にとって、それほど重要な情報ではない。しかし複数の大学に合格した学生が、入学する大学を選択する時、奨学金が受給できるかどうかは、その学生の大学選択に、大きな影響を与えると思われる。よって大学は、奨学金の提供通知を、合格発表時に行うのが望ましい。奨学金は、合格した学生が、実際に入学する割合、いわゆる歩留まり率の向上に、最も有効であると思われる。現在提供されている育英会やその他民間奨学金のように、入学した後で提供しても、受給学生に思わぬ経済的恩恵を与え、喜ばすことはできるものの、その年の学生募集に対する効果はない。

## 4 奨学金の種類と役割

　学生が在学中に得る個別的な経済的援助を、一般に奨学金というが、その種類と役割をまとめておこう。一番わかりやすいのは、学費を支払えない、または学生生活が、経済的に続けられない低所得層出身学生に対する奨学金である。日本育英会の奨学金がこれである。これは高等教育機会を所得層間で均等にさせようとする目的を持つ。学費免除、生活費援助、返済義務のない給付金、無利子または低利子の貸与奨学金と様々な形を取る。そしてこれらの目的のための奨学金提供者は、個人、財団、企業などの民間、大学、政府であるが、主体はやはり政府であるべきである。大学も、この奨学金を提供してもよいし、実際に行っている大学もあるが、機会均等は基本的には、政府の仕事であると解すべきである。もちろん政府は高等教育の機会均等のため、これまで何もしなかったわけではない。国立大学の授業料を低く設定したり、私学助成を行ったりして、授業料の高騰を抑えようとした。しかしこういった大学を対象とする機関助成の方法は、低所得層出身者ばかりでなく、それ以外の学生にも影響を与えるので、機会均等政策としては、不効率である。この点について政府は、個人の奨学金を充実させるべきである。

　学生募集のための奨学金は、機会均等のための奨学金とは異なる。そのための奨学金は、いわば大学の私的目的のためであるから、政府助成は期待できない。これは大学が独自に財源を確保し、給付額、給付人数および対象学

生を大学が、自分で決定しなければならない。奨学金の財源として最も望ましいのは、第3号基本金からの果実によってであるが、卒業生の寄付が多い一部の伝統校や、企業その他の団体から寄付がある大学を除いて、この基本金が潤沢である大学はそれほど多くはない。今後は各大学とも、この第3号基本金を充実させることが大切である。これには、卒業生組織などに大学がより積極的に関与し、卒業生からの寄付金によって、基本金蓄積に努力しなければならない。日本では、大学に対する個人の寄付が少ない、としばしば指摘されるが、卒業生に対して大学が何のサービスもしなければ、寄付提供を申し出る人もまれであろう。多くの大学は、卒業生や卒業生組織に関心が低くすぎるという印象を持つのは、筆者だけであろうか。

　学生募集のための奨学金は、すべての大学に一様に効果を持つとはいえない。多分最も効果を持つのは、入学難易度の高い大学である。それらの大学は、授業料の低い国立大学と競合する可能性があるからである。また高所得層出身の学生よりも、低所得層出身の学生に対してより効果があると考えられる。よってアメリカでは、入学難易度の高い大学では、学力の高い低所得出身の学生の学費を、高所得層出身学生の支払う学費でカバーする方法を採るところもある。日本では、大学志願時に家計の所得水準を見極めることがなされていないので、この方法は今のところ有効ではない。

## 5　評価の時代

　大学教育が売り手市場であった時には、大学教育の質は、さほど問題にされなかった。受験競争によって、学生は入学以前に自らの学力を高めているために、大学は質について努力する必要がなかったのである。質は入学以前の学生の努力によって、保証されていた。そもそもこれまで日本の大学は、概ね学生の教育に熱心ではなく、学生が勉学に励まないのは、専ら学生のせいであるとし、大学教育の質の向上に対する努力を怠ってきた。ともかく大学は強気で、学生や学生の教育にさほど関与してこなかった。

　しかし買い手市場では、そうはいかない。さまざまな学力の学生が入学してくると、大学は、自らの教育の質を維持向上する努力を強いられる。ここ

10年来、大学は自己点検、自己評価、大学基準協会による第三者評価などと、評価を通して質向上に努めてきた。しかしこれらの評価活動やその結果は、これまでのところ、当該大学のみの関心事でしかなく、評価自体も形式主義化している。結果を広く受験生、親、高校、予備校、受験情報誌に公開することも大切となるであろう。大学の自己評価、第三者評価は、学生募集の有効な手段となりうるし、そしてそれが評価を実質的な活動とし、さらに活性化すると考えられる。

　最後に大学評価にこれまで欠けていた点を指摘しておきたい。第一に評価が、学生の在学中の成長をほとんど扱っていない点である。大学4年間で、学生の一般的知識がどのくらい増え、外国語の能力がどのくらい向上し、専門的知識技術がどのくらい修得できたか、大学評価にはほとんど扱われてはいない。学生の成長を測定し、公表することは大学の説明責任の一つである。第二に大学教育は、学生にどんな効果を持ち得るのか、この大学に入学すると、いかなる特性が成長するのか、大学はきちんと把握していないことが挙げられる。これまで大学は、卒業後どんな資格を取得できるか、どこの企業に就職できるかをしきりに宣伝してきた。しかしそれだけが、大学効果ではないのはもちろんである。そして第三に、大学教育におけるコスト・ベネフィットの評価がなされてないことである。この大学は、教育効果に対してコストがからないとか、この大学はコストが高いが、教育効果はそれなりにあるといった類の指摘は、これまで大学評価にはなかった。これだけのpain（授業料）に対して、こういうgain（利益）があるという評価である。これら3点は、買い手市場において受験生が知りたいという情報であり、これらは外部者や外部機関には測定できない。これらは、適切に用いられ、公開されれば、大学にとって学生募集の材料になりうる。

# 第5章　大学教育の質と価格

　財やサービスを購入する場合、それらの質が他の競合するものに対して優れていれば、より高い価格でもそれを選択する消費者は存在する。大学教育サービス購入の場合、質は多様であり、また学生納付金で表される価格も私立大学では様々であるが、価格は質を反映したものとして設定されているのだろうか。また学生は価格に応じた教育の質を享受しているのだろうか。本章では、大学教育における質と価格の関係を日本においては、実証的データを用いて、アメリカにおいてはこれまでの研究結果をもとに検討した。

## 1　学生にとっての教育の質

　まず教育サービスの消費者である学生の側にとって、大学教育の質とは何かを検討しておこう。教育の質の定義として、全国の大学が共通に利用しているのは、大学設置基準で定められた数値である。これは明らかに大学教育の質の最も普及した定義と言ってよい。日本の大学は文部省から設置認可を受けるときに、この基準に準拠し、様々な人的物的な教育条件を整備しなければならない。そして設置後も無視してよいものではなく、国庫補助金申請時にも私学振興財団に提出し、審査を受けなければならない基準である。新制大学発足後から、この基準は質の最低基準として考えられてきた。しかしこれらの質は、認可行政や私学振興行政にとって重要な意味を持つが、受験生にとってそれほどなじみのあるものではない。これらの数値は大学選択の際の、情報としては、それほど価値のあるものではない。数値に表されるより、現実の大学選択はより複雑で多様なのである。

　学生にとって進学先を選択する場合、最も知りたいと願うのは、どんな教育が行われ、どのような知識技術が獲得でき、そしてその結果、卒業後どん

な職業に就けるかであろう。学生にとって最も魅力的な大学は、受験勉強にそれほどエネルギーを注がなくてもよいような、入学するのに比較的容易な大学であり、かつ卒業時には、就職に有利であり、職場で有効な能力や資質を獲得できる大学である。すなわち大きな付加価値を学生に与えてくれる大学である。しかしこの付加価値を測定することは、実際には困難である。この測定には、一方で学生の入学時の学力、モチベーション、パーソナリティ、アティチュードなどと、他方卒業時の学力、その他の特性についてのデータが必要である。入学時の学力は、入学試験などを用いて測定することは可能であるが、卒業時に同じ学力を測定することは、ほとんど行われていない。高校教育と大学教育が根本的に異なり、卒業時の学力を測定しても、意味がないからである。しかし卒業時の部分的な学力を推定する方法も考えられる。医学部学生の医師国家試験合格率、法学部学生の司法試験合格率、国家公務員上級職合格率を検討することで推定できる。または学生に人気の高い一流有名企業への就職率においてすら、学力と全く無関係と言うことはないだろう。

　入学時の学力が、比較的低い学生を良質な教育によって、卒業時に高い付加価値を備えさせて、就職に有利にさせてやるという理想的なストーリーは、現実ではなかなかできない。国家試験合格率なり就職率が高いとなると、大学はそれを積極的に宣伝し、その大学は早晩入学難易度が上昇してしまうから、最初から学力の高い学生が集まり、付加価値の高い大学の存在は短命となる。

## 2　教育の質の指標

　学生の用いる教育の質の評価と、文部省や私学振興財団の用いる質の評価とは異なることを確認した。またこれまで諸研究でも様々な教育の質を表す指標が用いられた。ここではそれらを整理検討してみる。

　ＳＴ比：教員一人あたり学生数、または学生一人当たり教員数。これは例えば、国立大学と私立大学の教育の質を比較する場合に用いられる。教員一人当たり学生数が少ないほど、質が高いとされる。これまで多くの研究で、

私立大学教育の質の低さを指摘する際に用いられてきた。しかし学部構成、大学院の規模、教員の担当授業数などを調整しないと正確な比較はできない。単一学部だけを対象にすると、私立と国立大学の教員一人あたり学生数の違いは、それほどないという指摘もされている。

**定員超過率**：日本の大学は、国立も私立も学生の定員が定められている。しかし私立大学では、定員以上に学生を収容することが、日常的に行われてきた。大学設置基準によって教員数と学生定員とは、決められているので、定員以上に学生を入学させれば、教員一人あたり学生数は多くなり、教育の質は低下することになる。経営上の理由から、教育の質が犠牲にされたといえる。定員超過率、一般に水増し率と呼ばれているが、これは、1960年代の大学拡大期には2倍を超える大学も珍しくはなかったが、私立大学への国庫助成が本格化した1975年頃から改善されている。先のＳＴ比と定員超過率が高いと、経常費補助金獲得に不利となるいわゆる傾斜配分方式の採用のためと考えられる。ＳＴ比と定員超過率は、絶対的な基準があるわけないので、諸条件を調整してクロスセクショナルまたはオーバータイムな比較検討によって意味を持つ。

**単位費用**：これは、例えば、学生一人あたり経常支出で表される。市川は大学教育費の比較には、以下の諸点の注意が必要としている（市川，1984）。①付属病院、付置研究所等の経費は除く。②昼間部と夜間部の割合を考慮。③債務償還費を考慮。④消費的支出と資本的支出の区別。⑤専攻分野構成を考慮。⑥大学院生の比率を考慮。そして市川は、私立大学の単位経費が低いのは、社会科学系学生の構成割合が大きいこと、大学院学生の割合が小さいことを挙げている。

日本の私立大学の場合、消費支出に占める人件費の割合が高い。よって単位費用が高ければ、教職員に支払う給与割合が大きいと考えられ、ＳＴ比と相関が高くなる。この指標の一つの難点は、教職員一人あたり給与が比較的高いと、たとえ多くの教職員が存在しなくても単位費用が高くなってしまうことである。また給与は、年齢によっても影響され、教職員の年齢構成の高い大学では、単位費用は高く計算されてしまう。もちろん教職員給与や年齢構成が各大学でそれほど違わないなら、問題はない。第二の難点は、経常経

費を用いることから生ずる。資本的支出は、土地建物などの場合、毎年コンスタントにあるわけではないので、単位費用に組入れるのは、問題があるが、図書、コンピュータなどは資本的支出であるにもかかわらず、毎年必要もしくは比較的短い期間に更新の必要があり、学生の教育の質に大きな影響を与える。これらを何らかの形で、単位費用に反映させる必要がある。

指標としての単位費用は、大学教育の場合主に三つの目的のため算出される。一つは、ここで問題としている教育の質を測定するためである。二つ目は、経営効率の追求である。規模の経済や範囲の経済があるかどうか、あるとしたら経営にとっての最適規模はどのくらいかが問題となる。最後は、アカウンタビリティーとの関連で測定される場合である。支払った授業料は、受ける教育に見合ったものかどうか、授業料はコストに適切に反映されているかどうかが問題となる。また学生はどのくらい公的助成されているかの測定にも用いられる。単位費用は、費用を学生数で除すことによって算出されるが、ここで用いられる分子と分母は、三つの目的によって異なってくる。教育の質を問題とする場合は、直接関係ない人件費は除いたほうがよいという主張もなされよう。しかし公的助成を含めて学生の教育にどのくらい費用がかかっているかを測定する場合は、分子に含まれる経費は多くなろう。例えば、各大学は校地を有するが、それには固定資産税が免除されている。これは大学教育の機会費用と考えられる。免税は補助と同じと考えれば、それらを経費に含むべきだという考え方もできる。

**教育研究経費比率**：この比率は、分母に帰属収入または消費支出をとる。教育の質という観点からこの比率を解釈するのは難しい。直観的には、教育研究経費比率の高い大学なり学部は、教育の質が高いと判断されやすいが、一概にそういえるわけではない。消費支出を分母にした場合、教育研究経費比率を高めるためには、主に人件費と管理経費とを犠牲にする必要がある。しかしこれらはともに教育の質にとって重要な経費である。特に、人件費は、教員一人あたり学生数を下げたり、非常勤講師担当授業を専任教員によって置き換える場合、上昇することになる。よって教育研究経費比率は、高めればよいというものでは決してない。

**教員数、学生数、大学学部数**：これらは規模変数である。教育条件のより

恵まれた国立大学の学生数が、私立大学のそれにくらべ少ないことから、学生数で表された大学や学部の規模は、大きいとマイナスのイメージが持たされやすい。水増し入学とも結びつく。規模が教育の質とどのような関係を持つかは、二つの考え方がある。一つは規模をマイナスと捉える。教育は小規模、少人数のほうが効果があるという考え方であり、大規模クラス、マスプロ教育、マイク付き教室などの言葉によって規模自体を否定的に考える。そこでは教師と学生、また学生同士の関係が希薄となり、教育の効果も小さく、質も低いとされる。しかし規模を積極的に評価する第二の考え方も成り立つ。大規模大学では教員の専門分野は多様になり、学生はより広い分野にわたって受ける授業を選択することができる。また大規模ゆえに、学生の課外活動、例えば、多種類のクラブ、同好会、サークル活動が可能である。それゆえ大規模大学のほうが学生は、学生同士の接触が大きくなることも考えられる。

　**歴史**：大学の歴史は具体的には、設立年数として測定できる。これも教育の質を構成する指標として考えられる。歴史が長いほど数多くの物的人的資産が蓄積しているはずだから、教育の質は高いはずである。

　**就職状況**：学生の卒業後の就職状況は、学生の大学生活に影響を与える。就職状況は、単に就職率では表されない指標である。どれほど人気のある企業に就職できるか、または職業に就けるかを表す指標でなければならない。医師の国家試験合格率、このところの教員としての就職率が含まれるだろう。

　**入学難易度**：学生の教育は大学が提供する教育条件だけに影響されるわけではない。教員個人や学生同士で影響される。それゆえに入学難易度は、教育の質を構成する。入学難易度の高い大学に入学した学生は、より高い学力を持った、より高いアスピレーションを持った他の学生と知り合う機会を有する。教員もより威信の高い大学で研究し、より高い能力を持った学生を教育することを欲するので、教員の移動は、入学難易度の低い大学から高い大学への移動が普通となる。よって難易度の高い大学では、より優秀な教員の授業を受けることになる。これは教員の教育能力が高いことを必ずしも意味しないが、少なくとも研究業績の多い教員の授業を受けることができる。入学難易度は、受験生の大学評価ランキングである。

## 3　日本の大学の質と価格

　大学教育の質を表す指標と授業料との関連は、それらの相関を検討することによって推測ができる。そこで1989年と1999年の2時点で、指標間の単純相関係数を計算してみた。学部は1989年時点で経済学部という名称を用いている学部のみを扱った。当時81経済学部が存在した。1999年では、経済学部はそれ以上数えるが、比較のため81学部のみを対象とした。

　結果は**表5-1**および**2**に示した。これによるとＳＴ比が高いと、すなわち教育条件が悪いと、授業料が高いという関係が見られ、この傾向は、特に1989年のほうが強い。定員超過率は、1999年で、その値が高いと、すなわち教育条件が悪いと、授業料が高いことが明らかである。日本の私大経済学部では授業料は、教育条件に見合った形で徴収されていない。入学定員、在籍学生数、専任教員数、専任兼担任教員数などの規模変数と授業料との関係は、明確で一貫した関係があるわけではない。係数の符号は、一定ではなく、係数自体も小さい。また1989年と1999年との比較についても一貫した関係は見出せない。

　大学の歴史と授業料について、1999年では、設立年数が長いほど、授業料は低いという関係が見出せた。しかし1989年で両者の関係はほとんどない。また1999年では入学難易度が高いほど、授業料が安価であった。設立年数と入学難易度の相関が高いことと併せて、1999年には、全国的に有名大学ほど、授業料が安価であるといえる。これは、1989年とは違った現象である。

　1989年と1999年との授業料の差、すなわちここ10年間の授業料値上げ分は、教育条件とどのような関係があるかを知ることができる。それによると、授業料の増加は、入学難易度の低い学部で、設立年数の短い学部で、大学学部数の少ない小規模大学で起こったことがわかる。有名大規模大学では、授業料の上昇が小さかったといえる。そして授業料上昇と定員超過率との相関は、比較的高く、教育条件と価格とは見合ってないことを明確に示している。

表 5-1 単純相関マトリックス（経済学部 N=81）
1989 年

| | 入学金 | 授業料 | 初年度納付 | 入試難易度 | 設立年数 | 入学定員 | 在籍学生数 | 専任教員数 | 専任兼担 | 大学学部数 | 定員超過率 | s/t比 |
|---|---|---|---|---|---|---|---|---|---|---|---|---|
| 入学金 | | | | | | | | | | | | |
| 授業料 | 0.541 | | | | | | | | | | | |
| 初年度納付 | 0.664 | 0.602 | | | | | | | | | | |
| 入試難易度 | 0.314 | 0.255 | -0.058 | | | | | | | | | |
| 設立年数 | 0.089 | 0.069 | -0.186 | 0.759 | | | | | | | | |
| 入学定員 | 0.118 | 0.007 | -0.172 | 0.509 | 0.537 | | | | | | | |
| 在籍学生数 | 0.068 | 0.009 | -0.137 | 0.437 | 0.362 | 0.893 | | | | | | |
| 専任教員数 | -0.082 | -0.184 | -0.255 | 0.308 | 0.192 | 0.687 | 0.691 | | | | | |
| 専任兼担 | -0.017 | -0.113 | -0.264 | 0.532 | 0.408 | 0.703 | 0.676 | 0.848 | | | | |
| 大学学部数 | 0.253 | 0.219 | -0.034 | 0.670 | 0.588 | 0.695 | 0.434 | 0.204 | 0.932 | | | |
| 定員超過率 | -0.091 | -0.001 | 0.101 | -0.309 | -0.249 | -0.225 | 0.144 | 0.008 | -0.124 | -0.032 | | |
| s/t比 | 0.200 | 0.233 | 0.175 | 0.210 | 0.114 | 0.290 | 0.365 | -0.339 | -0.618 | 0.038 | 0.215 | |

表 5-2 単純相関マトリックス（経済学部 N＝81）
1999年

| | 入学金 | 授業料 | 初年度納付 | 入試難易度 | 設立年数 | 入学定員 | 在籍学生数 | 専任教員数 | 専任兼担 | 大学学部数 | 定員超過率 | s／t比 | 授業料増加 | 学生数増加 |
|---|---|---|---|---|---|---|---|---|---|---|---|---|---|---|
| 入学金 | | | | | | | | | | | | | | |
| 授業料 | -0.032 | | | | | | | | | | | | | |
| 初年度納付 | 0.249 | 0.605 | | | | | | | | | | | | |
| 入試難易度 | 0.153 | -0.366 | -0.289 | | | | | | | | | | | |
| 設立年数 | 0.010 | -0.207 | -0.310 | 0.779 | | | | | | | | | | |
| 入学定員 | 0.132 | -0.109 | -0.070 | 0.315 | 0.440 | | | | | | | | | |
| 在籍学生数 | 0.063 | 0.040 | 0.161 | 0.177 | 0.339 | 0.899 | | | | | | | | |
| 専任教員数 | -0.060 | 0.018 | 0.170 | 0.102 | 0.246 | 0.646 | 0.712 | | | | | | | |
| 専任兼担 | 0.016 | -0.061 | -0.015 | 0.196 | 0.375 | 0.715 | 0.699 | 0.804 | | | | | | |
| 大学学部数 | 0.218 | -0.206 | -0.240 | 0.670 | 0.671 | 0.443 | 0.376 | 0.102 | 0.280 | | | | | |
| 定員超過率 | -0.159 | 0.399 | 0.474 | -0.278 | -0.169 | -0.201 | 0.203 | 0.151 | -0.035 | -0.198 | | | | |
| s／t比 | 0.162 | 0.041 | -0.010 | 0.150 | 0.130 | 0.293 | 0.355 | -0.341 | -0.192 | 0.358 | 0.172 | | | |
| 授業料増加 | -0.422 | 0.720 | 0.421 | -0.321 | -0.257 | -0.128 | 0.043 | 0.148 | -0.005 | -0.354 | 0.419 | -0.110 | | |
| 学生数増加 | 0.055 | -0.016 | 0.315 | -0.187 | -0.099 | 0.290 | 0.365 | 0.174 | 0.215 | 0.038 | 0.065 | 0.219 | -0.008 | |

## 4 アメリカにおける大学教育の質

　大学教育の質を測定すること、また大学が学生にどんな影響を及ぼしているのかを測定する作業は、アメリカでは機関研究(institutional research)、カレッジインパクト研究(college impact study)と呼ばれる分野で行われてきた。この分野は、バートン・クラーク(Burton Clark)が1973年の論文で、将来の有力な高等教育の社会学的研究分野の一つと位置づけている(Clark, 1973)。この分野の専門家の研究バックグラウンドは、測定、評価、パーソナリティ変化を扱うことから心理学者が多い。よって測定理論や方法に関しては、緻密な検討が行われたが、一方研究の中に社会経済的変数が分析の中に含められることは少ない。例えば、カレッジインパクト研究において、大学のドロップアウト率や数は、大学の特性とどのような関係があるのかを見出そうとする。大学の中のカリキュラム、規模、教員特性などが、ドロップアウトとの関連で検討されるが、例えば何故社会的経済的に低い家庭出身の学生が、中途退学する傾向があるのかは、問われることが少ない。よってカレッジインパクト研究は、クラークがもう一つの重要な高等教育の社会学的研究分野と指摘した機会均等の問題とドッキングし、高等教育研究の発展した研究分野となることはなかった。

　ところで大学が学生に及ぼす影響の一つに、経済的な効果がある。学歴が高い者ほど、賃金が高くなる傾向があるので、大学教育が、どのように人々の経済的生産性を高めるかが、経済学者の間で議論されてきた。これには、経済学の分野で、主に二つの考え方がある。一つは人的資本理論と呼ばれる理論で、これは素直に大学教育が、学生の在学中に経済的生産力を高める能力の開発をしていると考えるので、大学教育を受けるほうが受けないより、また大学教育を受ける期間が長いほど生産力が高まるとする。もう一つは、スクリーニング理論とよばれる理論で、これは、大学教育の中味が問題ではなく、大学が人々の潜在能力の選抜を行っているので、大卒のほうがそうでない者より生産性が高くなると考える。ここでは大学教育がどのようなことを教えているのか、大学教育が学生にいろいろな特性を発達させているのかは、生産性とは無関係であるとする。どちらが正しいのか決着はついてはい

ないが、疑問に思うのは両者とも大学の内部で何が行っているのか、大学が学生の特性変化にどのような影響を及ぼしているのか検討しようとしないことである。

カレッジインパクト研究は、大学の質が学生の特性変化に影響を及ぼすかを測定するが、ほとんど大学の質が、卒業生の所得に影響するかどうかを問わなかった。他方経済学的研究は、大卒と高卒との賃金格差や内部収益率がどのくらいかを測定するが、大学の質が卒業生の賃金にどのように影響するかは問わない。しかし最近では、ようやく両者の欠点を補う研究があらわれてきた。例えば、大学の質が賃金に影響するかを明らかにした研究もある。また、そのインパクトは学生の家庭背景が恵まれているほど大きいことも示されている。しかし大学の質を構成するどの変数が重要なのかは不明である (Rumberger, 1993)。

## 5 ランキングと価格

アメリカの代表的な大学進学ガイドブックである*Peterson's Guide to Four-Year Colleges 1998*には、入学難易度一覧表が掲載されている。それは、5段階に分かれ、そのうち入学が最も難しいとされる大学のグループは、新入生の75％以上が高校のクラス上位10％以内に入り、進学学力テストSATのⅠ得点が1600満点中1250点以上、アメリカ・カレッジ・テストACTで29点以上 (36満点中) を記録し、志願者の30％以下しか入学許可されない大学で構成される。ここに入る大学は、ほとんどが私立大学である。難易度の高い方から第2群に、やっと州立の名門であるカリフォルニア大学 (University of California) の各校、ウィスコンシン大学 (University of Wisconsin)、ミシガン大学 (University of Michigan)、テキサス大学 (University of Texas) 等が入ってくる。

この表と、全米大学授業料の一覧表とを用いて、入学難易度と授業料との関係を推測することができる。その結果、入学難易度と授業料とは、ほぼ相関することがわかる。特に、高難易度、高授業料の大学で高い相関があるといえる。これらの大学は、空軍士官学校 (United States Air Force Academy)、海軍士官学校 (United States Naval Academy) など国立の無償機関を例外として、ほ

とんどが私立大学である。アメリカの私立大学、特に選抜的で有名な私立大学の授業料は、1980年代に急上昇したことはよく知られている。例えば、シカゴ大学(University of Chicago)では、1980年年間授業料は5,100ドル、1991/92年価格で8,090ドルであったが、1991年には15,945ドルに急上昇している。ハーバード大学(Harvard University)、デューク大学(Duke University)、シカゴ大学、カールトン大学(Carleton University)という四つの選抜度の高い私立大学の財務を検討したクロトフェルター(Clotfelter)の研究によると、これら4つの大学では、他の大学よりも授業料上昇のペースが速かったという。そして授業料の上昇は、支出の上昇、教員給与の上昇、学生に対する奨学金支出の上昇、教育負担の減少、教員数の増加、専任教員による授業数の減少という変化を伴ったという(Clotfelter, 1996)。

　州立大学だけに限ってみても、高難易度、高授業料の関係は存在する。日本の国立大学は、入学難易度に無関係に授業料は一律であるが、アメリカの州立大学はそうではない。例えばミシガン州の場合、最も難易度の高い州立大学は、ミシガン大学(University of Michigan)であるが、そこでの授業料は、5,548ドル、州外学生はさらに11,524ドル追加しなければならない、次に難易度の高いといわれるミシガン州立大学(Michigan State University)は、4,921ドル、州外学生はさらに7,035ドル必要である。また東ミシガン大学(Eastern Michigan University)は、3,292ドル、州外学生は4,380ドル追加、西ミシガン大学(Western Michigan University)は3,180ドル、州外学生は4,200ドル追加である。これは州立大学の階層性が、基本法(California's Master Plan)により、顕在的に確立されたカリフォルニア州でもいえる。カリフォルニア大学群(University of California system)の各大学は、選抜度および授業料の双方において高く、カリフォルニア州立大学(California State University)の数大学がつづく。その後には、多くのコミュニティ・カレッジ群(Community College system)にある大学が位置する。そして、それぞれのグループ内で各大学は独自の授業料を設定している。

　ランキングと価格の関係を明らかにする関連した研究分野として、経済学的研究とカレッジインパクト研究の二つがあるとは、先に述べた。経済学的研究は、インプットとアウトプットの単純な関係を問題にするだけである。

またカレッジインパクト研究には、授業料などの経済指標が分析の中に変数として入り込むことは少ない。それら二つのタイプの研究の補足をしながら、ギルモア(Gilmore)は、大学の質と価格は相関するのか、また大学は学生に影響力を行使するのかという課題に検討を加えている(Gilmore, 1991)。それによると、大学の質を入学難易度、評価、基本財産、カリキュラム、教員学生比、図書館の規模、大学院の存在など伝統的な指標で表すと、これらは価格と相関がみられるという。また学生の教育効果を、一年生の成績、二年生の在学継続率、卒業率で表すと、これらは、価格と相関するという。つまり授業料の高い大学ほど、教育の質が高く、学生に対する効果も大きいことが確認される。

ギルモアはさらに、一般的に大学は、高コスト、高効果(high-cost, high-performance)および低コスト、低効果(low cost, low-performance)の傾向があるが、この一般的傾向から外れてしまった低コスト、高効果(low-cost, high-performance)(グループ2)、と高コスト、低効果(high-cost, low-performance)(グループ3)に入る大学を詳しく検討している。グループ2に入る大学では、学生の授業料が、単位費用の47.6％だけを占めるのに対して、グループ3ではその値は64％である。そして授業料と奨学金の差(aid gap)は、グループ2で1,603ドルであるのに対して、グループ3では2,308ドルである。この授業料と奨学金の差は、学生一人あたりの大学の基本財産の差からもたらされるとしている(グループ3が4,946ドル、グループ2が7,069ドル)。この場合両グループの単位費用は、ほとんど同額であった(グループ3が8,916ドル、グループ2が8,446ドル)。結局グループ3に属する大学は、基本的財産の差によって、同質レベルの教育の維持に授業料を高く設定しなければならないと推論している。

ギルモアは、さらにグループ3の大学は建物や施設に、210万ドル余分に使っており、それに対して書籍に対する支出は、15％少なく、雑誌支出は33％少ないことを明らかにした。しかしグループ3の学生の応募率はグループ2より10％高いことを示している。ギルモアによれば、アカデミックプログラムの充実と学生活動は教育成果を高めるという。そして、価格自体が教育成果に与える効果も考えられるとしている。つまり大きな投資量によって結局、最後まで学業を続け卒業させることになる。そして最後に、豊かな大

学は最良の学生を教育し、大学は最良の学生に最大のインパクトを持ち、そうでない学生にネガティブなインパクトを持つことを結論としている。

ところで、アメリカ高等教育は、1970年代初めから、18～19歳人口の減少が始まり1990年代半ばで、25％減少が予測された。そして高等教育に悲観的ムードが漂ったのだが、人口減に対する個々の機関には3つの選択があった。第一は、これまでとは異なった非伝統的学生の確保である。第二として、授業料の値下げ策である。第三には、機関自体の規模縮小である。16校のリベラルアーツを対象にした研究によると、このような状況で、ほとんどのカレッジは第二の選択肢である授業料値下げ策を取らず、むしろ値上げの決定を行った。そして興味深いことに、値上げ決定は結果的に成功し、授業料を値上げしなかった一校は、学生数の減少に見舞われている。そして実際にリベラルアーツカレッジがとった策は、部分的に非伝統的学生の受け入れであり、そしてほとんどが自らの意志による規模縮小策を取った。そして規模の縮小は、質の維持、または向上をもたらした(Duffy, 1998, p30)。

18～19歳人口減少期に、入学難易度の低い大学と高い大学との格差がさらに広がったという指摘がある。難易度の低い大学は、資金に制約された目標入学者数を確保するため入学要件を下げざるを得ないことは、容易に想像がつく。しかしこのことは難易度の高い大学グループには当てはまらない。そこでは、人口減にもかかわらず、威信の高い選抜的大学へ能力の高い学生の応募が、かつてないほど増加しつづけた。選抜的な大学の授業料が上昇すると、裕福な親たちは、競って最も威信の高い大学へ子供を進学させようとした。この現象を、高価であればより購買意欲がますという高級車の購買と同じ原理が働くということで「メルセデス(ベンツ)現象」と呼ぶこともある。また学生や親が、私立大学の価格を大学教育の質の指標として捉え始めているので、有名私大は授業料を値上げできるという説明もされる。これは需要減少期に、値下げ競争に加わらず、質を強調して生き残るビジネス戦略と同じであることから「シーバスリーガル現象」といわれる。

## 6　まとめ

　大学教育の質と価格との関係は、日本とアメリカで異なっていることが推測できる。アメリカの場合は、比較的明確で変数間の関係も解釈しやすい。高い授業料は、よりよい大学教育の質を購入するためにある。授業料の高い大学は、入学難易度が高く、教育条件に恵まれ、そして学生に対して大きな付加価値を与えてくれる。日本の大学教育の場合、変数間の関係は、それほどはっきりしたものではないし、それについての研究の蓄積も乏しい。日本の大学の経済学部だけのデータを検討すると、授業料と難易度は逆相関し、授業料と教育条件も逆相関であることがわかる。しかしそれらの逆相関は年によって一定ではないし、相関係数自体もそれほど大きくはない。さらに難易度と教育条件の関係も明確ではない。

　日本の大学教育において、価格(授業料)と質(教育条件)が相関してないのは、大学が価格支配力を持っていると考えることもできる。供給者が価格支配力を行使できるのは、消費者の選択が限定される場合である。これは、供給者が他に競争相手を持たない場合最も強い。日本の大学はこれまで充分な進学需要があり、入学者を学力試験によって選抜していた。学生という消費者は、充分な大学教育の供給量がなかったため、学力によって大学によって選ばれ、自らの選択の余地には限りがあった。そこでは大学が質に無関係に価格を設定できたと考えることができる。しかしこのような状況は、18歳人口の減少によって変化せざるを得ない。各大学は学生確保の競争状態におかれ、消費者としての学生は、選択の幅が広がる。そしてこの競争によって、質(教育条件)や人気(難易度)が価格(授業料)に反映することが予想される。

### 参考文献

　市川昭午、1984、「経費と施設・設備」慶伊富長編『大学評価の研究』東京大学出版会。
　Clark, Burton R., 1973, "Development of the Sociology of Higher Educaton" *Sociology of Education* Vol.46, pp.2–4.
　Clotfelter, Charles T.,1996, *Buying the Best: Cost Escalation in Elite Higher Education*, Princeton University Press.

Duffy,Elizabeth A. and Idana Goldberg, 1998, *Crafting A Class: College Admissions and Financial Aid, 1955–1994,* Princeton University Press.

Gilmore, Jeffrey L.,1991, *Price and Quality in Higher Education,* U.S. Department of Education.

Rumberger, Russell W. and Scott L.Thomas, 1993,"The Economic Returns to College Major,Quality, and Performance: A Multilevel Analysis of Recent Graduates," *Economics of Education Review.* Vol.12, No.1, pp. 1–19.

# 第2部　大学教育の充実と効用

# 第6章　ＦＤ活動の背景と実践

　ＦＤファカルティ・デベロップメント（ＦＤ）という言葉がよく聞かれるようになった。もともとは、イギリスやアメリカで使われていた言葉であるが、日本でも20年以上も前から、このＦＤやＳＤ（スタッフ・デベロップメント）が紹介され、場合によっては実践されてきた。ＦＤは、かつては教員の個人的な活動であったが、ここ２～３年で急速に大学の中に浸透してきている。また大学関係諸団体でも様々な形で実践が行われている。ここでは何故今ＦＤが問題になるのかを考えると同時に、様々な実践例を紹介する。

## 1　ＦＤとは：個人から組織へ

　Faculty Developmentは、一般的には大学教授団の資質開発と訳される（有本, 1999, p.5）。これは広義の訳で、狭義には大学教員研修と訳されることもあり、個々の大学教員が所属大学における種々の義務（教育、研究、管理、社会奉仕など）を達成するため必要な専門的能力を維持し、改善するためのあらゆる方策や活動と定義されている（原, 1999）。大学審議会答申でも、ＦＤを教員が授業内容・方法を改善し、向上させるための教員相互間の授業参観、授業方法研究会、新任教員のための研修会と定義している。もっと広く考えることも可能で、シラバスの充実、学生による授業評価の実施、セメスター制の導入、組織的教育を含めることも可能である。形としては、研修会、ワークショップ、シンポジウムへの参加があり、これらには、単に講義を聴くだけのものから、泊まり込みでの体験実習型まである。いずれも、大学における教育活動の重要性の認識と、教授技能の向上を狙った啓蒙活動である。
　おそらく1990年代は、大学改革の時代の始まりと後世から呼ばれるであろう。1991年の大学設置基準の大綱化によってそれは開始され、そこでは大学

教育の改善が強く求められた。それはその後10年連続的につづき、1990年代終わりには今後の高等教育政策に大きな影響を与えると思われる二つの大学審議会答申が出された。一つは1998年の「21世紀の大学像と今後の改革方策について―競争的環境の中で個性が輝く大学」であり、もう一つは2000年11月22日に出された「グローバル化時代に求められる高等教育の在り方について」である。この二つの答申は、ともに言及している高等教育の範囲は広いが、共通して大学教員の教育力の向上を強調している。「21世紀の大学像」答申では、「各大学は、個々の教員の教育内容・方法の改善のため、全学的にあるいは学部・学科全体で、それぞれの大学等の理念・目標や教育内容・方法についての組織的な研究・研修(ファカルティ・デベロップメント)の実施に努めるものとする旨を大学設置基準において明確にすることが必要である。」と記している。そこではFDは、「教育研究の不断の向上を図るために大学が本来的にその責務として行うべきもの」で、FDの「組織的な」活動、大学全体の取り組みが強調されている。

　また「グローバル化時代」答申においても、教員の教育能力の向上が強調されている。「教員の教育の能力向上のためには、各大学において、昨年度新たに制度化されたファカルティ・ディベロップメント(大学の授業の内容及び方法の改善を図るための組織的な研究及び研修)の実施を推進する必要がある。また、教育課程の編成、実施、個々の教員の授業運営、成績評価等教育活動における一連の過程に関して、教員が、随時、意見や情報を交換し、それらの改善を検討する場を設けることも、教員の教育者としての意識を高めると同時に教育の質の向上を図る上で大きな効果があると考えられる。」と述べている。「グローバル化時代」答申では、教員の採用選考に際して、教育能力や実践的能力を評価すべきとまでいっている。これは、これまでほとんどの大学での教員人事が研究業績のみによって進められてきたこととは、全く別な方向である。

　この二つの答申が、強調しているのは、大学の教員は、研究者としてばかりでなく、教育者としてのアイデンティティを持つこと、および学生の教育の改善には、個人ばかりでなく組織として取り組むことという二つである。学校教育法第52条には、大学の目的が記されているが、「大学は、学術の中

心として…深く専門の学芸を教授研究し…」とあるが、そこでは大学はそれ以前の学校と比べ、研究機能の強調が明らかであり、実際ほとんどの大学教員のアイデンティティは、研究者としてのそれであろう。研究は人文社会系では、個人プレイであり、これまで教育は、その個人プレイの一部を見せることで済んだ。理系では、研究は組織として行われても、教育については個人ベースでなされており、複数の研究組織が学生教育のため協力調整することはまれであろう。また大学の自治、学問の自由は大学教員の研究教育に他人が関与しないことを保証しようとする理念である。この理念や実践と、教育活動を組織として向上させる責任であるというこの答申には、大学のあり方の180度の転換があると見ることができる。

## 2　FD活動の背景

　ではこれらの動きが、何故1990年代に出てきたのかを考えてみる。一連の大学改革の背景にアカウンタビィリティ（説明責任）とトランスペアレンシー（透明性、客観性）の考え方が関与していることはほぼ定説である。これは、政府機関、企業または非営利組織で盛んに問題となり、大学にも浸透してきた。国立大学の学費は過去上昇し、家計の負担が大きくなっているが、それでも税金の占める割合は多い。そこでは、納税者へ国費がどのように使われたか、その使用は効率的であったか、果たすべき機能が効率的に達成されているか、といった説明責任がある。他方私立大学は、授業料が経営に占める割合が多いが、こちらも学生、保護者に対する情報公開のあり方が問われている。企業が株主から経営の透明性を求められると同様に、学生の支払った授業料は、何に使われているのか？　授業料に見合った教育を学生は受けているのか？　学生の教育に教員は努力しているのか？　学生は在学中どんな能力を発達させることができるのか？　私学もこれらの疑問に適切に答える責任が課せられてきた。

　そしてFD活動の起こってきた背景には、消費者としての学生の力が、次第に強くなってきたことを挙げることもできる。アメリカでは、大学教育の質に不満を持つ学生が、大学を訴える事態も発生し、大学教育も消費者保護

を目的とするＰＬ法の範囲に入ったとみることもできる。日本でも、今以上に学生が大学、教員を絶対的なものと見なさない傾向が強まるだろう。これまで学生の不満は、授業料値上げであり、大学の管理運営形態であり、時の政治体制であり、またそれは就職難のいらだちの表出であって、大学の授業そのものには向けられなかった。しかし今後は大学の教育内容、方法に関して学生の異議申し立てが行われよう。ただしかつての学生紛争のように顕在化した形ではなく、授業中の私語、授業中での途中退席、授業登録者ゼロ、志願者減、定員割れ、という形で静かに進行していく。特に社会人学生が、学部教育や大学院で増えると、授業に不満を持つ学生が、大学や教員を非難することは（例えばウェッブ上で）増えるであろう。学生による授業評価、教員評価は、大学がイニシアティブを持って行うが、学生が主体となって授業の情報交換、教員評価、教員ランキングを行うケースも出始めている。

　加えて企業は、グローバリゼーションの中で、国際的競争力をつけるため日本的経営、とりわけ終身雇用の見直しを進めている。終身雇用制の下では、新規学卒者に対して、入社後オンザジョブトレーニングによって企業自らが雇用者を訓練するので、学卒者が大学時代に学力や職業的能力を高めることを期待してなかった。企業は、大卒を即戦力として期待せず、潜在的能力を買っていたと思われる。しかし大卒という肩書きだけで通用する時代は終わり、学歴主義の崩壊も徐々に進行する。そこでは大学での職業的トレーニングが、ますます企業の側から求められることになる。そして大学は、学生の就職能力（employability）向上に努力を強いられる。グローバリゼーションの関連でもう一つ述べれば、例えば、工学の分野で、国際標準を作ろうという動きがある。日本工学アカデミーが、これを始めている。今後は、医歯薬、法律、会計の分野にも広がるであろう。国際標準化の動きの中で、日本国内だけで通用する教育が変化の波にさらされているのである。

　また進学率上昇に伴う学生の多様化をＦＤ活動の背景に挙げることができる。18歳人口の減少に伴い志願者に対する大学の収容力は余裕が出始め、進学率は上昇の一途をたどっている。これによって入試倍率が低下し、ほとんどすべての大学で学力の低下が問題になってきた。個々の私大も学生確保のため、入試科目数を年々少なくさせている。かつては、入試の厳しさによっ

第6章　FD活動の背景と実践　93

て学生の学力が担保されていたといわれるが、それが日本全体で崩壊し始めた。さらに学生は様々な入試方法で入学してくるので、大学は質的に均一な学生によって構成されることがなくなった。そこで新しい顧客に対して、新しい教育方法、教育技術が求められてくる。日本の大学や教職員は、これまで教育熱心な国民に支えられて、自ら努力しなくてもいくらでも学力のある顧客は存在した。しかし教育面での努力不足が、次第に顕在化してきた。政府の手厚い保護の下で、ぬるま湯経営をしてきた銀行や生命保険業界の企業体質と大学は同じだという指摘もある。すでに入試競争で学力は保証されなくなった。以上のように、FD活動の背景を列挙したが、それは、大学の内部から、少なくとも大学教員の中から自発的に出てきた動きではない。大学を取り巻く外部社会、政府、企業、受験者、保護者などの変化によってもたらされた動きであると考えられる。そしてそこにFDの課題がある。

## 3　FDの実際

　1990年代に入って各大学でも、積極的にFD活動に力を入れ始めてきた。国立の総合大学では、まずそれを受け持つ専門部局の設立を行った。例えば広島大学高等教育開発センターは、学内共同利用研究施設としての大学教育研究センターを改組したものである。後者は、1980年代よりFDを始め大学教育の様々な問題に積極的に取り組んできた。他には神戸大学大学教育研究センター、北海道大学高等教育機能開発総合センター、京都大学高等教育教授システム開発センター等が挙げられる。これらのセンターでは、研修会、シンポジウムを主催、共催し、FDについての情報提供、交換を行い、またFD専門家の講師派遣等を行っている。

　「21世紀の大学像」答申では、FDの対象を教員のみに絞っているが、教育効果向上のためには、事務職員や経営管理者の開発（SD：スタッフデベロップメント）と並行して行われるのが望ましいと考えられるため、そのような実践も行われている。2000年秋に行われた広島大学高等教育研究開発センター研究員集会には、広島大学の職員研修の一環とされ、教員だけではなく事務職員の参加もあった。国立大学だけではなく、国際基督教大学、東海大学、

桜美林大学、文教大学などが、教育研究所や研究センターを有してＦＤ活動を行っている。立命館大学には、大学教育開発・支援センターが開設され、大学授業についての研究会が開かれている。椙山女学園大学の総合クリエイティブセンターもＦＤ活動を行っている。

　大学審議会では、ＦＤが各大学単位で積極的に行われるものと定義しているが、実際は、複数の大学、団体、学会で行われる例もある。日本私立大学協会、日本私立大学連盟、メディア教育開発センター、民主教育協会（ＩＤＥ）各支部、大学コンソーシアム、大学教育学会でなされている。日本私立大学協会は、私立大学の60％以上が加盟している私学最大の団体である。同協会は、戦後すぐに創設されてから、大学における教育内容の充実と教職員の資質の向上を強調してきた。同協会の教職員研修事業は、多岐にわたり事務局長相当者研修会、学生生活指導部課長相当者研修会などがある。これまでは専ら事務系職員向けであったが、ＦＤ活動の高まりで次第に教員の比重が大きくなりつつある。

　メディア教育開発センターは、1997年放送教育開発センターを改組して設置された大学共同利用機関である。事業の一つに、教員研修があり、全国の高等教育機関の教員を対象に各種メディアの教育のための利用に関する専門的知識、技能を持った教員の養成を行っている。これは千葉市幕張の同センターにおいて、参加者が集合的に研修する（http://www.nime.ac.jp/KENSYU/）。

　ＩＤＥ民主教育協会の学生生活研究セミナーでも、ＦＤ活動を行っている。東海支部では、名古屋大学で毎夏研究会が開催され、最近は、しばしばＦＤ関係のトピックが取り上げられている。大学セミナー・ハウスも、文部省の教育方法改善経費の配分を受けて一泊二日の日程でＦＤ活動を行っている。

　大学コンソーシアムで先行するのは、京都である。これは、財団法人化されており、現在45大学・短大、京都市、京都経済４団体が加盟している。加盟大学間の単位互換や企業を巻き込んでのインターンシップなどの事業を行っているが、ＦＤ活動も積極的に行っている。そこでは、大学教育改善のシンポジウムや講演会、そして分科会では参加型研修も開かれている。

　最後に挙げるのは、大学教育学会のＦＤ研究活動である。この学会は、かつては一般教育学会と称していたが、一般教育という名称が時代にそぐわな

くなり、1997年に現在の名称になった。この学会では古くから大学教員の教育力向上に取り組んできた。名称変更に際して、ＦＤ学会という名称候補もあったぐらいである。そこではＦＤ活動を教授団ないし大学教員が自律的に、その責任意識と活力を基調として能力を開発する様々な活動と定義し、大学教育改革のカギと捉えている(原, 1999)。

## 4 私学とＦＤ

　厚生省人口問題研究所によれば、2000年からこの先30年18歳人口は、120万人を超えることはなく、109～120万人の間をとると予測されている。2001年に151万人であるから、大学にとっては、学生募集に関してさらに厳しい状況が続くことになる。大学間の学生募集競争が激化されるが、そこにおいて、一つの戦略となりうるのは、各大学が明確な教育理念を掲げ、その理念を実現すべく教育方針、教育内容、方法を明らかにする広報である。そして学生が、何を修得できるか、いかに付加価値が付くか、どのくらい就職能力(employability)を得るか、を宣伝することである。それには教職員に対する教育理念の確認、教育力の向上を目指したＦＤ活動が必要となろう。
　「21世紀の大学像」審議会報告のサブタイトルは「競争的環境の中で個性が輝く大学」であるが、私学は財政的基盤の確立している国立大学とは異なり、ほとんどの時代競争的環境に置かれてきたといってよい。大学教育需要の変化に敏感に反応し、これまで私学は学部改組、新学部設立、短大の4年制化などを国立に先んじて積極的に行ってきたのは、競争的環境にすでに置かれているためである。また私学には、それぞれ建学の精神という明確な教育理念があり、個性がある。その意味では、私学にはもともとＦＤがインフォーマルに行われてきたし、ＦＤ活動なしでは、生き残れなかったであろう。
　ところで国立大学も現在大きな変革期を迎えている。文部科学省は、2001年度中に国立大学の独立行政法人化の具体的な制度設計を行い、制度の全体像が間もなく明らかにされる。ただいろいろ明確でない点も多く、現時点で評価を検討するのは無謀だが、私学に対する影響も小さくないと考えられる。

独法化は、大学に法人格を与え、大学の自主、自律性を認め、各大学に運営を任せ、また自己責任を取らせる狙いがある。競争原理の導入、インセンティブによる運営である。将来は変わることが予想されるが、当面は予算は相変わらず、運営交付金の形で国から配分される。しかし使途は、各大学の自由に任されることになる。学生募集に関する様々な活動にも、従来とは異なって重点的な予算配分が可能となる。また教職員の給与も一律ではなくなり、各大学内で決定できるようになる。研究面で業績の優れた教員、教育面で熱心な教員の報酬が高くなることも考えられる。優秀な教員が私大から、ますます退出することが予想される。

　独法化後、各大学は中期目標を提出する義務を持つといわれる。そして第三者評価機関によって目標のパフォーマンスの程度が評価され、それにも基づいて予算配分が決定される。教育面での目標も定められず、研究志向の強かった国立も、教育により力を入れ始めることが予想される。さらに教育のみならず、学生募集、入学広報、大学独自の奨学金の提供、学部改組など私大の先行していた面でも力を入れるだろう。このような国立大学の独法化は、地方国立大学で特に危機感を持って受け入れられているが、地方の私大もより厳しい立場に立たされると考えられる。もともと首都圏では、国立大学の学生シェアは、小さく、私大が集中している。そこではむしろ私大に対する学生数での影響は相対的に小さいであろう。

## 5　FDと大学評価

　先にFDとは、教員に教育活動の重要性を認識させ、教授技能の向上を目的としていると指摘したが、それには、過去の活動や現在の状況の適切な把握と、将来への展望がなければならない。それの基礎になるのが、評価と言えよう。FDと大学評価は、1990年代に同時に現れたが、大学教育の活性化、効率性の追求に関して共通の土壌を持つ。

　1991年の大学設置基準が大綱化され、教育課程の編成の自由化が認められたと同時に、自己点検・評価が義務化された。そして大学審議会の方針は、大学の自己点検・評価から次第に外部評価、第三者評価に移ってきた。「21

世紀の大学像」答申には、国立による第三者機関として大学評価機関を設立することが盛り込まれ、学位授与機構を改組、大学評価・学位授与機構を設立している。そこで大学の活動を評価する事業、大学評価に関する調査研究、大学評価に関する情報の収集、分析、提供が行われる。将来は、評価によって資源配分を行おうという考えもある。「グローバル化時代」答申では、「大学として、教育活動の中核である授業の実態を確実に把握することが基本であり、その上で、大学の組織的な教育活動に対する評価及び個々の教員の教育活動に対する評価の両面から評価を行うことが重要である。」とし、FD活動と大学評価の強い関連性を指示している。

　私立大学でも、大学評価は自己点検、評価から第三者評価の方向に移っている。大学基準協会の相互評価がそれに当たるだろう。また日本私立学校振興・共済事業団が委員会を作り、そこで、私学の評価を行い助成金の配分に用いている。このような第三者評価の活性化の動きの中で、私学はFD活動を報告、宣伝する必要がある。FD活動自体の大学による評価も重要となる。つまりFD活動によって、教員の教育力がどれだけ向上したか、学生の学習量や質がどのくらい向上したかを明示し、評価しなければならない。ただしこれには、いろいろ問題があり、例えば天井効果(ceiling effect)をどう扱うかといった問題もその一つである。FD活動の初期の頃は、その効果が大きいと予想され、評価もポジティブなものになりやすい。しかし大学、教員が次第に積極的にFDに取り組み出すと、その効果のマージンが小さくなり、ポジティブに捉えにくくなる問題が生じよう。

## 6　FDの課題：組織から個人へ

　先にFD活動とは、個人の活動から組織の取り組みへという傾向を指摘した。ここでは、逆の組織から個人へというFDの課題を付け加えたい。これは、教員個人、職員個人の意識が大切であるということに他ならない。FD活動には、研修の他に実験参加型がある。研修参加は、多くの場合トップダウンの意志決定によるが、これは短期的には効率的なFDであるが、授業や教育過程の中で試行錯誤的に行われる実験参加型のFDが、長期的にみると

教育現場を改革し、学生の資質や学力を高め、教育生産性を上げることにつながるという指摘もある(有本, 1999)。

　教職員個人の教育力の向上には、結局個人の意識の向上が必要である。しかしこの意識向上には、何らかの報酬が必要であると考えられる。研究に対する報酬は、学会での注目、より威信の高い大学からの誘いなどがあるが、多くの場合教育業績には自己満足以外何もない。アメリカでは、年間最高教師(teacher of the year)であるとか2001年最高教師賞(Best teacher award in 2001)といった表彰制があり、金銭的報酬も加えられているようである。またテニュア(終身雇用資格)獲得のために研究業績に加えて、教育業績として考慮される。事務部においても教育向上のための改善提案に対して、何らかの報酬を与えることも考えなくてはいけない。「グローバル化時代」答申にも、「優れた教員の顕彰や処遇改善を行う」ことが盛り込まれている。

　また教員個人が自覚しないと、今以上に外部の強制や統制が強化されるという危惧もある。ＦＤ実施の努力義務が大学設置基準で法制化される方向は、これを示している。私学はもともと多様な個性を有し、また競争的環境に置かれてきた。大学淘汰、教職員リストラの大学競争状態の自覚も国立の教員にくらべ私学の教員は強い。そこではＦＤ活動は、すでに大学として必須の活動であり、法制化などによって、強制されるべきものではないと考えられる。

**参考文献**
　有本章、1999、「ファカルティ・ディベロップメントの歴史と展望」『ＩＤＥ現代の高等教育』No.412、10月号 pp.5-11.
　原一雄、1999、「大学教育学会のＦＤ研究活動」『ＩＤＥ現代の高等教育』No.412、10月号 pp.60-70.

# 第7章　学生による授業評価

## 1　はじめに

　日本の大学関係者が、初めてアメリカの大学を訪れ、授業に接する時、例外なく驚くのが、学生による教員評価である。これはアメリカでは、Student ratings of instruction, ratings of teaching effectiveness, student evaluation of instructor, faculty evaluation, course evalution などと表現され、ほぼ日常的な活動とみてよい。多くの場合、学期の終わりに学生が受けた授業を教授法、内容、視聴覚機器などの使用法、教科書、参考書、シラバスの内容、プログラム全体の中での位置づけなどの点から学生が評価するのであるが、むろん主要なターゲットは教員とその教え方である。教員と学生のなれ合いが当然とされる日本の大学教育になじんだ者から見ると、学生の教員評価は全く新鮮で刺激的な活動であり、その詳細な方法や内容については、大学教育改善に関心を持つ大学関係者から、これまでもいろいろなところで紹介されている。大学教員の中には帰国後、早速自分の授業に取り入れ、授業のアメリカ化を試みている熱心な人もいる。また最近では、アメリカの教員評価の実態は、一部の大学教育関係専門誌ばかりでなく一般の週刊誌にも掲載され、それが日本のたるんだ大学教育に喝を入れ、大学教育改善の切り札としても紹介されている。
　学生による教員評価は、アメリカの大学ではほとんど制度化された活動といってよい。そしてこの教員評価に関する研究は、データが大学内にあり、その数も多く、手軽に収集できることもあって、教育学者や心理学者らによって進められている。そして数多くの教員評価の研究成果が、高等教育専門誌、例えば Research in Higher Education, Journal of Higher Education などに発表されている。これらの研究成果を検討してみると、教員評価の長所や短所

が見えてくる。ここではそれを紹介したい。

## 2 教員評価の役割

　初めにアメリカの大学では、学生が行う評価には様々なものがあり、授業評価(コース評価)や教員評価はその一部であることを指摘したい。しかしこの2つは大学教育についての評価の中核であることには間違いない。一般に教員評価はコース評価の一部である。コース評価対象には、カリキュラム、シークエンス(受講する順番)、教育テクノロジー、教育施設設備、などが含まれる。もちろんコース評価と教員評価とは密接に関連しており、その関連性を問題にした研究によれば、学生のコース評価は、教員の評価によってかなり影響されており、教員の評価が良ければ、コース自体の評価も上がるという関係がみられるという。したがって教育テクノロジーやカリキュラム改革よりも、教員の力量を高めることがコース全体の向上にとって大切であると、その研究は結論づけている(Burton, 1982)。コースに多少の不備があっても、それは各教員の努力によって補われるということである。

　学生の教員評価には、三つの機能が期待されると言われている(Cohen, 1980)。第一に、大学の管理者が、教員の教育能力を把握できることである。大学の管理者によっては、教員の採用、昇進、昇給、雇用契約の変更等の意志決定をする場合、学生による教員評価を一つの参考資料として考慮することもできる。日本の大学において教員の給与は国立大学の場合、採用時に決定され、その後は公務員の給与体系によって昇給していく。私立大学の場合も「…については、国家公務員に準じて…」という下りに示されるように、大体似たようなものである。アメリカの大学では、教員給与は採用時に大学の管理者と個別交渉によって決められる。またその後も日本のように自動的に昇給するわけではなく、しばしば交渉があり契約の見直しがある。この契約の資料として、研究業績や教育実績が用いられるわけであるが、研究業績のほうはレフリージャーナルへの掲載何本という形で比較的容易に判断されることができる。しかし教育実績のほうは難しい。そこで学生による教員評価が、教育実績の一つの参考資料として管理者からも教員からもしばしば用いられる

わけである。

　第二に、教員評価の結果が教員本人に伝われば、教育能力の向上に役立つというものである。大学教員は、自分の授業の進め方、内容方法について、日常での学生との会話、テストの結果などから推測することができるが、教員評価によって本人が気づかなかった点や、見逃していた点について情報を得ることもある。とくに匿名でなされた評価は、日常での会話からは得られない情報が得られることもある。そしてそれを授業にフィードバックすれば、教育の改善が期待できる。また教員は管理者との雇用契約更新折衝の場で、自らの教育業績をプロテクトする資料の一部として、評価を用いることも可能である。教員評価は、教員にとってネガティブな用いられ方ばかりでなく、このように教員が自らの立場を有利にする材料としても利用できる。第三に、教員評価の結果は、これまで授業を受けた学生ばかりでなく、将来その授業を受講しようとする学生に対しても授業、教員についての情報を提供できるという機能である。これらの情報は、アメリカでも日本でも上級生から下級生へインフォーマルに伝わるものであるが、評価の結果の公表は、それを制度化し、どんな学生でも授業についての情報に平等にアクセスできるようにしたものである。

　さて、以上三つの機能があるのだが、これまでのところアメリカの大学で教員評価が行われる最大の根拠は、二番目の教員に対して情報が与えられれば、フィードバックされ、教育能力が向上するという機能である。教員評価に関する22の先行研究を詳細にレビューした研究によれば、確かに学生の評価によって教育能力の向上が統計的に有意に認められるが、その影響力はさほど大きくはないという (Cohen, 1980)。それは何故であろう。次にそれを検討する。

## 3　教員評価の妥当性と信頼性

　学生による教員評価には、それが一体何を測定しているのかにかかわる妥当性と、それが常に一貫して測定しているのかに関連する信頼性において、いろいろな問題があることが指摘されている。学生による教員評価を検討す

る場合、困難なのは教員評価に影響を与えるであろうノイズが多様であることである。例えば、同じ授業内容を提供する同じ教え方をする教員に対して、クラスの規模、教員と学生の性別、教員の年齢や教育経験、教員の職務上の地位、教員の研究業績及び出版物、必修科目か選択科目、が異なる場合、評価は常に一定なのであろうか。これらがどのように教員評価に影響を与えているかどうかを検討した研究によると、これらの外生変数の影響は、意外にも少ないとしている。しかしその研究によれば、教員評価の解釈は、こういった変数を無視して行ってはならないとしている(Stumpt, 1979. Crittenden, 1975)。

別な研究は、学生による評価が、無記名式か記名式か、評価結果を教員個人または管理者が利用するか、学生が評価する際、当該教員は教室にいるか否か、テスト前か後か、評価のフォーマット(例えば二者択一か、多選択肢か、自由記述式か)、受講生全員が回答するか否か、によって影響される可能性を指摘し、それらの結果を今後検討すべきとしている(Feldman, 1979)。研究によっては、学生評価の質問紙に使用されている言葉によって評価が影響されることを見出している。すなわち教員の授業に対して肯定的に質問する場合と、否定的に質問する場合では、同じ授業を行っても異なった結果が出てくるというものである(Follman, 1974)。

教員評価は、学生の持っている特性にも影響を受ける。学生の持っている学習に対する価値と態度が、教員評価得点の分散の3分の1を説明することを見出した研究もある(Trent, 1977)。学習に対して高い価値を持ち、学習態度も熱心な学生には、教員の授業の熱心さは、伝わりやすく高い評価を受け、逆に学習に無関心無気力な学生には、教員のあらゆる努力も徒労に終わりやすいことは容易に想像がつく。また学生の達成欲求と教員評価とが高い相関を、そして他方学生のパーソナリティとコースの内容や構造の評価と、高い相関をそれぞれ示しているとする研究もある(Kovacs, 1976)。

教員評価は、教員の持っている特性にも影響される可能性がある。例えば教員の研究上の生産性がどれくらいであるか、また確立した名声がどれほどかによって評価は異なってくる(Linsky, 1975)。しかし分析によっては、研究業績と教員評価とが相関しないという研究もある(Jauch, 1976)。研究と教育

は両立するかというおなじみの命題は、確かめられてはいない。

　教員評価には、教員自体の影響力と、コースが持っている影響力とがある。つまり教員の教育能力が実は劣っていても、コースの持っている特性によって教員評価には表れない場合や、逆にいくら教員の教育能力が優れていても、教えるコースと合わなければ、その能力が生かされない場合も出てくる。先に指摘した因果の方向が逆である場合、つまりコース効果が、教員効果に大きな影響を及ぼしていることを明らかにした研究もある(Rowney, 1976)。受講順序が決められている授業の前後の授業の教育が効率的であれば(少なくとも学生に高い評価を受ければ)、その授業内容の評価は、実際よりは上になるだろう。もっとも先の研究のリプリケーションを行った別の研究によれば、コース効果は、教員評価にそれほど大きくはないという異なった結論に達している(Gilmore, 1977)。

　教員評価は、そもそも教員の効果がどのくらいあるかを測定するものであるが、教員と学生とで教育の効果の捉え方が違っていると指摘する研究もある(Baum, 1980)。すなわち教員は授業内容の難易と受講生全員の理解力の向上によって効果を考えるが、学生は自分だけの理解力によって授業の効果を考える。よって学生の教員評価について教員は納得のいかないケースが多くなる。

　結局、学生による教員評価にはいろいろな要因が関与しているため、その結果をそのまま解釈するには問題がある。評価の方式とやり方のちがい、学生の特性、教員の特性、コースの特性、それらの相互作用が少なからず関与している。そしてこれらの要因の影響力を最小にしようとする教員評価も考察されており、IDEAと呼ばれるものであるが、この方式を検討した研究によれば、これでもまだ検討の余地ありという結論に達している(Howard, 1979)。ここで検討した教員評価、授業評価についての諸研究は、それらの妥当性や信頼性について統計的に有意性を見出したり、教育能力向上に効果ありと判断しても、ほとんどすべての研究が、結論の一般化には慎重な態度を取り(Crooks, 1981)、さらに詳細な分析を必要としていることは(Glasman, 1976)、重要である。

## 4 教員評価の矛盾

　教員評価は、教員の教育能力向上に効果を持つことによって正当性を得るが、場合によっては、意図しない、または、逆の効果を持つことすらある。一つの研究によれば、教員が学生の成績を厳しく採点すると、学生の学習量は増加する傾向が明らかとなった。しかし学生の成績を厳しくすると、学生の教員評価は低くなる傾向がある。これは、いろいろなことを示唆しているが、その一つは、教員評価の得点が低くても、学生の学習量が増える可能性があるということである。この研究によれば、学生の教員評価は成績によってかなり影響され、学生は自分の成績が良ければ、教員に対して好意的になる。学生は自らの学習量ではなく、自分の成績を含めて授業の一般的な印象によって教員を評価する傾向があるということである(Powell, 1977)。この場合、教員評価が大学管理者に利用され雇用契約上で参考資料とされるならば、学生に十分な学習量を与える教員が、優遇されなくなる危険があるだろう。これは、本来ならば教育効果の大きい教員をポジティブに評価しないことにつながり、その教員だけではなく、大学自体やひいては学生自身も損失を被ることになる。

　異なる四つのタイプの教員評価方法を検討した研究によれば、(1) 教員評価に高い得点を与えた学生が、必ずしも成績のゲインがあったわけではないこと。(2) 学生の教員評価だけでは、教育の効果を測定することはできないこと。(3) 学生から高い評価を得た教員が、必ずしも学生の成績向上をもたらすとは限らないことが明らかになっている(Greenwood, 1976)。また別の研究は、学生の教員評価は、クラス規模、必修又は選択、成績への期待、コースレベル、教員のランク、教員の性別、によってどのように影響されるかを検討しているが、中でも自分の成績への期待と、選択科目ということが関与していることを明らかにしている(Brandenberg, 1977)。

　先に述べたように、教員評価の期待される役割の一つは、教員の教育能力向上に貢献しうるというものである。しかし当の教員は、教員評価についてどのように考えているのだろうか。大学教員486名に対して教員評価についての意見を聞いた研究によれば、教員の14％は反対であり、その理由は、大

半が学生による教員評価についての現行の方法が、教育効果を正確に測定しているわけではないとしている。そしてこれをテニュアや昇進の道具に使うことに特に危機感を抱いている。また教員の9％と管理者(学部長や学科長)は、現行システムが合理的と考えている。また70％は態度を保留している(McMartin, 1979)。教員評価について教員の意見調査を行ったもう一つの研究がある。サンプル数はやや少なく193名である。それによると、教員にとって教員評価は、評判がよろしくない。すなわち教員はつぎのような回答を寄せている。授業に対するやる気が減退する；職務満足度が低下する；学生に対して履修要求度がレベルダウンする；教員と管理者との距離が拡大する(Ryan, 1980)。もしこれが充分代表性をもち、一般化できる結果とすると、教員評価は期待されるほど教育能力向上に貢献していないことになろう。それどころか以上の意見に表されるように、ときには逆機能さえ果しうることは十分考えられる。

　先に教員評価は、三つの機能、すなわち大学管理者、教員本人、学生への情報提供となっていることを指摘した。どの程度大学の管理者が、教員評価の結果を考慮して、教員の昇給、昇進、テニュアの獲得を決めているかどうかは、不明ではあるが、一つの研究によると教員評価の得点が高い教員ほど、給料上昇率も高い傾向にあることが確認されている。これはもちろん大学では、昇給に教員評価が考慮されているという因果関係が証明されたわけではないが、相関は確認されている(Hoyt, 1977)。これまでの研究をレビューした研究によれば、学生の評価は、少なくとも教員の給与、昇進、テニュアの決定に対して有効な情報源ではないと結論づけている(Hills, 1974)。

## 5　おわりに

　学生の教員評価は、授業改善、教育能力向上を目指す教員が個人的に利用するなら効果がある可能性があるが、その結果を大学の管理者が教員の雇用等に用いることは、問題があるというのがここでの結論である。筆者は学会などでアメリカの大学を訪れる際、この教員評価についてアメリカの大学教員や大学院生と話すことがしばしばある。その限られた会話の中で、すべて

の大学で一様に教員評価が行われているわけではないこと、その結果の利用も大学によってまちまちであることを確認した。傾向は以下のようにまとめることができる。教員評価に熱心なのは、大学院よりは学部段階で、学部段階の中では3・4年生よりも1・2年生用授業で、少人数クラスよりも大規模クラスで、研究志向大学より教育重視大学で、ベテラン教員より若手教員クラスで、男女共学大学より女子大学で、選抜度の高い大学より低い大学で、である。これはパーソナルな会話の中からの情報で決して一般化できるものではない。しかしこの傾向はそれほど外れているわけではない。伝統的なエリート大学ではなく、比較的新しいタイプの大学で、教員と学生の人間関係が希薄なところでより精力的に行われているとみてよい。アメリカの大学院では、授業の終わった学期末に受講生全員を自宅に招いたり、学生とビールを飲みに出かけたりする教員が多い。授業だけではなく、課外で学生との人間関係の親密化を図る教員の評価は、その授業内容がどんなものであれ、悪いはずがない。

## 参考文献

Baum,P. and Brown,W.W., 1980, "Student and Faculty Perceptions of Teaching Effectiveness" *Research in Higher Education* Vol.13, No.3, pp.233–242.

Brandenburg,Dale, 1977, "Student Ratings of Instruction: Validity and Normative Interpretation" *Research in Higher Education* Vol.7, pp.67–78.

Burton,B.T. and Crull,S.R., 1982, "Causes and Consequences of Student Evaluation of Instruction" *Research in Higher Education* Vol.17, No.3, pp.195–206.

Cohen, P.A., 1980, "Effectiveness of Student-Rating Feedback for Improving College Instruction:A Meta-Analysis of Findings" *Research in Higher Education* Vol.13, No.4.

Crittenden, Kathleens, 1975, "Size of University Classes and Student Evaluations of Teaching" *Journal of Higher Education* Vol.46, No.4, pp.461–470.

Crooks,Terence J. and Kane,M., 1981, "The Generalizability of Student Rating of Instructors:Item Specificity and Section Effects" *Research in Higher Education* Vol.15, No.4, pp.305–313.

Feldman,Kenneth A., 1979, "The Significance of Circumstances for College Students' Ratings of Their Teachers and Courses" *Research in Higher Education* Vol.10, No.2, pp.149–172.

Follman,John, 1974, "Kinds of Keys of Student Ratings of Faculty;Teaching

Effectiveness" *Research in Higher Education* Vol.2, pp.173–179.

Gilmore, General M., 1977, "How Large Is the Course Effect? A Note on Romney's Course Effect vs. Teacher Effect on Studnets' Ratings of Teacher Competence" *Research in Higher Education* Vol.7, pp.187–189.

Glasman, Naftaly, 1976, "Evaluation of Instructors in Higher Education" *Journal of Higher Education* Vol.47, No.3, pp.309–326.

Greenwood, Gordon E. et.al., 1976, "A Study of the Validity of Four Types of Student Ratings of College Teaching :Assessed on a Creation of Student Achievement Gains" *Research in Higher Education* Vol.5, pp.171–178.

Hills, John R., 1974, "On the Use of Student Ratings of Faculty in Determination of Pay, Promotion and Tenure" *Research in Higher Education* Vol.2, pp.317–324.

Howard, George S. and Schmeck, Ronald, 1979, "Relationship of Changes in Student Motivation to Student Evaluations of Instruction" *Research in Higher Education* Vol.10, No.4, pp.305–315.

Hoyt, Donald P. and Reed, J., 1977, "Salary Increases and Teaching Effectiveness" *Research in Higher Education* Vol.7, pp.167–185.

Jauch, Lawrence R, 1976, "Relationships of Research and Teaching : Implications for Faculty Evaluation" *Research in Higher Education* Vol.5, pp.1–13.

Kovocs, Robert and Kapel, D.E., 1976, "Personality Correlates of Faculty and Course Evaluations" *Research in Higher Education* Vol.5, : 335–344.

Linsky, A.S. and Straus, M.A., 1975, "Student Evaluations, Research Productivity, and Eminence of College Faculty" *Journal of Higher Education* Vol.XLVI, No.1 Jan/Feb, pp.89–102.

McMartin, Jamese A. and Rich, H., 1979, "Faculty Attitudes Toward Student Evaluation of Teaching" *Research in Higher Educuation* Vol.11, No.2, pp.137–152.

Powell, Robert W., 1977, "Grades, Learning, and Student Evaluation of Instruction" *Research in Higher Education* Vol.7, pp.193–205.

Rowney, David, 1976, "Course Effect vs. Teacher Effect on Students' Ratings of Teaching Competence" *Research in Higher Education* Vol.5, pp.345–350.

Ryan, J.J., Anderson, J.A. and Birchler A.B., 1980, "Student Evaluation: The Faculty Responds" *Research in Higher Education* Vol.12, No.4, pp.317–333.

Stumpt, Stephen A. and Freedman, R., 1979, "A Path Analysis of Factors often Found to Be Related to Student Ratings of Teaching Effectiveness" *Research in Higher Education* Vol.11, No.2, pp.111–123.

Trent, Curtis and Johnson, J., 1977, "The Influence of Students' Values and Educational Attitudes on Their Evaluation of Faculty" *Research in Higher Education* Vol.7, pp.117–125.

# 第8章　学生に対する大学の効果

　アメリカでは大学が、学生の社会化にどのような影響を与えているかを検討する分野として、カレッジインパクト研究が成立している。そこでは主に次のような研究課題がある。学生の価値、態度、職業アスピレーション、行動、その他の特性は在学中にどのように変化するのか？　または在学中に学生のどんな特性が変わらないか？　大学の教育理念、カリキュラム、教員と学生の関係、学生文化、施設設備、選抜度などで構成される大学環境と、学生の諸発達との関係はどのようなものか？　異なった大学環境は、学生にどのような変化をもたらすか？　学生に最大の効果を与えるのは、どのような大学か？　大学から最大の効果を得るのはどのような学生か？　どんな学生が成績がよく、どんな学生がドロップアウトしやすいのか？　これらの解答はどのように引き出され、どんな成果が得られるのであろうか？　ここではまずカレッジインパクト研究の成果、次にその方法と理論を検討する。

## 1　カレッジインパクト研究の成果

　これまで数多くのカレッジインパクト研究が行われてきたが、それらを詳細に検討したボーエン(Bowen)によれば、アメリカの高等教育機関は、思われている以上に学生に大きな影響力を行使しているという。例えば、大学は一般的に学生の認知的能力の発達に関して影響を与えており、そのうち特に大きな発達が見込めるのは、一般的知識である。学生の発達に中程度の影響を与える項目は、言語能力、知的受容力、芸術的感性、生涯学習能力である。また発達の小さいのは、数量的操作能力、論理的思考力、創造力であり、知的総合力や判断力は確認できないという(Bowen, 1997, p.98)。

　同様にボーエンは、感情的道徳的発達についても大学教育の影響を評価し

ている。彼によれば、大きな変化が認められるのは、個人的自己発見能力である。中程度の発達には、精神的安定性、人間理解という項目がある。小さな変化項目は、価値とアスピレーション、品性であり、道徳性の発達については確認できないとしている(Bowen, 1997, p.134)。ここでいう道徳性発達は、テストによって測定された程度であり、実際に道徳的な行動するか否か、犯罪に対してコミットメントがあるかないか、ということではない。さらに認知的能力と感情的道徳的能力の両者統合によって実生活への応用力が発達するかどうかについて、ボーエンは大学教育は、未来志向と適応力について大きな影響力を持つが、達成意欲とリーダーシップの発達については、その影響力は認められないとしている。

　どんな大学が学生に効果があるかを見極めることは、カレッジインパクト研究の重要な課題である。認知的効果については、能力の高い学生が質の高い大学に学ぶとき、効果は最大になると指摘する研究が多いが、中には、必ずしもそれはいえないとする研究もある。大学の特性が、学生の諸変化とどのような関係があるかを問うことも、カレッジインパクト研究の重要な課題である。研究結果の一部によれば、規模の小さい大学ほど効果が大きく、寮に住む学生は、親の家から通学する学生よりも、変化の度合いが大きい。学生の専攻分野によって、価値、態度、知的関心、その他の特性が異なり、在学中にその差は大きくなる傾向がある。そして教員学生の関係が、親密な大学ほど、学生に対する効果が大きい。選抜度は、カレッジインパクト研究の中で大学環境変数としてしばしば利用されるが、選抜度の高い大学のほうが、退学率が低いことが明らかにされている。また選抜度と相関の高い大学の質は、卒業生の生涯賃金に影響することも指摘されている(Bowen, 1977, 1997)。

## 2　研究の方法とデータ

　以上のような研究結果が報告されているが、これらはどのような方法とデータによってもたらされているのだろうか。以下ではこれについて検討しておく。大学が学生にどのくらい影響を与えているかについて、これまで多くの実証研究が行われてきた。最も素朴な形での記述的研究は、卒業時の学生

のデータを要約し、大学の効果を推測する。しかし研究が学生の変化を扱い、それを説明しようとすると、少なくとも2時点ないし2種類のデータが必要となる。例えば、新入生と4年生とに同じテストを実施し、もし差があれば、その差を大学の効果と考える。または、大学卒業生とそうでない者とに同じテストを受けさせ、その差を大学効果と考える。これらの方法にはもちろん多くの問題があるが、研究時間とエネルギーが大幅に節約できることから、今でも多くの研究が採用する方法である。直観的に明らかなように、この方法の問題は、もし差があったとしても、大卒者とそうでない者または、新入生と4年生がもともと異なっていたかもしれない可能性を排除できないことである。よって差を析出し、それを大学効果と推測するには理想的には、新入生にプリテストを行い、同じ学生の4年後にポストテストを行うことが望ましい。

　しかしこのプリテスト・ポストテストによっても、まだ大学効果を正確に取り出すことはできない。そこには数々の妥当性をクリアしなければならない問題がある。例えば、測定の教科書によれば、妥当性の確立を妨害するのは、1) 2つのテストの間に起こる事件、2) 学生の成長、3) プリテストの影響、4) テストの実施方法の変化、5) 統計的(平均への)回帰、6) プリテストとポストテストの回答者の違いからくるバイアス、7) プリテストとポストテストの回答者数の違いからくるバイアス、などが挙げられる。そして教科書によれば、プリテスト・ポストテスト方式によって効果を正確に取り出すには、さらにコントロールグループとの比較が必要となる（Campbell and Stanley, 1963）。カレッジインパクト研究では、大学教育を受けていない同年齢集団に、同じプリテスト・ポストテストを実施ということになる。ただし効果測定しようとするグループとコントロールグループとは、ランダムサンプルでなければならない。しかし以上の制約は実験研究では可能であるが、大学というフィールドでは不可能である。コントロールグループのランダムサンプルがたとえ採れたとしても、大学進学が、ランダムに決定されないという問題が依然として残るからである。個人の大学進学は、ランダムに分布しているわけではない。つまり豊かな階層に属し、都市部で生活し、中学高校での友人たちも多くが大学進学し、小学校中学校高校での成績の良い生徒

がより高い確率で大学進学を果たす。だから入学4年後の諸特性や、さらに大学卒業後の何年後かの家庭生活、健康状態そして所得等が、大学を卒業しなかったものとくらべ差があったとしても、それをすべて大学教育に帰することはできない(McPherson and Schapiro, 1997)。

　そこでカレッジインパクト研究において、大学入学以前の影響を取り除いた大学効果だけを取り出すことが重要な課題となるが、様々な工夫が、モデルやデータになされている。アスティン(Astin)によれば、カレッジインパクト研究には、大まかにいって二つのモデルがある。一つのモデルは、工場モデル(factory model)であり、大学が学生に効果を与えるプロセスを工場にたとえる。原料である学生は、大学という工場で加工され、様々な部品を付けられる。それは大卒として特徴的な価値、態度、行動様式であり、大卒という最終製品として完成する。このモデルでは、入学する学生は同質的に、そして大学に来なかった者も進学した者も同質的に扱われる。最終製品としての卒業生が、大学教育を受けなかった者と異なるのは、部品を付けられるからであり、その部品は学生の在学中の経験や大学の様々な構成要素によって異なる。このモデルに基づいた研究は、大学卒業生とそうでない者との特性を単純に比べ、大学卒業生に固有の特性が認められれば、それを大学教育の効果に帰する。これは乱暴な議論ではあるが、日本でもしばしば目にする研究方法である。カレッジインパクト研究では、大学教育が学生の発達にどんな違いをもたらすかを見極めることが大切となる。しかし工場モデルでは、一般的に1年次のプリテストと卒業時のポストテストを行い、その差を大学経験から生じた変化と考える。しかしアスティンによれば、そのモデルの問題点は、もし学生が違った大学に行ったり、全く大学に行かなかったりしたときにも、同じ変化が起こったかもしれない可能性を、ほとんど考えていないことである(Astin, 1978, p.5)。学生が在学中に経験する変化は、二つに分けることができる。一つは大学(教育)の効果である。もう一つは単なる成熟や大学外の経験から生じる変化である。カレッジインパクト研究の目的は、第一の効果を第二の効果から分離することである。これを行うためには、大学生とそうでない者とを比較するだけでは充分ではない。大学の効果を取り出すには、大学特性の効果を取り出さなければならない。つまり異なった大学経

験の効果の比較が必要である (Astin, 1978)。

　そこでアスティンは、もう一つの別なモデルを提案する。病院モデル (hospital model) がそれである。このモデルによれば患者 (学生) は、医療サービス (教育) を受けるために病院 (大学) を訪れる。来院時 (入学時) の患者 (学生) の状態は様々であり、治療 (教育) ニーズも異なる。大学は学生の教育ニーズに合わせて教育プログラムを提供するが、医療行為と同じで、すべての学生が大学の教育や経験から利益を受けるわけではない。大学効果を評価するのは、学生が望ましい変化を経験するかどうかを取り出すことができるかにかかっている。つまり学生の卒業時の特性だけを評価するのではなく、入学時から卒業時までどのような変化をしたかという点から評価されなければならないのである。

　アスティンは、病院モデルに基づいたカレッジインパクトの方法論を展開し、それに沿って実証的研究を行っている。まずアスティンは、大学の効果を取り出すために様々なデータが必要だとしている。必要なデータは、学生とそうでない者とのプリテスト・ポストテストデータ、および大学の特性 (選抜度、教員学生比、カリキュラム、学位の種類、設立主体、立地、人種構成、男女比、寮施設などであり、授業料、奨学金、学生一人あたり経費、基本財産、研究助成、寄付金などの財務指標は含まれていない。この指標の重要性については、別に議論する。) を表すデータである。学生データは、入学時の価値、態度などを測定するプリテストと、個人的背景データ (年齢、人種、学歴、高校の成績など) と卒業時およびそれ以降のポストテストである。プリテストとポストテストは基本的には同じである。プリテストとポストテストで変化が測定できない項目、例えば、退学するかどうか、大学院進学するかどうかなどについては、学生の自己予測データを用いている。次にアスティンは、学生の変化と、学生でない者の変化を比較し、それが大学の効果とすることはできないとする。学生の在学中での経験は、多様である。例えば、ある学生は寮に住み、クラブ活動や同好会に所属し、キャンパス内でパートタイムの仕事をする。他方別の学生は家から通学し、大学には一日の限られた授業時しかおらず、パートタイムの仕事もキャンパス外である。同じ大学に学ぶ学生でも在学中の経験は、全く異なる。それらの学生を同質的に扱い、大学からの影響

を同じと仮定することはできない。そこでアスティンは、むしろ大学の効果を取り出すより、大学の特性と大学での経験の効果を取り出さなければならないという。アスティンは学生を大学の経験を受ける長さ(time of exposure)と、強さ(intensity of exposure)の点で区別している。長さは、具体的には在学期間で測定し、強さは、キャンパス内での仕事、寮生活か否か、課外活動の有無で測定している。

　アスティンは、第一に、いろいろなタイプの大学からのデータ、および大学に行かなかった者のデータ、第二に、入学した学生のデータと、その学生の卒業時そして卒業後何年か経過したときのデータを使用し、大学効果を慎重に取り出そうとしている。まず新入生全サンプルの情報から多重回帰によって価値や態度を測定する各項目についての予測値を求める。特定の項目に強く結びつく特性には、大きなウエイトが与えられる。次に項目ごとのこの予測値と、異なった大学の学生ごとに測定された現実の測定値とを比較する。ある項目が特定の大学に在学することで大きな影響を受けるとすると、その大学に学ぶ学生の現実値は予測値より高くなる。予測値と現実値の差は、大学のタイプと特定の項目(価値や態度など)との偏相関で表される。もし特定の大学が、ある項目に効果がないとすると、そのタイプの大学に在学する学生は、全体グループと同じような影響を受けていることになる。

　このようにカレッジインパクト研究において、大学効果を測定しようとすると、できるだけ大きなサンプルを用いて、アンケートや心理テストを用いて、そして分析方法も多変量解析によって行われる。しかし問題があるとすれば、そこである。つまり測定結果は、ほとんどすべて平均点で議論される点である。そこでは、サンプルの平均点が零点であれば、学生の変化がないとされる(Bowen, 1977, 1997)。しかしこれは、誤りである。平均点ではなく個々人をみれば、別な姿が見えてくるかもしれない。大学教育の目的が、学生すべてに同じ効果を与えることでないとすれば、平均点で変化が認められなくても、全く無効果とはいえないだろう。この点を補うには個人に焦点を当てた研究が必要であり、大規模な調査とともに、インタビューなどによる個人の変化を取り出すケーススタディも必要となる。

## 3 教育効果の源泉

　このようにカレッジインパクト研究は、大学効果の原因ないしそのメカニズムに対して、理論的演繹的にではなく、経験的にアプローチする。すなわちその研究の主たる関心は、どのような特性を持った機関が、学生のどのような特性の発達に影響するかであり、それを執拗に取り出そうとする。アスティンの研究はこれに当たる。これは実体把握として必要な作業であり、ほとんどこの種のデータのない日本でも今後必要であろう。しかし一方で理論的にも大学が何故学生に影響を与えるかを究明することも大切である。ここでは4つの理論を紹介しておく。そのうち最初の三つは、クーとステージによってまとめられたものであり(Kuh and Stage, 1992)、理論的にはっきりしないカレッジインパクト研究に、研究の枠組みを与えている。

　最初に挙げるのは、心理学理論であり、それは個人はライフサイクルに従って、それぞれの発達段階に共通な挑戦と個人的発達を解決しなければならないと主張する。各段階には、固有な課題があり、個人はアイデンティティ獲得に必要な技能、態度を身につけなければならない。そうしないと次の段階への移行がスムースに行われない。課題遂行のプロセスは、各個人の住む文化で異なる。第二の理論は、個人と環境の相互作用に注目する。学生の行動を理解するには、学生の特性(出身背景、能力、態度など)と何を大学(環境)が学生に期待するかの一致度を検討しなければならない。その度合いが異なるので、特定の大学環境に学ぶ学生が、教育的または個人的な発達目標を達成しやすくなるという説明をする。第三の類型理論によれば、ある特性を備えた学生は、大学の中で様々な課題に対処するため、自分に合った下位文化を受け入れる。そしてそれが学生の発達を促し、社会化を強化する。多くの研究が大学生の下位文化を記述し、分類し、析出している。カレッジインパクト研究は、程度の差こそあれ、これらの理論に依拠しているといってよい。次に紹介する理論は、大学効果をより広い視野から捉えた点で異なっている。

　カレッジインパクト研究では、大学の環境変数が、学生の価値や態度の変化に影響を与えると考えるが、マイヤー(Meyer)は、大学の内部構造(設置主

体、選抜度、学位など)やカリキュラムにではなく、大学の外部に学生に対する影響の源泉を求める。彼は、それを制度化された権威の定義、チャーター(charter)と呼んだ。チャーターは、卒業生が将来入り込む社会的地位や職業グループによって形成される。しかし高度に複雑化した現代社会では、同時にその社会的地位や職業グループも、その存在と存続のための説明や正当性が必要となり、そのため適切と考えられる教育を受けた人員を必要とする。チャーターは、卒業生がある地位を獲得するのに正当性を与えることになる。

こうして学生は、大学で何を学ぼうと学ぶまいと、彼らの将来の職業展望、期待所得、結婚展望、その他機会へのアクセスは、変化してしまう。そして変化した展望によって、学生は、新しい態度、価値、志向、パーソナリティを大学在学中に獲得するのである。それは、あたかも逸脱者が社会的に逸脱者としてラベリングされると、二次的逸脱者として社会化されるメカニズムに注目する逸脱理論と同じ考え方である。マイヤーによれば、大学の工学部がエンジニアを養成するのではない。工学部卒業生がエンジニアと定義されるのである。大学の効果を検討するには、大学が学生に付与する社会的地位を考慮しなければならないとする。大学とその卒業生の外部からの定義であるチャーターは、はっきりしていればいるほど、学生に対する効果は大きくなる。二つの大学の内部構造が異なっていても、同じようなチャーターを保持していれば、これらの大学は同じ効果を学生に与える。しかし同じような大学環境でも、チャーターが異なれば、これらの大学は異なった効果をもつことになる。

大学の社会的定義であるチャーターが、明確であればあるほど大学は学生に効果を持ち得る、そしてそれがまたチャーターをはっきりさせると言う理論的説明である。よってもし仮に設立主体、修学期間、カリキュラム、学位、立地など大学環境要因と学生の特性変化とに関係があるとしても、それは偽りの相関としてとらえ、真に影響を与えているのは、チャーターであると考える。マイヤーは、チャーターによって大学は、それに沿ったように大学環境を整備するとまで言っている。よって一見、大学環境要因が、学生の社会化に影響しているケースでは、チャーターが大学環境要因を経由して、間接

的に学生に影響していることになる。

## 4 理論のインプリケーション

　マイヤーによれば、卒業生の質や学生への効果は、授業の質や形態ではなく、卒業生が将来占める社会的地位によって決定される。もし卒業生が、特質のない地位に入るならば、その学校なり機関に大きな効果は期待できない。よって大学の学生に対する効果を検討しようとするなら、これまでのカレッジインパクト研究が見逃してきた、大学がどのように学生を社会構造の中で特定の地位に送り込むか、そのプロセスを検討しなければならないという。そして大学が、どんな大学教育環境にあろうと、中産階級の職業的文化的世界に適任であるような卒業生を教育していると定義されているかどうか、それがどの程度、外部世界から認められているかを検討する課題もある。チャーターは社会的な定義であるので、影響を受けるのはその大学や大学制度の中にいる者だけではない。大学に行かなかった者も、また影響を受けることになる。またチャーターは、大学在学中だけでなく、大学入学以前の高校段階でも、また卒業し職業生活を送っている時にも影響を受ける。この視点もカレッジインパクト研究にはない。ただしチャーターを量的な指標と捉え、それによって学生の特性変化を数量的に検証することはさほど簡単ではない。

　学生は大学で何も学ばなくても、大学卒業者として社会的に定義される。また大学に行かなかった者は、大卒でない者として定義される。マイヤーの理論は、この将来での定義の違いが、学生の社会化に影響すると主張する。これは逸脱の社会学的研究において、逸脱を逸脱者自体より、社会的に定義する者たちの視点に注目したラベリング理論と同じ着眼であり、カレッジインパクト研究にはない視点である。さらにこの理論は大学の歴史、オリジンがすべてであるという、いささか乱暴な歴史決定論という面と、他方チャーターは学生に影響を与え、学生はチャーターを形成強化するというトートロジカルな面とがあるものの、従来のカレッジインパクト研究には見られない説明的議論を展開している。例えば日本でもアメリカでも個々の大学は、学

生に効果を及ぼそうと教育方法、カリキュラム、教員と学生の関係などについての積極的改革を試みる。しかしそれらの努力にもかかわらず、大学の威信、入学難易度は、大学制度のヒエラルキーの中でほとんど不変である。これはマイヤーの言うように大学の内部構造の改革が、大学の社会的定義とは別であることから説明できる。

　チャーターは、教員養成大学、医学部、工学部など教育目的のはっきりした大学学部で大きいと考えられる。しかし教養教育型大学の大学効果は、どのようにすれば高まるのだろうか？　これらの大学は、進学率が上昇し、特定の目的を持たない学生で占められ、制度全体がユニバーサル型になった時、より増加すると考えられる。マイヤーの理論から考えると、教養教育型大学といえども教育理念、教育目標、建学精神、学習目的、将来の進路を明確にし、公にし、積極的に宣伝することによって、社会的定義を獲得することが大切となる。もちろんそれと同時に理念に合わせて、教育内容の整備、教育方法の改善を図ることにより定義を強化し、外部社会に対してアピールすることも大切である。また学生については、入学以前から学習目的を明確に持っている学生を入学させ、そして学習目的のはっきりしない学生に対しては、入学後のできるだけ早い時期にガイダンス、オリエンテーションで、大学の教育理念を内面化させ、卒業後の進路を明確にさせることが重要な作業となる。モラトリアム型学生に対して大学効果を高めようとすることは困難である。

### 参考文献

Astin, Alexander W., 1978, *Four Critical Years*, Jossey-Bass Publishers.
Bowen, Howard R., 1977 and 1997edtion. *Investment in Learning*, Jossey-Bass, Inc.
Campbell, Donald T. and Julian C. Stanley, 1963, *Experimental and Quasi-experimental Designs for Research*, Rand Mcnally College Publishing Company.
Kuh, G.D. and F.K. Stage, 1992, "Student Development" in Clark, Burton R. and Guy Neave eds. *The Encyclopedia of Higher Education*, Pergamon Press.
McPherson, Micheal S. and Morton Owen Schapiro, 1997 edition. "Foreword to the 1997 Edition" in Bowen, Howard R. *op.cit.*
Meyer, John W., 1972, "The Effects of the Institutionalization of Colleges in Society" in Feldman, Kenneth A. ed. *College & Students*, Pergamon Press Inc.

# 付論　大学退学の環境要因分析

## 1　問題

　日本の大学生退学の実態については、個々の大学における事例的研究を除けば、これまでほとんど報告ないし分析が行われてこなかった。日本の大学退学率が、諸外国の大学生にくらべ、低いことが大きな理由であろう。日本の大学教育制度は、イギリスの社会学者ターナーのいう庇護移動型規範に支配され、学生の大学入学後の選抜機能がそれ以前の時期にくらべ、それほど強力に作用していない。したがって学生の退学率は低いレベルにあり、大学生の退学は、重要な問題と考えられていない。

　しかし、退学率が諸外国に比べ相対的に低いレベルにあっても、大学教育が著しく量的に拡大した今日、大学退学者は相当数にのぼり、大学退学は大学教育政策や計画にとって無視できない問題となる。さらに大学退学の研究は、大学の社会的機能、特に選抜機能を考える上で決して徒爾に終わることはないし、またその研究は大学教育の管理運営の効率性を追求する際に個々の大学に有用な知見を提供するであろう。

　そこで、ここでは、第一に大学退学の分析を試みたアメリカの諸研究をレビューすることによって、大学退学の説明モデルを整理、検討する。第二に、『学校基本調査報告書』のデータによって、日本の大学退学者の傾向をマクロなレベルで究明する。最後に日本の大学全学部を対象にした質問紙調査によるデータによって、大学学部の環境要因がどの程度、大学生の退学に影響を及ぼしているかを測定する。

　一般に大学生の退学に対しては、心理学的・精神医学的アプローチと社会心理学的・社会学的アプローチの2つに大別できる。前者は、学生の大学生活への適応問題を扱い、このアプローチの基本的目的は、学生の不適応者の個人的な治療である。そこでは、学生の退学は、学生個人に何らかの原因があって発生すると考える。ここでは、この心理学的・精神医学的アプローチはとらず、社会心理学的・社会学的アプローチによって分析を進める。後者の特徴は、大学退学という選択行動の理由を個人のみならず、大学の内部環

境、大学教育制度、社会構造といったより広い要因と関連づけて説明することにある。

## 2 大学退学の説明モデル

　大学退学の説明モデルは、退学の主要原因としていずれを強調するかによって、①教育達成モデル、②カレッジインパクト・モデル、③チャーターリング・モデルの3分類が可能である。以下でそれらの特徴について検討する。

　①教育達成モデル　このモデルは、退学に関与する要因が個人の属性にあるとする点においては、心理学的・精神医学的アプローチと同様であるが、個人のパーソナリティー、期待、および動機づけという変数を操作するのではなく、性別、能力、社会経済的背景、価値、態度という社会学的変数を扱うという点において心理学的・精神医学的アプローチとは峻別される。

　教育達成モデルに基づいた研究では、社会移動のメカニズム、社会的地位達成プロセス、教育の社会的機能の解明を試みる一連の研究と同様、社会経済的背景が重要な変数であり、それが大学教育修了にどのように影響しているかが主要な問題である。シーウェルとシャーの研究が、このモデルの代表的研究であり(Sewell and Shah, 1967)、それによれば、知的能力をコントロールした場合、社会経済的地位は、学生の大学卒業か否かに多大な影響を与える。この傾向は、特に、男子よりも女子のほうが著しい。彼らの結果は、大学卒業か否かは、専ら学生の知的能力によって左右され、社会経済的背景は、学生の大学入学後には、何ら影響を及ぼさないという当時の定説を覆すものである。

　しかし、このモデルによる研究は、退学に関する限りにおいて、それがいかなる属性を備えた個人で発生しやすいのかを明らかにするだけの記述的性格であり、何故特定の属性を備えた個人が、退学しやすいのかを説明するものではなく、それの理論的基盤も脆弱である。さらにこのモデルによる研究は、大学の質、大学の環境といった変数は多くの場合含まれておらず、大学によって社会経済的背景と教育達成との関係がどう異なるかは明らかにされ

ない。

　②カレッジインパクト・モデル　このモデルは、個人的属性が何であれ、もし大学が学生に対して適切な環境を用意するのであれば、学生は大学生活に適応し、退学せずに卒業しうることを前提としている。これは、大学が学生の諸側面にどのような影響を及ぼしているかを測定するカレッジインパクト研究の分析モデルである。最も単純な形では、退学率はいかなる特性や環境を備えた大学で高いかを問題にする。

　このモデルによる研究成果は、次の5点にまとめることができる(Astin, 1975)。①退学率は、公立大学より私立大学で低い。②2年制大学の退学率は、4年制大学のそれよりも高い。③西部諸州にある大学の退学率は、その他の地域の大学に比べ高い。④入学難易度の高い大学では、退学率は低い。⑤寮制度の整備された大学の退学率は低い。

　この単純な形のカレッジインパクト・モデルは、個人的属性がすべての大学で一定であると仮定し、大学の特性のみに注目する点で、先に挙げた教育達成モデルと対照をなす。しかし、個人か機関かという違いだけであって、このモデルも記述的であり、また理論的基盤も欠くため説明力は十分ではない。このモデルをアスティンは、特に『工場モデル―Industrial Model』と呼んだ(Astin, 1978)。つまりこのモデルでは、大学を工場となぞらえ、インプットである原料(入学生)は、一定のプロセスを経て、アウトプットとしての製品(卒業生)となるのである。工場モデルは、原料(学生)をすべて同質と見なすため、製品(卒業生)の量と質によって、工場(大学)の良否が判定されるが、製品(卒業生)の質は、原料(入学生)の質か工場(大学)の質か、どちらによって影響されるか弁別しえない。すなわち、例えば退学率がある特性を備えた大学で高いことが仮に見出せても、高い退学率が大学の特性によるのか、学生に原因があるのか区別することが不可能である。

　この工場モデルの欠陥を修正するため、アスティンはカレッジインパクト研究において『病院モデル―Medical Model』の有効性を示している。病院モデルでは、患者(入学者)は、病院(大学)に自らの病状・体調を改善するために治療を受けに行くと考える。工場モデルとの違いは、患者(入学者)をすべて同質とは仮定せず、現在の体調(入学者特性)によって個々別々なものとし、

また、患者によって治療が成功したり失敗(例えば退学)したりする場合とに分けられる点である。

　この病院モデルは、教育達成モデルと工場モデルの双方が分析に含めなかった要因を同時に考慮し、さらにそれらの相互作用に注目したモデルである。このモデルでの主要な問題は、いかなる特性を備えた個人が、いかなる大学で、いかなる経験をし、いかなる行動(退学か否か)を取るかということになる。

　大学退学の分析に病院モデルの応用を試みたティントの研究によれば(Tinto, 1975)、退学とは、学生と教育機関の環境との複雑な社会心理学的相互作用の連続的プロセスの結果である。学生は、特定の家庭背景、個人的特性、経験をそれぞれ保持して入学してくる。これらは学生の大学での成績、目標、機関へのコミットメントの程度に影響を及ぼし、そして同時にこれらの特性やコミットメントは、特定の大学の構造的、規範的特徴と相互作用する。この結果、学生は教育機関のアカデミック・システム(知的環境)や社会的システム(交際範囲)の中にそれぞれ異なった程度で統合される。大学の2つのシステムに統合される度合が強いほど、大学へのコミットメントは大きくなり、したがって卒業する確率は大きくなる。ティントの研究は、モデルないし仮説の定式化により退学における諸変数の因果関係の究明を試みたものである。これは以前の研究が、直観的に退学に影響を及ぼしていると思われる変数の関係を明らかにしようとしたのとは異なっている。

　ティントのモデルを個人データを利用して検証したパスカレラの研究によれば(Pascarella, 1984)、学生の出身背景やパーソナリティ特性をコントロールした場合、学生が退学するか在学するかを規定する主要な要因は、機関に対するコミットメントと、教員との知的およびそれ以外の個人的交流の程度である。またこの研究では、他の研究と同様、学生がキャンパスの寮で生活することが退学防止に役立つことを示唆している。キャンパス内の生活という要因は、学生の社会的コミットメントやアカデミックなコミットメントを促進すると考えられる。

　以上の研究は、基本的には、伝統的社会化理論に依拠している。退学を学生の社会化の一結果と捉え、社会化のエイジェンシーである大学の環境や特

性が社会化の程度を左右する条件と考え、この条件さえ整備されれば、学生の社会化は成功し、退学は防止できるというものである。

③チャーターリング・モデル　このモデルは、大学退学の実証研究に際して決してポピュラーではないが、伝統的社会化理論とは異なった側面から大学退学に興味深い示唆を与えてくれる。カメンズ(Kamens)の研究は、このモデルに基づいたものであり(Kamens, 1991)、マイヤーの『チャーターリング理論』に依拠した(Meyer, 1972)、大学退学についての実証分析である。チャーターリング理論によれば、大学が学生の諸特性変化に及ぼす影響力は、大学が外部社会から与えられる意味に左右される。特定の教育機関は、学生の社会化について外的社会から一種の合意された『免許』を付与されており、マイヤーはそれをチャーターと呼んだ。彼によれば、教育機関はチャーターを保持することで学生の社会化に影響を及ぼしうる。チャーターは、主に過去の卒業生の進路によって形成され、その進路業績が、チャーターの社会的合意の源泉である。チャーターは、在学中の学生には成人の職業的役割や将来展望を呈示することによって彼らを社会化する。したがって、大学を始めとする教育機関は、学生に明確な形で成人の職業的役割を呈示できれば、学生の社会化に大きな影響力を持ちうる。

カメンズの実証研究は、このチャーターリング理論に基づいて、大学の規模と退学率との関係に新しいパースペクティブを示した。以前の見方からすれば、大規模大学では、①教員と学生の交流が授業でも授業外でも活発ではない、②学生の授業出席率は低い、③官僚機構の複雑化によって教員間や学生間の関係が希薄になる、という面から、社会化や教育達成に対してネガティブな面が強調されてきた。

しかし、カメンズによれば、退学は大学の社会化機能が脆弱な結果であり、大学の社会化機能は、他の条件が一定ならば、学生に将来の職業的役割をいかに呈示するか、またその多様性に左右される。小規模大学では、組織構造やカリキュラムは限られた職業的役割、活動、アイデンティティにしか統合されておらず、多様な職業的役割を示すことができず、ゆえに学生に対しては、部分的な影響力しか持ちえない。逆に、大規模大学では、多様な価値や活動は、その組織構造の中で統合されている。したがって、そこではティー

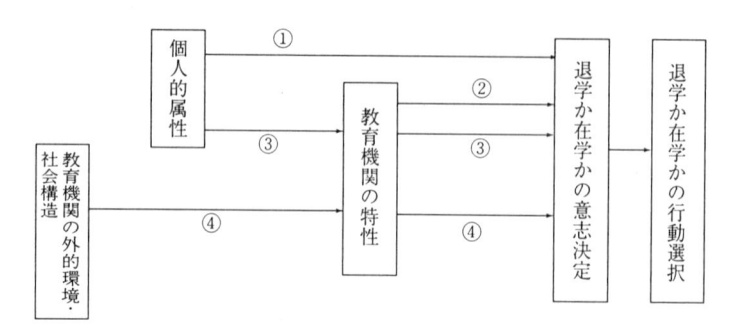

124 第2部 大学教育の充実と効用

```
社会構造・教育機関の外的環境 → 教育機関の特性
個人的属性 ①→ 退学か在学かの意志決定 → 退学か在学かの行動選択
個人的属性 ② 教育機関の特性 → 退学か在学かの意志決定
個人的属性 ③ → 教育機関の特性 ③→
④ 教育機関の特性 ④→
```

①：教育達成モデル　②：工場モデル
③：病院モデル　　　④：チャーターリング・モデル

図8-1　退学の説明モデルの諸タイプ

チングやカリキュラムは多様化しており、学生は、多様な将来展望に晒され、将来の職業的役割に向けてそのうちのいずれかに統合されやすくなる。大規模大学ほど、全体として、多くの学生に影響を及ぼすことになり、社会化機能が強く、よって退学率は低くなるという仮説が成立する。カメンズの実証分析は、これを確認している。

以上アメリカで展開された大学退学の三つの説明モデルを検討してきた。アメリカの学生退学研究は、学生個人や教育機関の特性と退学との相関関係を見出すことから出発した。次に、相関分析だけでなく、モデルないし理論から退学と諸要因の因果関係を推論、これを検証しようとした。相関分析と異なるのは、個人と退学、教育機関と退学の関係を別々に見るのではなく、個人と退学との間に教育機関の特性や環境といった要因を媒介させ、個人と教育機関の相互作用を問題にする点である。さらにチャーターリング・モデルは、個人と教育機関の相互作用だけでなく、大学が全体社会の中で果たしている役割や意味について考慮する必要性を強調する。

以上検討してきたモデルを単純に図式化したものが、図8-1である。矢印は因果の方向を表している。教育達成モデルは①の矢印に示したとおり個人的属性が大学退学に影響を及ぼすと考える。カレッジインパクト・モデルの単純な形の工場モデルは、②の矢印の通りであり、より洗練されたモデルである病院モデルは個人的属性→教育機関の特性→退学という③の矢印で表さ

れる。最後に、チャーターリング・モデルは④で示されるとおりである。

## 3　日本の大学退学の傾向

　以下では、アメリカの実証的理論的研究成果と比較しながら、日本における大学退学の傾向を分析する。『学校基本調査報告書』データを用い、1971年から1980年の10年間の大学生の卒業率を諸々の基準ごとに推計することができる。卒業率は、各年度の卒業者数を4年前の入学者数で除した値である。各年度の卒業者数には、必ずしも4年前に入学したのではない留年者も含まれており、それは厳密には各年度のコーホートの卒業率ではない。しかし、4年前の入学者の中にも、4年間で卒業しない留年者もいるので、毎年の留年率がほぼ一定と考えれば、ここでの卒業率もそれほど誤差が大きくはないであろう。

　10年間の各卒業率は、毎年約90％前後であり、この値は欧米各国の高等教育の卒業率よりも高い。各国の高等教育機関の卒業率は次のとおりである。オーストラリア―69％、カナダ―63％、フランス―78％、西ドイツ―83％、イギリス―83％、オランダ―50％、ニュージーランド―67％、スウェーデン―64％、ソ連―67％ (The Carnegie Commision on Higher Education, 1971)。日本における卒業率は、年によって若干ばらつきがあるものの大きな変化はない。また各卒業率の変化は、一定の傾向を示すとはいえない。サマースキル (Summerskill) によれば、アメリカ高等教育の平均退学率は、約50％であり、この値は、1920年から1962年までほとんど変化しなかった (Summerskill, 1966)。日本でもアメリカでも、卒業率はそれほど変動しないといえる。

　短期大学と4年制大学とを比べると、短期大学の卒業率のほうが高い。先に挙げたアスティンの研究によれば、アメリカでは逆に2年制大学の退学率は4年制大学よりも著しく高い。これは、日本とアメリカとで2年制大学のあり方、特に社会的な選抜機能が異なっていることを示唆している。男女別の卒業率は4年制大学において男子よりも女子のほうが高い。短期大学の卒業率は4年制大学より高いが、これは主として短期大学が女子によって占められており、それが原因で値が高いということが推測できる。

4年制大学だけに注目してみると、設置主体別には国立大学の卒業率が高く、私立大学のそれは低い。公立大学の値は、両者のほぼ中間である。この傾向は、先に指摘したようにアメリカとは逆である。4年制大学における卒業率を関係学科別に検討すると、人文科学、社会科学、工学、教育の四つの分野のうちで、相対的に卒業率が高いのは、人文科学と教育の二つであり、社会科学と工学の分野は低い。この理由も、男女学生の構成比率の違いにあるものと考えられる。すなわち卒業率が高い人文科学と教育は、女子学生の比率が高く、逆に社会科学と工学の分野はこの比率は低い。実際、1979年女子学生構成比率は、人文科学—59.1％、教育—51.9％、社会科学—8.2％、工学—1.6％であった。したがって女子学生の比率が高い分野ほど、卒業率が高い傾向にあるといえる。

しかし、男女学生比率によって、卒業率の違いが常に説明できるとは限らない。先に検討した設置主体別の卒業率は、国立大学、公立大学、私立大学の順に高いが、女子学生の構成比率は、1979年に国立—22.2％、公立—32.3％、私立—22.8％であり、この場合は、卒業率の高低と女子学生の比率とは無関係である。

## 4 大学環境要因の影響力

(1) データ

以下で、大学環境要因がどのように日本の大学退学に対して影響を及ぼしているかを検討する。ここでは、広島大学大学教育研究センターが、1982年に全国すべての国公私立大学の学部を対象に実施した「大学教育に関する調査」のデータを利用した(松永, 1983)。退学者のデータは、学部を単位とした集計データであり、以下の分析単位も学部である。ゆえにここでの問題を正確に述べれば、日本の大学学部の環境要因は、学部における退学にどのような影響を及ぼしているかということになる。以下の分析は、データが学部の集計データであるので、モデルとしては、カレッジインパクトの工場モデルに近い。しかし検証する仮説は、工場モデルだけでなくチャーターリング・モデルに基づいた仮説も含める。

分析に入る前に、使用したデータの概要を確認しておく。退学者数の違いによって国公私立大学の学部数がどのように分布しているかを見ると、学部の退学者数が、0〜5人までのレベルにおいては、国立大学の学部は151学部存在し、私立よりも多いことがわかった（151対67学部）。しかし退学者数が11〜20人のレベルになると、国立よりも私立の学部数のほうが多くなる（53対65学部）。また退学者数が40以上のレベルになると、私立の学部数が圧倒的に多くなる。次に学部退学者数の違いによって、分野別の学部数がどのように分布しているかを見ると、退学者が0〜5人レベルでは、保健、社会科学、人文科学、教育の分野の学部が多い結果となる。しかし、保健と教育の分野の学部は退学者数のレベルが高くなると次第に少なくなる。他方、社会科学、工学の分野では、退学者数のレベルが高くなるにしたがって学部数が増加する傾向がある。40人以上の学部退学者レベルでは、社会科学、工学分野の学部数が多い。

　以上のデータを利用して、大学における学部退学に対する大学学部環境要因の影響を分析する。用いる統計手法は単回帰分析と重回帰分析である。ここでの変数は以下のとおりである。被説明変数として大学学部の退学者数と退学率とを用いる。学部退学者数は、各学部から回答のあった一年間の退学者の実数であり、退学率は退学者数を学部学生総数で除したものである。

　説明変数としての学部環境変数は、教育条件と規模に関するものである。以下の4変数がそれであり、これは退学者数と退学率の二つの被説明変数に共通して用いられる。

　①学生／教員比　これは、各学部学生数をその学部の教員数で除した値であり、教員一人あたり学生数である。ここで教員とは、兼務教員ではなく、本務教員のみをいう。教育条件を仮に学部に投入された費用が多いほど良いと定義すれば、学生／教員比が小さいほど教育条件は望ましいと考えられる。

　先に検討したティントの研究によれば、学生が退学するか否かは、学生が教育機関のアカデミック・システムや、社会システムに学生がいかに統合されるかに影響される。教員は教育機関のアカデミック・システムの主要な構成要素であり、教員が学生に対して多いほど、学生と教員の相互作用は強め

られ、学生はアカデミック・システムに統合されやすい。したがって、学生／教員比が高いほど、相互作用は弱くなり、退学者や退学率に対してプラスの影響を与えると考えられる。この考えに立てば、回帰分析において予想される符号は正である。

②平均講義規模　この変数も学生／教員比と同様、学生がアカデミック・システムへ統合されるのに関与する変数と考えられる。学生は、各学部の講義規模が小さいほど、統合されやすくなると考えられる。したがって、この値が大きいほど、退学者数や退学率に対してプラスに働き、回帰分析において予想される符号も正である。この変数も先に定義した教育条件からみれば、小さいほど望ましい。

③兼務／本務教員比　この変数は、各学部における本務教員一人あたりの兼務教員数である。兼務教員とはいわゆる非常勤講師である。非常勤講師は、一般に指導学生、担当学生を持たず、一部の授業を行うだけと考えられる。よって学生との相互作用の程度は低く、特に授業以外で学生と交流する機会は、本務教員にくらべれば少ないと予想される。したがって、兼務／本務教員比は、各学部の退学者数や退学率にプラスに働き、回帰分析での期待される符号は正である。この変数も教育条件を表している。つまり非常勤講師は、少ないほど良いといえる。

④学部規模　この変数は、カレッジインパクト・モデルでは、多くの場合学生の社会化に対する影響力に関してネガティブに捉えられてきた。大規模化は、教師と学生、学生間の知的、個人的な交流機会を減少させ、したがって退学者数や退学率の上昇をもたらす。しかし、先に検討したチャーターリング・モデルでは、大規模化は、価値や活動の多様化を伴う。したがってそこでは学生の諸々の職業的役割に向けて統合しやすくなる。確かに日本でも大規模な学部では、小規模な学部よりも、選択できる授業や指導教員が多くなり、学生はより適切な選択ができ、学生生活に適応しうると考えられる。したがって学部規模は、退学に対して二つの方向に働く。カレッジインパクト・モデルによれば、回帰分析における符号は、正である。しかしチャーターリング・モデルに依拠するならば、分析において負の符号が予想される。

　以上の四つの説明変数の定義と、分析における意義を検討したが、4変数

表8-1　4変数の相関マトリックス

|  | 学生／教員比 | 平均講義規模 | 兼務／本務教員比 | 学部規模 | ケース数 |
| --- | --- | --- | --- | --- | --- |
| 学生／教員比 | 1.00 |  |  |  | 621 |
| 平均講義規模 | .35 | 1.00 |  |  | 621 |
| 兼務／本務教員比 | .23 | .13 | 1.00 |  | 621 |
| 学部規模 | .74 | .22 | −.08 | 1.00 | 621 |

間の相関は表8-1のとおりである。学生／教員比、平均講義規模、兼務／本務教員比の教育条件を表す3変数間の相関は、いずれも正の相関を示している。学部規模と他の3変数間の相関は、学生／教員比とが、.74の相関を示してはいるが、兼務／本務教員比とは負の相関関係にある。規模が大きい学部では本務教員の比率が高まる。つまり兼務／本務教員比で見た限りでは、規模が大きい学部では、教育条件は良いといえる。これはおそらく、規模の小さい学部では、本務教員だけで授業内容の大部分をカバーすることが困難であるので、学部外の非常勤講師に依存せざるを得ないためであろう。大規模な学部では、本務教員が多いので、平均講義規模がたとえ多くても、授業はそれほど非常勤講師に頼らなくてもすむのである。

(2) 結果—Small is beautiful?

表8-2と表8-3は以上の諸変数を用いた単回帰分析および重回帰分析の結果である。表8-2は被説明変数に退学者数を用いた結果を示している。標準化された偏回帰係数はすべて、1％の水準で有意である。学生／教員比、平均講義規模、兼務／本務教員比を説明変数に用いた単回帰分析では、偏回帰係数の符号はすべて正である。これらの3変数は、カレッジインパクト・モデルから予測されたとおり退学者数に対してポジティブな効果を持っている。これらは、先に指摘したように教育条件を表す変数と考えられ、この分析結果によれば、教育条件が望ましくない学部ほど、退学者数は多いという傾向がある。学部規模変数を用いた単回帰分析の偏回帰係数の符号も正である。規模が大きな学部では、退学者数も多いといえる。したがって、退学者数については、チャータリング・モデルよりもカレッジインパクト・モデルの方が説明モデルとして適切であるといえる。

表 8-2 退学者の回帰分析＊：標準化された偏回帰係数＊＊

| 学生／教員比 | 平均講義規模 | 兼務／本務教員比 | 学部規模 | 決定係数 | ケース数 |
|---|---|---|---|---|---|
| .44 |  |  |  | .20 | 745 |
|  | .26 |  |  | .07 | 700 |
|  |  | .25 |  | .06 | 673 |
|  |  |  | .20 | .04 | 756 |
| .50 | .11 | .10 | -.13 | .25 | 621 |

＊　$\ln Y = a + b \ln X$ および $\ln Y = a + b \ln X_1 + \cdots + e \ln X_4$ 型の回帰分析
＊＊　すべて 1% 水準で有意

表 8-3 退学率の回帰分析＊：標準化された偏回帰係数

| 学生／教員比 | 平均講義規模 | 兼務／本務教員比 | 学部規模 | 決定係数 | ケース数 |
|---|---|---|---|---|---|
| -.33＊＊ |  |  |  | .11 | 730 |
|  | -.01 |  |  | .00 | 686 |
|  |  | .14＊＊ |  | .02 | 657 |
|  |  |  | -.60＊＊ | .36 | 741 |
| .11＊＊ | .10＊＊ | .04 | -.69＊＊ | .38 | 612 |

＊　$\ln Y = a + b \ln X$ および $\ln Y = a + b \ln X_1 + \cdots + e \ln X_4$ 型の回帰分析
＊＊　1% 水準で有意

しかし、表8-2の最下行に示してあるとおり、4変数を含んだ重回帰分析の結果は、単回帰の場合と比べ、若干異なった傾向を示している。学生／教員比、平均講義規模、兼務／本務教員比という教育条件を表す3変数の傾向は、単回帰分析の結果と同じであるが、学部規模の偏回帰係数の符号は負となる。つまり、他の3変数をコントロールした場合、学部規模が大きくとも退学者数は決して多くないという傾向がある。したがって重回帰分析の結果は、チャータリング・モデルが日本の学部退学者数を考えるうえで整合的であるといえる。

次の表8-3は、被説明変数として退学率をとった分析結果である。学生／教員比の偏回帰係数は、有意であるが、符号は表8-2と異なって負である。退学率に対して、教員一人あたり学生数はネガティブな効果を持つ。すなわち本務教員数増加という教育条件の向上は退学率上昇という結果となる。平

均講義規模の偏回帰係数は、有意ではなく、退学率に対して影響を持っていないといえる。兼務／本務教員比の係数は、有意であり符号は正である。非常勤講師の比率の高い学部では、退学率も高くなる傾向がある。学部規模の係数は、有意かつ符号は負である。学部規模が大きくなると、退学率は低下するという興味深い傾向にある。

退学率に対しても、**表8-3**の最下行で示したとおり、4変数を用いて重回帰分析を行った。他の3変数をコントロールすると、学生／教員比の符号は正である。また同様に、平均講義規模の偏回帰係数の符号も正となる。兼務／本務教員比の係数は、有意ではないが、符号は正である。両表での二つの重回帰分析の係数の符号は一致する。学部規模は、他の3変数をコントロールしても符号は負であり、単回帰の場合と同じである。したがって規模が大きな学部では、教育条件をコントロールすると退学率は低い傾向にある。学部規模変数を含む**表8-2**と**表8-3**の4本の回帰式のうち3本まで、符号が負である。この結果は、大学退学と規模との関係を説明する場合、チャータリング・モデルのほうが、カレッジインパクト・モデルよりも適切であることを示唆している。退学者だけを考慮した場合、学部の規模にスモール・イズ・ビューティフル(Small is beautiful)の定式化は成立しない。

二つの表を検討した限りでは、兼務／本務教員という変数が、四つの回帰式すべてにわたって最も符号が安定しており、すべて正である。つまり操作しうる変数が4つに限られていれば、退学者数や退学率を低下させるのに、兼務／本務教員比を低下、すなわち非常勤講師の比率を低く押さえるのが、比較的安定かつ効果のある方策であるといえる。

## 5　まとめ

ここでは、第一にアメリカでこれまで展開されてきた大学退学率を説明する①教育達成モデル、②カレッジインパクト・モデル、および③チャータリング・モデルの三つを検討し、第二に日本の大学退学の傾向を『学校基本調査報告書』データをベースに確認し、そして最後に学部を分析単位とし、各学部の教育条件や規模といった環境要因が、学部の退学者数や退学率にど

のような影響を与えているのかを分析した。

実証分析の結果は以下のとおりである。①卒業率は、短期大学のほうが4年制大学より高い。②国立大学の卒業率は、公立、私立大学よりも高い。③4年制大学では女子学生の卒業率は男子学生よりも高い。④関係学科別に卒業率を見ると、人文科学、教育の分野は、社会科学、工学の分野よりも高い。

学部退学者数は、学生／教員比、平均講義規模、兼務／本務教員比という教育条件が悪化すると、増加し、また学部規模が大きいところでは、多くなる傾向にある。しかし教育条件の3変数をコントロールすると、大規模な学部でも退学者数が多くなるとは限らない。

学部の退学率は、学生／教員比、学部規模のそれぞれが大きくなると、低下する傾向にある。教育条件を表す3変数をコントロールすると、学部規模が拡大すると退学率は低下する傾向にある。

カレッジインパクト・モデルが示唆したとおり教員と学生の相互作用が強化されると考えられる教育条件の向上は、退学者数、退学率の低下をもたらす。この限りでは、カレッジインパクト・モデルは正しい。しかし、規模に関しては、それが大きくなると、退学者数、退学率は低下する傾向があり、これはカレッジインパクト・モデルよりもチャーターリング・モデルとより整合的な結果である。

教育の世界では、しばしば大規模化はネガティブな象徴として臆断されている。実際中等教育では、学校組織の大規模化は、教師―生徒関係を希薄化させ、きめ細やかな教育指導ができず、非行・暴力の温床となりやすいともいわれる。しかし、大学の退学については、学部の大規模化は決してマイナスではない。もっとも、大規模化が在学している学生の教育条件、生活環境に対して持つ意味は別の話である。

参考文献

松永裕二および丸山文裕、1983、「大学教育に関する調査結果の中間報告」『大学研究ノート―大学教育とカリキュラム』広島大学大学教育研究センター、第57号。

Astin, Alexander W., 1975, *Preventing Students from Dropping Out*, Jossey-Bass

Publishers, San Francisco.
Asitn, Alexander W., 1978, *Four Critical Years : Effects of College on Beliefs, Attitudes, and Knowledge*, Jossey-Bass Publishers, San Francisco.
The Carnegie Commision on Higher Education, 1971, *New Students and New Places*, New York, McGraw-Hill.
Kamens, D. H., 1971,"The College 'Charter' and College Size: Effects on Occupational Choice and College Attrition" *Sociology of Education*, Vol.44 (summer), pp.270–296.
Meyer, John W., 1972 "The Effects of the Institutionalization of Colleges in Society" Feldman, K.A. (ed.) *College and Student*, Pergamon Press.
Pascarella, Ernest T. and David W. Champman, 1984, "Validation of a Theoretical Model of College Withdrawal : Interaction Effects in a Multi-Institutional Sample" *Research in Higher Education*, Vol. 19, No. 1, pp.25–48.
Sewell, W. H. and Shah, 1967, V. P. "Socioeconomic Status, Intelligence, and the Attainment of Higher Education" *Sociology of Education*, Vol.40 (Winter) No.1, pp.1–23.
Summerskill, John, 1966, "Dropout from College" Sanford, Nevitt (ed.) *The American College : A Psychological and Social Interpretation of the Higher Learning*, New York, John Wiley and Sons.
Tinto, V., 1975, "Dropout from Higher Education : A Theoretical Synthesis of Recent Research" *Review of Educational Research*, 45, pp.89–125.

# 第9章　教育の利益分類

　本章は、教育の利益とりわけ高等教育の利益について検討したものである。教育の利益の研究は、様々な動機付けでなされてきたが、今日の日本では以下の2点が特に重要と考えられる。第一に高等教育費負担の議論からの必要性である。日本の高等教育費は、持続的に上昇している。その高等教育にかかる費用は、主に政府と家計によって負担されている。しかし政府財政の悪化、財政再建のあおりを受けて、そのしわ寄せは、家計に及んでいる。家計も私立国立を問わず、その負担が重くなっているのが現状である。そこで高等教育の費用負担が問題となるのである。この負担論を議論する場合に、支持される一つの論は、受益者負担論であるが、それを議論する上で、これまで抜けていたのは、高等教育の効用、利益の内容とその帰属先の吟味である。負担論の展開には高等教育の利益についての正確な事実の把握が必要である。

　また一方で、日本の大学内部では、自己点検、自己評価、大学改革が1990年代にブームとなった。それらについての多くの議論がなされており、大学の活性化を目指して個々の大学で様々な改革がなされている。しかしその中で大学が学生にどのような効果を及ぼしているか、大学改革が学生の教育にどのような変化をもたらしたか、つまり学生に対する大学教育効果の測定はほとんど行われてはおらず、それほど関心を引いていない。大学改革の中で教育効果の議論は重要と思われる。そしてその大学教育効果の測定には、まずなされなければならないのは、大学教育の利益の整理である。大学教育の利益はこれまで利益自体の存在が、自明のこととされ、ほとんど行われてこなかったといってよい。

## 1 利益の分類

　教育の利益は、様々な基準によって分類可能である。ここでは最も一般的な2つの基準によって分類してみる。一つの基準は、金銭的非金銭的基準である。利益が金銭によって計られるか、そうでないかによって分類される。教育の利益を分析対象とする教育経済学の初期の教科書、例えば、ブローグ（Blaug）やコーエンとゲスク（Cohn and Geske）のものには、非金銭的利益の分析は行われていない。教育の非金銭的利益の認識はアイディアとしては昔からあるが、教育経済学分析の対象となるのは、1990年代からである。この背景には、結婚、家庭生活、医療、犯罪に対する経済学アプローチの発展がある。

　もう一つの基準は、利益の帰属先を、教育を受けた個人か、または社会かによって分け、利益を分類する。教育の利益が、それを受けた個人以外の第三者によって受け取られる場合がある。教育学や教育社会学では、教育の社会に対する影響は古くからの検討課題であった。近年では経済学でもそれを外部効果（externalities）とかスピル・オーバー（spill over）効果とかいう用語を用いて検討の対象にしているが、これを実際に測定することは不可能であるとされてきた。最近では少しずつではあるが、実証的に測定が試みられている。さてこれら二つの基準を組み合わせると、教育には四つの利益が分類されることになる。以下では、それぞれについて検討しよう。

**金銭的個人的利益**：これについては、経済学、教育経済学の分野でこれまで多くの研究がなされてきた。最も単純な形で表せば、受けた教育によって得られる労働市場における賃金上昇分である。一般に初等教育修了者より中等教育修了者、また中等教育修了者より高等教育修了者のほうが賃金が高い。その程度がどのくらいかは、研究によって異なり、測定方法も一つではない。初任給格差、生涯賃金格差、内部収益率が、代表的な方法で、多数の研究がある。労働市場以外にも、教育を受けた個人は、金銭的利益を得ることが可能である。例えば家計における生産がそれである。効率的な資産運用や住宅、教育ローンなどの利用によってより多くの金銭的利益を得ることができる。

アメリカでは学歴の高いものは、リスクは高いが、より多くの情報を必要とする金融商品に投資することが指摘されている。貯蓄や投資についても学歴の高いものは、より効率的な貯蓄方法や金融投資によって多くの利息を得ることが報告されている。しかしこれが学歴によって正確にどのくらい異なるのかの研究は、ほとんど行われていないので、学歴の利益分は知られてはいない。

　家計の生産ばかりでなく教育は賢明な消費活動を通じて、個人的な利益をもたらすとも考えられる。それらは、納税、各種ローン、生命保険、損害保険、投資、各種契約、金銭に関する法律、悪徳セールス、詐欺などの知識情報を得ることによってなされる。教育と消費性向には、明らかな関連があり、アメリカでは学歴の高い人々は、食料、タバコ、酒類、自動車に対する消費が小さく、住宅、書物、教育への消費が大きいという。教育は、消費の効率性に影響を与え、家庭内での生産活動にポジティブな効果を持つという。学歴の高いものは、消費財市場においての情報がより豊富で、より早く新しい製品やサービスを利用するなど消費の点でも有利さが指摘されている(Cohn and Geske, 1992)。

　学歴がどのくらいの所得増加をもたらすかは、内部収益率や生涯賃金の学歴別比較によってなされる。どのように教育が個人の賃金を上昇させるかの説明には、人的資本モデルとスクリーニングモデルがあるものの何故増加をもたらすかは、それほど問われない。ボーエン(Bowen)は、教育と生産性との関係について、理論的にはラフな形ではあるが、六つの理由を挙げている(Bowen, 1977, 1997)。

1) 教育によって獲得された知識技能が、時間あたり生産性を増加させる。
2) 生産された財やサービスの質が向上する。
3) 社会的に価値のある財やサービスを生産する。ボーエンは、これを生産混合(product mix)と呼んでいる。
4) 労働参加率の上昇。高学歴者は、低失業率、長時間労働、退職年齢が遅い点で労働参加率が高い。
5) 変化する需要と供給状態にあわせて、より効率的な資源配分する能力が高まる。

6）職務満足の高い職場に配置される。

　教育は、間接的に人々の収入を高めることもある。例えば、学歴の高いものは、結婚相手に対しても高い学歴を望むので、学歴の高いもの同士が結婚する傾向にある。そしてその家計の収入は、当然高くなる。これについては、これまで日本では、女性の場合特にメリットがあった。大卒の女性は、賃金の高い大卒の男性と結婚するチャンスが大きいので、本人が仕事をしなくても、または仕事を途中で辞めても夫婦の生涯賃金を合計すれば、大卒女性のほうがそうでない女性より高くなる。

**非金銭的個人的利益**：教育は、それを受けた個人に金銭的な利益とは別な利益をもたらす。まず学校教育を受けること自体が、個人にとって利益となる場合がある。これは消費的利益といってもよい。大学で文学を学び、それ自体を楽しむことは、これの一例である。そしてそれは在学中だけでなく、その後の人生に長く続く効果を持つ。また労働市場において、受けた教育によって快適な労働条件また高い職務満足が得られれば、これも教育の利益である。職場以外でも、教育によって人々は充実した余暇を過ごすことができる。これは教育が単に知識技能だけではなく、芸術的感性を敏感にするからである。

　また教育は受けた個人の健康にも影響を与える。学歴の高いものほど、健康により関心を持ち、健康についての知識が豊富で、それに関連した行動をとることは予想される。例えば、最近の例で言えば、ダイオキシンなどの環境ホルモンに対する関心や知識などがそれである。これらの危険と思われる物質や環境から身を守るには、化学や環境などの高度の知識が益々必要となる。

　特に大学教育は、個人の家庭生活に大きな影響を与えるが、ボーエンが指摘したように、大学関係者はそれを大学教育の目標と明言することはまれであり、その結果は卒業生によって認知され、感謝されることもない（Bowen, 1997, p.190）。しかし教育は、結婚や育児などの家庭生活全般に大きな影響を与える。結婚による金銭的利益ばかりでなく、育児にも学歴は影響する。子どもの生活や子どもの質（quality of child）が、親の学歴によって影響されるか

らである。

　アメリカでは教育の非金銭的個人的利益の研究は、より特定化した形で、カレッジインパクト研究と呼ばれる分野で行われている。そこでは、学生が在学中に態度や価値をどのように発達させるかが測定される。多くの研究が共通に指摘するのは、学生は大学教育を受けると、多様な文化に対する価値観を向上させ、因習にとらわれることなく、現実的判断を下し、よりリベラルな社会的政治的立場をとり、様々な偏見に対してよりオープンになるということである(Astin, 1978)。

　ボーエンは、20年以上も前に大学教育の利益について「学習投資」(Investment in Learning)という書物を著しているが、そこで彼は非金銭的個人的利益につながる大学の効果として、上に挙げた項目の他に認知的学習能力(言語的数量的能力、一般的知識、論理的思考能力、知的受容力、芸術的感性、創造力、知的総合力、判断力、知的文化的活動参加、生涯学習能力)、感情的道徳的発達(価値やアスピレーションの変化、自己能力発見、精神的安定性、人間理解、価値観と道徳、宗教への関心、品性、男性性と女性性)、以上の認知的学習能力と感情的道徳的発達をあわせた実践的応用能力(例えば達成意欲、未来志向、適応力、リーダーシップなど)を挙げている(Bowen, 1977, 1997)。

**金銭的社会的利益**：教育は個人の所得の向上に影響を与えるばかりでなく、社会全体の経済成長を促進させ、国民所得の上昇に効果を持つ。どのように教育が経済成長をもたらすかについては、明確な説明ができていない。経済成長に対する教育の効果の計測は、現実の成長率と労働や資本の増加によって計算される理論的成長率との差を教育の効果なり、その具体型である技術進歩に帰する方法に依拠しており、複雑なメカニズムは不問のままである。

**非金銭的社会的利益**：教育は個人の非金銭的利益をもたらすが、第三者にも効果が及ぶため、その集合効果は、加算的なもの以上になる。教育は個人に健康への関心を強化させる効果を持つが、これは社会的にも利益をもたらす。疾病が、菌やウイルスによって伝染性を持つ場合である。最近のエイズやウイルス性肝炎の場合のように、適切な知識によって疾病に対する予防が可能

なときは、教育が伝染防止効果を持ち、社会的利益になると考えられる。

　また教育は、人々を犯罪に向かわせないようにすることによって、安全で快適な社会を作り出す。また犯罪は、貧困によって引き起こされる場合があるが、教育による所得の向上によって、この種の犯罪を減少させることができる。さらに教育は、出生率や乳児死亡率低下をもたらす。

　教育は、ゴミの分別収集への協力、リサイクル活動などを通じて、公害の発生や人々の生活環境保護に敏感な人々の育成に効果を持つ。現代社会の生産、消費活動は、複雑化し、生活を営むプロセスで無意識のうちに環境破壊をしていると言われる。そこでは何故フロンが環境を破壊するのか、何を燃やすとダイオキシンが発生するのか、そして何故それが危険なのか簡単には理解できない。教育はそれを理解させる助けとなる。ボーエンは、大学教育が市民性を発達させるとしている。教育は、人々にボランティア、NGO、NPO活動の存在と意義を理解させ、それらの活動に参加させる効果をもつ。

　教育は、消費性向に効果を持つことによって社会的利益をもたらす。酒、タバコ、麻薬等の害は、本人ばかりでなく、社会的にも犯罪との関連や、薬物依存症の治療費用の負担など社会的損失をもたらす。よって教育はそれらを避けたり、消費しない行動に影響することで社会的利益を持つ。

　これらが教育の利益の四つの分類であり、図9-1に示した。しかしこれらの分類は、厳密なものではない。例えば、健康は個人が快適な生活を営むそれ自体価値のある非金銭的利益であるが、健康であることによって所得が向上し、個人的金銭的利益をもたらすし、個人の健康が医療コストの抑制になり公的支出も減少し、それが社会的金銭的利益ともなる。そして教育は、人々の順法精神を向上させる効果があるが、それ自体は、非金銭的利益である。しかし人々が、運転中シートベルトをし、交通規則を守る安全運転を心がければ、これによって、傷害の程度を減少し、医療費の抑制につながることが可能となる。これは、金銭的社会的利益として分類できる。同様に教育によって、犯罪の減少効果は、犯罪防止コストや犯罪者の矯正コストの低下をもたらし、これにも金銭的社会的利益として分類可能である。よって金銭的と非金銭的との区別は、便宜的なものでしかない。

|  | 金銭的 | 非金銭的 |
|---|---|---|
| 個人的 | 生産能力、賃金の向上<br>（労働市場）<br>資産運用、賢明な消費活動<br>（家計の生産） | 快適な労働条件<br>教育の消費価値の享受<br>結婚、子育て、健康、余暇<br>パーソナリティ、価値 |
| 社会的 | 経済成長、国民所得の上昇 | 健康、伝染病の防止<br>犯罪減少、環境向上<br>望ましい消費性向<br>快適な市民生活 |

図9-1　教育の利益の分類

　さらに個人的社会的利益の区分も曖昧な点が残る。女性の教育は、所得向上など個人的利益をもたらすが、子どもやさらに近隣を通じて社会的にも効果を持つからである。
　もちろん教育の利益は他の基準によっても分類可能である。例えば教育の効果には、直接的なものと間接的なものがある。ソロモンとファグナノ(Solmon and Fagnano, 1995)によれば、教育と医療保険の加入度とは相関が認められるが、その相関は二つの方法で解釈される。第一に教育がリスクを防ぐ性向を育むことによってもたらされると考える。これは教育の直接的な効果に注目したものである。またはその相関は教育による所得上昇効果や、就業効果から生じたと考えることもできる。この場合は教育の間接的効果を強調していることになる。
　そして利益がいつ発生するかによっても利益が区分できる。すなわち短期的利益と長期的利益である。ボーエンは、大学教育が在学中の学生に知識、感情的道徳的発達、生活能力の点で効果を持つばかりでなく、その後の人生においても大きな影響を行使するという結論を得ている(Bowen, 1977, 1997)。
　最後に指摘しておかなければならないのは、利益は見方によっては、利益とはならず、時には不利益にもなり得ることである。例えば開発途上国と開発国とでは、教育の利益は異なって解釈される。出生率の場合とか、所得の平等と経済成長の場合とかがそれである。出生率の低下は、開発途上国にとって貧困から脱却のカギであると長い間捉えられてきた。子どもの数を減らすことで、子ども一人あたりの支出が高まり、それが子どもの健康と教育に

影響を与えると考えられてきた。しかし日本とかドイツのような開発国では、出生率は女性の高学歴化と少なからず関係している。そこでは急激な出生率の低下が社会問題化している。それは、社会の高齢化問題を引き起こし、福祉や政府財政の問題につながっている。開発国では、急激な出生率低下は社会にとって望ましくない現象である。教育の利益が、社会によって異なって捉えられる2番目の例は、教育理念、教育目標に見られる。社会がまずもって社会的統合、文化的統一を目指すところでは、教育目標は人々の価値の画一化、統一言語の修得、順法精神、時間厳守などが重視され、教育はそれの達成で評価される。しかしそのような社会的文化的統合がすでに問題とならない社会では、上記のような価値、態度は、むしろ社会の発展にそれほど貢献しないと考えられ、個性化、多様化、創造性の涵養が教育目標となり、利益と考えられるようになる。これは現代日本で見られることである。

## 2 教育と家庭生活

教育は、人々がどのように家庭生活を送るかに影響を与える。すなわち結婚の形態、家庭における性役割のあり方、離婚、家族計画、子育て、その他の家族関係である。高学歴者は結婚相手にも高学歴者を望む。アメリカにおいて、夫婦間の学歴の相関は、少なくとも0.4以上であるといわれる。そして高学歴同士が結婚すると、より高い所得、安定した家庭生活、より学校で成功する子どもを持つ確率が高くなるといわれる。多くの研究は、学歴の高い夫婦ほど家庭内の役割が平等であると指摘している。そして特に指摘しなければならないのは、親の高学歴が子育てに大きな影響を与えることである。学歴の高い母親を持った子供には、虫歯が少ない、貧血症になりにくい、肥満になりにくいことが示されている。学歴の高い親ほど、飲料水のフッ素化やポリオワクチンなどの伝染病予防にも積極的になる。受けた教育と、他方貧困、10代の母親になる確率、片親で子育てする確率、新生児の体重の低さには、逆相関がある。そして新生児時に体重が少なかった子どもは、正常児とくらべ学校での成績が低く、留年率が高いことが報告されている (Corman and Chaikind, 1998)。

そして学歴の高い母親は、子どものテレビ視聴時間をより厳しく管理し、子どもの家庭学習により関心を払う。母親が幼児のために使う時間数は、社会経済的背景によって異なるが、高学歴の母親のほうが、幼児と遊びおよび学習の双方において、より多くの時間を費やすようである。そして高学歴の母親は、そうでない母親より労働参加度が大きいが、子どもが就学前には、子どもと過ごす時間が多い傾向がある。またそれらの母親は、子どもに読書、クラシック音楽、博物館、美術館により多くの機会ふれさせる傾向がある。結局大卒の母親は、そうでない母親より子どもと過ごす時間が長いと指摘されるが、単に時間が長いだけでなく、より子どもを健康に賢く育てていることが推測される。

　高学歴と高所得は、望ましい社会的効果を持つ。貧困、片親による子育て、早期家庭形成、幼児虐待と親の教育とは相関するようである。日本でも幼児虐待と親の低学歴、低所得、早期家庭形成と関連があることが指摘されている(池田, 1987)。低所得は、本人の家庭生活が快適でないだけでなく、次世代の教育、所得そして家庭生活にも影響するので問題が拡大する。どこで悪循環の鎖を断ち切るかである。そこで家庭生活の改善を目指した低所得者への援助が、アメリカでは様々な形で行われている。妊婦教育、栄養指導、アルコール、タバコ、薬物の不摂取カウンセリング、その他の早期関与が、高い社会的利益を生むと考えられるからである。ポジティブな結果を得ている実験もあり、子どもの学力が向上したという報告もある(Maynard, 1997, p.144)。また低所得者の子どもの学校生活を改善させようとするプログラムもある。例えばオルターナティブスクール、学校の再構造化、就学前教育、地域と学校とを結びつけるプログラムが行われている(Maynard, 1997, p.145)。ヘッドスタートプログラムとして知られる就学前教育の中には、子どもの成績向上に効果を持ち、さらに高い高校卒業率、高い就職率と所得を示したケースがあるという報告もある。学校教育を充分受けられなかった若者に仕事を用意したり、成人教育によって職業的能力を向上させたり、より直接的な職業訓練を行ったり、10代の親の教育を行うプログラムが開発されている。しかしこれらは短期的にはともかく長期的にはそれほどの効果がないという結果も示されている(Maynard, 1997, p.151)。

ここで論じた教育の家庭生活への効果が、他の効果と違う点は、それが家庭のその他のメンバーに、そして世代を通じて次の世代に同様またはそれ以上の効果を持つことである。親の学歴や所得が、子どもの学校での成績、学歴、その他の所得にどの程度影響を与えるかは、教育学や教育社会学の主要課題である。最近では、価値観、態度、習慣などで構成される家庭の文化を資本と捉え、その大小や学校文化との相違が、子どもの成功と関連することが論じられている。

## 3　教育と出生率

　学歴と出生率とは、逆相関が見られる。これはアメリカでは特に女性の学歴で顕著であり、またこの関係は、都市部で強い。この学歴と出生率との逆相関は、最近経済学者によって注目され、説明されるようになった。教育が避妊方法の知識を豊富にするという直接効果に加えて、経済学アプローチは、夫婦の所得と子育て費用を考慮に入れた教育の間接効果に注目する。すなわち学歴の高い女性は、労働市場に参入でき、経済的に自立し、老後の保証も確かとなりやすい。これが子どもの需要を小さくさせる理由となる。さらに学歴の高い親は、子どもに高い学歴を望み、子育てコストもかかると予想されるので、そこでは子どもの数は減少する傾向にある。
　また次のような説明も可能である。学校教育は結婚年齢に影響を与える。よって高学歴の女性は出産可能年齢数が少なくなる。日本の少子化現象は、この例であり、それが女性の晩婚化と晩産化によるのは明らかである。そして親の学歴と乳児死亡率とは逆相関があるが、これも子どもの数を少なくする効果がある。これまでは、乳児死亡率が高かったので、多くの出産が必要であったという説明である。学歴が高いと避妊具の使用も増加することもよく用いられる説明である。なぜ学歴が出生率に影響するか、それは学校の与える知識なのか、または価値なのかを調べるには、さらに学校内部を検討しなければならないかもしれない。
　ミンサー(Mincer)は、教育と出生率について次のように説明する。子育ては、ほとんどの社会で母親が主体となってなされてきた。よって子育て期間

中賃金を得られないとすれば、それは子育ての機会費用と考える。それは高学歴の母親のほうが大きくなり、そのような母親のほうが子育てに使用する時間が少なくなるはずである。つまり子どもの数が減るのである。開発途上国では、小家族の子どものほうが、健康で、学校で成功しやすく、高学歴となる。これらは、母親教育の間接収益と考えることができる (Mincer, 1984)。

## 4　教育と健康

　乳幼児死亡率は、学歴の低い母親で高いことは、国際機関によってしばしば報告される。妻の学歴は、夫の健康にポジティブな効果を持ち、これは夫自身の学歴の効果より大きいという報告もある。これらは女性の教育が家庭生活に影響する例である。教育と本人の健康には相関があることも多くの研究が指摘している。32歳から46歳までの死亡率も高学歴者では小さいという。学校教育と学業成績の向上が、健康に害のある喫煙の防止に効果を持つという研究もある (Sander, 1998)。しかし教育と健康との関係は、それほど単純ではないという研究もある。オランダのコーホートデータを用いた研究では、学歴と健康とは正の相関があるものの、最も健康な者は、普通中等教育修了者であった。さらにこの学歴者は、所得と幸福の点でも最高の位置にある (Hartog and Oosterbeek, 1998)。ただしほとんどの研究は、肉体的健康に関するものであって、精神的健康に関するものは少ない。精神異常 (psychosis) は、学歴の低い者が、神経症 (neurosis) は、比較的学歴の高い者の割合が多いという報告がある。

　なぜ教育と健康が関連するかは、まだ明らかにされていないといえる。アメリカでしばしば用いられる説明は、学歴の高いものほど、本人や家族の万一の疾病や傷害に備えて医療保険に加入している割合が高いので、より迅速で適切な治療を受けられるというものである。しかし日本のように医療サービスが、所得差にそれほど影響されない社会ではこの説明は説得的ではない。この分野での最近の研究によれば、学歴の低い者は、労働災害に合う確率が高い職業に就いており、医療保険への必要性は高く、さらに加えて所得自体も低いため、可処分所得に占める医療支出の割合は高いはずであると推測さ

れる。これについて実際のデータは、学歴が高く完全に雇用されている、製造業金融業に従事し、賃金の高い者は、会社や雇用主が支払う医療保険に加入する傾向があることを示している (Dewar, 1998)。

他の説は、情報量の差を問題にする。学歴が高いほど、医療サービスを受けることが高いのも、食品、タバコ、アルコールなど健康に影響を与えると言われるものの摂取にセンシティブなのも、結局情報量が多いからであると考える。病気の予防、健康促進のための運動や食品、住宅、余暇についての情報は、学歴の高いほど多く、それが健康状態に影響するという説明である。教育が健康によい様々な選択に影響し、よりよい健康状態を作り出す考え方は生産性効率 (productive efficiency) と呼ばれている。これを実証的に証明するには、健康に影響すると考えられる同じ変数セットから、誰が良好な健康状態を得るかを学歴別に検討する必要がある。学歴が高いほど、同じ項目から効率的に健康を得ることが、期待される。またもう一つの効率は、健康状態を作り出すときに、限られた時間とお金で様々な選択をするが、学歴の高い者は、その選択時に効率的に時間とお金を配分することに関係している。これは配分効率 (allocative efficiency) と呼ばれる (Gilleskie and Harrison, 1998)。これをデータによって証明するには、健康に影響すると思われる変数の選択が学歴別にどのように違うかを検討することである。高学歴者ほど健康によいと考えられる項目を選択し、良好な健康状態に間接的な教育効果を得ていると期待される。他の説は、学歴の高いものほど、自己に自信を持つため、ストレスの解消に優れているというものである。

最後に挙げるのは、教育と健康は、人的資本投資の点で一致するところが多いので、両者は関連するという説である。学歴の高低は、人々の時間選好に影響を及ぼす。学歴が高い者は、人的資本の下落が小さいので、健康に投資する動機付けが高まる。個人の割引率が学歴と健康に影響するのである。つまり学歴と健康とは、表面上の相関があるにすぎず、選好のような第3の変数が両者の相関を説明する。最近では教育への投資と健康への投資をほぼ同じと見る人的資本理論に基づいた研究が増加しつつある。例えば糖尿病患者の健康投資を検討した研究によれば、現在の消費と自身の将来の健康資本投資にはトレードオフがあり、効用最大化を目指す患者は、食事制限、運動、

血糖値コントロール、喫煙するかどうかを選択する。この選択はそれぞれの価格、患者の収入、健康についての情報による。このトレードオフをするのに患者は健康を願うが、それをどのように達成するのかはわからないかもしれない。前向きな患者は、今の喫煙が自分の将来の健康資本ストックを減じることを知っているかもしれないし、しかしまた患者によっては自分の余命が短く健康資本投資からの利益が小さいと考えているかもしれない(Kahn, 1998)。この研究に見られる考え方は、教育投資への意志決定メカニズムに用いられる説明と同じである。

## 5　市民性の発達と犯罪

ボーエンは、大学教育の効果は、人々の間の市民性の発達にもあると指摘している。例えば、学歴の高いものほど投票率が高く、ボランティア活動に積極的になるという。さらに教育と各種奉仕活動(青少年活動、退役兵活動、PTA、教会地域活動)と相関を見出した研究もある。

教育は市民性の発達ばかりでなく、犯罪防止に効果があることは明らかである。犯罪についての経済的アプローチは、ベッカー(Becker)によって始められ、犯罪を時間配分の点から考える。犯罪に関与することによって仕事に配分される時間が減少し、そして人的資本の蓄積が少なくなる。それは結局低賃金につながり、さらに仕事の時間を減少させる。よって仕事時間が少ないと、犯罪は起こりやすくなる(Witte, 1997)。逆に人的資本が大きくなると、賃金が上昇し、犯罪を減少させる。教育は人的資本を形成するので、犯罪抑止に効果を持つ。また教育は、犯罪のコストと順法行為のベネフィットについての情報を積極的に提供するので、犯罪抑止に効果があると考えるモデルもある。しかしいわゆるホワイトカラーの犯罪、金融やコンピュータ関連の犯罪を扱ったものは少ない。

## 6　教育効果の原因

以上教育は受けた個人やその周りの環境に様々な影響を及ぼすが、なぜ効

果を持つのかについては、以上検討したように複雑なメカニズムが介在しており、統一的な説明はない。しかし教育は少なくとも三つの方法で効果を持つといえる。第一に個人の選好を変える。学校教育は、知識や技能の修得のほかに、勤勉、清潔、安全、浪費の禁止、健康、快適、未来志向などの価値を教える。これらの価値が内面化されることによって、教育を受けた者は、その価値と整合的な家庭を築き、自らの生活を営むのである。第二に直面する制約を変える。これは例えば、所得の増加によってなされたり、教育が合理的な思考を発達させ因習や偏見にとらわれない行動をさせることからもたらせられる。第三に知識や情報を拡大することによって効果を持つ(Behrman et.al.)。この例には、日本ではあまりなじみがないが、移民に対するものがある。学歴が高いほど、長距離移民する傾向があるという。その説明として外国や他地域に関する情報収集能力を挙げることができる。

　利益が教育の構成要素の何によって影響を受けるのか、教師か学生か施設設備か在学時間か教師の質かも問われなければならない。教育の利益の測定の困難さは、真の効果を分離できないことである。しかし利益の評価や測定はいろいろ難点があるが、アメリカの研究者の指摘するように、検討をやめるべきではないし、評価が不可能な利益を無価値と考えることも避けるべきである(Solmon and Fagnano, p.117)。利益を検討することは、学校段階や学校の種類の資源配分や、学校と他の社会政策プログラムとの資源配分の政策検討に有用な情報を提供できると考えられる。

### 参考文献

池田由子、1987、『児童虐待』中央公論社。
Astin, Alexander W., 1978, *Four Critical Years*, Jossey-Bass Publishers.
Becker, William E. and Darrell R. Lewis eds., 1992, *The Economics of American Higher Education*, Kluwer Academic Publishers.
Behrman, Jere R. and Nevzer Stacey eds., 1997, *The Social Benefits of Education*, The University of Michigan Press.
Behrman, Jere R., David L.Cranford, and Nevzer Stacey, 1997, "Conclusion" in Behrman, Jere R. and Nevzer Stancey eds. *op. cit.*
Blaug, Mark, 1970, *An Introduction to the Economics of Education*, Allen Lane the Penguin Press.
Bowen, Howard R.,1977, 1997, *Investment in Learning*, Jossey-Bass, Inc.

Carnoy, Martin eds., 1995, *International Encyclopedia of Economics of Education second edition*, Pergamon.

Cohn, Elchanan and Terry G. Geske, 1972, *The Economics of Education*, Pergamon Press.

Cohn, Elchanan and Terry G. Geske, 1992, "Private Nonmonetary Returns to Investment in Higher Education" in Becker, William E. and Darrell R. Lewis eds. *op. cit.*

Corman, Hope and Stephen Chaikind , 1998, "The Effect of Low Birthweight on the School Performance and Behavior of School-Aged Children" *Economics of Education Review*, Vol.17, No.3, pp.307–316.

Dewar, Diane M., 1998, "Do Those with More Formal Education Have Better Health Insurance Opportunities?" *Economics of Education Review*, Vol.17, No.3, pp.267–277.

Gilleskie, Donna B. and Amy L. Harrison, 1998, "The Effect of Endogenous Health Inputs on the Relationship between Health and Education" *Economics of Education Review*, Vol.17, No.3, pp.279–297.

Hartog, Joop and Hessel Oosterbeek, 1998, "Health, Wealth and Happiness: Why Pursue a Higher Education?" *Economics of Education Review*, Vol.17, No.3, pp.245–256.

Kahn, Matthew E., 1998, "Education's Role in Explaining Diabetic Health Investment Differentials" *Economics of Education Review*, Vol.17, No.3, pp.257–266.

Maynard, Rebecca A. and Daniel J.McGrath, 1997, "Family Structure, Fertility, and Child Care" in Behrman, Jere R. and Nevzer Stacey eds. *op. cit.*

Mincer, Jacob, 1984, "Human Capital and Ecomonic Growth" *Economics of Education Review*, Vol.3, No.3, pp.195–205.

Sander, William, 1998, "The Effects of Schooling and Cognitive Ability on Smoking and Marijuana Use by Young Adults" *Economics of Education Review*, Vol.17, No.3, pp.317–324.

Solomon, L.C. and C.L.Fagnano, 1995, "Benefits of Education" in Carnoy, Martin eds. *op.cit.*

Witte, Ann Dryden, 1997, "Crime" in Behrman Jere R. and Nevzer Stacey eds.*op.cit.*

# 第10章　教育と経済成長

## 1　はじめに

　教育と経済成長との関係、または因果の方向を特定化すれば、教育は経済成長に貢献しうるか否かという問題は、欧米において、教育と経済が共に拡大しつつあった1950、60年代からアプローチされてきた。特にアメリカでは、教育と経済成長の問題は、戦後持続的に検討されてきた。しかしその研究の動機づけは時代によって異なっている。かつてほとんどの研究は、自国の経済成長や開発援助を背景にして行われた。現在でも世界銀行やＩＭＦなどの国際機関は、教育と経済成長の問題を開発援助のストラテジーを考えるのに有効であるとの観点から研究を進めている。しかし最近はアメリカ経済の停滞と財政悪化に伴う高等教育の財政危機が、この種の研究の一つの動機づけとなっていることは否めない。高等教育が経済成長に貢献していることを証明し、高等教育にたいする財政カットを避けようと意図した研究もある。日本でも教育と経済成長の関係はかつて盛んに問われた時代があったが、最近は、経済成長それ自体に対する関心の希薄化によって、この問題はそれほど問題化されていない。しかし高等教育人口の減少、高齢化・少子化社会の到来、産業構造の急激な変化、企業の海外進出による生産活動の空洞化の時代において、教育と経済成長についての検討は、むしろ重要になると考えられる。そこで得られた知見は、高等教育の供給計画、高等教育の公的助成などの政策決定に有用であると考えられる。

　経済発展と教育との関係究明は、教育経済学の誕生以来の基本的問題であり、検討すべき課題も多い。まず問わなければならないのは、①この二つの関係が、単なる相関関係なのか、または因果関係なのか、または全く両者無関係なのかである。もし両者に何らかの関係、より積極的には、教育が経済

発展の助けとなるとすると、さらに問われなければならない問題が出てくる。誰に、どこで、どんな内容を、どのように、どのくらい教育するかという問題である。具体的には②経済発展のための教育は、どのような属性を持った人々を教育すればよいのか、③どの段階の教育を充実させればよいのか、初等中等か高等教育か？　④普通教育なのか職業教育なのか？　⑤高等教育は人文社会科学系なのか理工系中心なのか？　⑥限られた資源は、教育の質の向上に向けられるのか、または量を拡大すべきなのか？　⑦経済発展と教育の関係は、先進国と開発途上国で同様なのか？　⑧教育の効果は、短期的なのか長期的なのか？　本章では、第一に経済発展と教育についての分析アプローチを検討する。第二にこれまでなされた研究を考察しながら、上記の諸問題に対する解答を整理してみる。

## 2　計測の方法

　教育投資が個人や社会にとって経済的に有益であることは、多くの研究が示してきた。しかし、教育がどのように一社会の経済成長に影響するか、そしてその影響の具体的大きさはどのくらいか、という問いには、今のところ明確な解答が与えられていない(Cohn and Geske, 1990, p.134)。教育がどのように経済成長に貢献するか、理論的に示される必要があるが、これまでのところ部分的に行われているにすぎず、それも理論的に支えられたものではない。例えば、高等教育については、知識の生産、知識の普及、知識の伝達の三つの機能が経済に影響するといわれている(Becker and Lewis, 1993, p.2)。またペンカベル(Pencavel)によれば、ミクロ経済学によるアプローチも可能である。ミクロ経済学レベルでの教育と経済成長との関係の吟味は、3点ある。一つは、労働投入が効果的になる。第二に、配分効率(allocative efficiency)が高まる。第三に、国の研究開発が促進される(Pencavel, 1993)。

　教育と経済成長の関係は、2種類の異なったデータによってアプローチ可能である。一つは、マクロデータまたは集計的データであり、成長勘定(Growth accounting)研究が代表的なものである。他の一つは、ミクロデータまたは個人データである。後者のデータを使用する場合、学歴がどのぐらい個

人の所得に影響を与えているかを検討する。そしてその効果がポジティブならば、社会全体として教育が経済成長に貢献することが推論される。また集計的データを用いても、推論法が個人データに基づくアプローチと同様なものがある。教育の収益率によるアプローチがそれである。教育の収益率は集計的データによっても個人的データによっても計算されるが、私的収益率そのものは、個人の教育投資効率を測る指標である。収益率がより高い教育投資は、経済成長により大きく貢献すると考えられる。

ペンカベルによれば、これまでの成長勘定研究では、アメリカにおいて戦後から1970年代中頃まで経済成長に対する教育の貢献分は、15〜25％と推定される(Pencavel, 1993, p.53)。サカロプロス(Psacharopoulos)は、各国で行われた成長勘定研究を整理し、29カ国については、一般的傾向を指摘することは困難だとしながらも、経済成長に対して教育の貢献は大であると結論づけている(Psacharopoulos, 1984)。しかし教育が経済成長に貢献するかどうかは、実は未だ証明されていない。教育と経済成長との関係は、集計的生産関数によって表されるが、その関係は仮説であって証明されているわけではない。この理由は、成長が従来の変数で説明されなかった残余を教育に帰したためである。残余すべてが、教育の貢献分という保証は何もない。

教育の経済成長に対する貢献分を計測する一般的方法は、集計的生産関数を用いる。それは、いくつかのインプットとアウトプットをパラメータを介して結び付ける。国民総生産をXでしめすと、それは、3要素によって形成される。労働、資本、土地である。それゆえXは、

$$X_t = f(L_t, K_t, A_t, t)$$

と設定できる。Lは労働投入、Kは資本投入、Aは土地投入、tは時間を表す。この生産関数は、例えばコブ＝ダグラス型では、

$$X_t = e^{\phi t} A_t^{\alpha} L_t^{\beta} K_t^{\gamma}$$

と設定される。ここで$\alpha + \beta + \gamma = 1$という条件である。自然対数をとった後、変形すると、

$$\frac{\Delta X}{X} = \phi + \alpha \frac{\Delta A}{A} + \beta \frac{\Delta L}{L} + \gamma \frac{\Delta K}{K}$$

となり、左辺はXの変化率を表す。すなわち国民総生産の変化率は、土地、労働、資本とφで示される「技術革新」の加算として求められる。$\beta \frac{\Delta L}{L}$ は経済成長に対する労働の貢献分となる。国民総生産の変化率がわかり、一方土地、労働、資本の変化率から計算された数値が、国民総生産の変化率より小さい場合、その残余が技術進歩の貢献分と考えられる。ここで土地、労働、資本の貢献分は、それぞれ独立と仮定される。

経済成長の貢献要素を分解する成長勘定(growth accounting)は、デニソン(Denison)らによってより複雑な方法に発展した。しかし基本的には、成長をそれをもたらす要素に分解し、それで説明できなかった分を技術進歩なり教育に帰する考え方に変わりはない。

以下では、成長勘定研究の中で最も進歩したといわれる方法について検討しておく。

チンロイ(Chinloy)は、労働投入の質的変化を扱った論文において、トランスログ関数を詳しく解説している(Chinloy, 1980)。ここでは、その論文に沿ってトランスログ関数を検討しておく。チンロイによれば、$t$ 時点における生産関数は

(1)　　$y_t = g(z_t, x_{1t}, \ldots, x_{pt}, t)$

ここで $y_t$ は産出量、$z_t$ は労働投入、$x_{1t}, \ldots, x_{pt}$ は非労働投入である。労働集計は、

(2)　　$z_t = f(h_{1t}, \ldots, h_{it})$

$h_{it}$ はタイプ $i$ の労働の労働時間である。完全競争と $f$ の一次同次の下で、$z_t$ の対数微分をとると、

(3)　　$\frac{\delta \ln z_t}{\delta t} = \sum_{i=1}^{I} S_{it} \frac{\delta \ln h_{it}}{\delta t}$

ここで

(4)　　$S_{it} = \delta \ln f / \delta \ln h_{it} = w_{it} h_{it} \Big/ \sum_{i=1}^{I} w_{it} h_{it}$

つまり全賃金支払額に占めるタイプ $i$ の労働賃金支払額のシェアである。(3) 式は、労働投入の成長率が、価値シェアでウエイトづけられた、各タイプでの労働時間の成長率の合計で表されることを意味している。これは一般には、ディヴィジア指数と呼ばれている（水野，1991）。

全タイプの総労働時間は、$m_t = \sum_{i=1}^{I} h_{it}$ で、その成長率は

(5)　　$\dfrac{\delta \ln m_t}{\delta t} = \sum_{i=1}^{I} b_{it} \dfrac{\delta \ln h_{it}}{\delta t}$

ここで $b_{it} = h_{it}/m_t$、総労働時間に占めるタイプ $i$ の労働時間のシェアである。時間当り平均労働の質は

(6)　　$a_t = z_t / m_t$

であり、その成長率は

(7)　　$\dfrac{\delta \ln a_t}{\delta t} = \sum_{i=1}^{I} (S_{it} - b_{it}) \dfrac{\delta \ln h_{it}}{\delta t}$

これが労働投入の質変化率である。

辻村によれば、多種類の投入物と多種類の生産物との間の投入―産出関係を扱うのにトランスログ生産関数が便利である（辻村，1981, p.184）。労働集計は、トランスログ型では、

(8)　　$\ln z_t = \alpha_0 + \sum_{i=1}^{I} \alpha_i \ln h_{it} + 1/2 \sum_{i=1}^{I} \sum_{j=1}^{I} \beta_{ij} \ln h_{it} \ln h_{jt}$

ここで $\alpha_0, \alpha_i, i=1, ..., I$ と $\beta_{ij}, i,j=1, ..., I$ はパラメータ、$\beta_{ij} = \beta_{ji}$ である。一次同次の仮定の下で、

$$\sum_{i=1}^{I} \alpha_j = 1 \text{ と } \sum_{j=1}^{I} \beta_{ij} = 0, i=1, ..., I$$

完全競争下では、タイプ $i$ の労働力の相対シェアは限界生産力の対数に等しい。(8) 式を $\ln h_{it}$ で微分すれば

$$(9) \quad S_{it} = \alpha_i + \sum_{j=1}^{I} \beta_{ij} \ln h_{jt}$$

よって (8) 式、(9) 式及び $\beta_{ij} = \beta_{ji}$ とから

$$(10) \quad d_t = \sum_{i=1}^{I} v_{it} \Delta \ln h_{it}$$

ここで $d_t \equiv \Delta \ln z_t$ を、$\Delta$ は一階差分を表す。また $v_{it} = 1/2\,(S_{it} + S_{i,\,t+1})$ これは労働投入のトランスログインデックスの成長率である。

総労働時間の成長を離散変数で表せば、

$$(11) \quad h_t \equiv \Delta \ln m_t$$

質変化の成長率を離散型で表すと、

$$(12) \quad q_t \equiv d_t - h_t$$

労働投入が学歴、年齢などn個の要素で構成されるとすると、その成長は、

$$(13) \quad d = \sum_{i(1)=1}^{I(1)} \cdots \sum_{i(n)=1}^{I(n)} v_{i(1),\ldots,i(n)} \Delta \ln h_{i(1),\ldots,i(n)}$$

である。$v_{i(1)}$ はシェアウエイトである。集計的質変化は、労働投入の部分インデックスによって分解可能である。

単一要素の場合の部分インデックスの成長率は、

$$(14) \quad d_1 = \sum_{i(1)=1}^{I(1)} v_{i(1)} \times \Delta \ln \left[ \sum_{i(2)=1}^{I(2)} \cdots \sum_{i(n)=1}^{I(n)} h_{i(2),\ldots,i(n)} \right]$$

同様にj個の要素の部分インデックスの成長率は、

$$(15) \quad d_{1,\ldots,j} = \sum_{i(1)=1}^{I(1)} \cdots \sum_{i(j)=1}^{I(j)} v_{i(1),\ldots,i(j)}$$

$$\times \Delta \ln \left[ \sum_{i(j+1)=1}^{I(j+1)} \cdots \sum_{i(n)=1}^{I(n)} h_{i(j+1),\ldots,i(n)} \right]$$

要素iの主効果は、単一要素インデックス $d_i$ の成長から総時間を減じたものである。

(16) $\quad q_i = d_i - h$

要素がiとkの2つあるなら、相互効果は部分インデックス成長率$d_{ik}$と、単一要素のインデックス$d_i$と$d_k$から求められる。

(17) $\quad q_{ik} = (d_{ik} - h) - (d_i - h) - (d_k - h) = d_{ik} - h - q_i - q_k$

2つの要素のみの場合、質変化は

(18) $\quad q = d_{ik} - h = q_i + q_k + q_{ik}$

4つの要素の場合

(19) $\quad q = d_{1,\ldots,4} - h = \sum_{i=1}^{4} q_i + \sum_{i=1}^{4} \sum_{j=i+1}^{4} q_{ij} + \sum_{i=1}^{4} \sum_{j=i+1}^{4} \sum_{k=j+1}^{4} q_{ijk} + q_{1234}$

以上がチンロイの方法である。トランスログ関数の応用は、まだそれほど多くはないが、その有効性はしばしば指摘されており、経済成長に対する教育の貢献測定でも用いられつつある。その一つであるジョーゲンソン(Jorgenson)のアプローチは、労働投入の成長が、経済成長に貢献するとして、労働投入を労働時間と労働の質で表した。経済成長に対する教育の貢献は、労働力の生産性向上を通して行われる。労働力の学歴構成の変化が労働力の質の向上をもたらす。しかし教育の効果は、労働力の性別、年齢、就学上の地位、職業構成の変化と分けなければならない(Jorgenson, 1984, p.96. Jorgenson and Fraumeni, 1987)。

チンロイやジョーゲンソンが用いた生産関数はトランスログ生産関数で、このアプローチの利点は、労働力の質として年齢、性別、雇用状態、労働時間などを考慮することができ、さらにそれらの相互作用も分析できる点である。コブ＝ダグラス型では生産要素はそれぞれ独立であり、相互作用はないという仮定を説いた。ペンカベルは、相互作用を次のように説明している。例えば、開発途上国では、急激な労働者の学歴上昇は、それらの人々の失業をもたらすことがある。その場合は、学歴と雇用状態または労働時間とは相互に独立ではなく、互いに関連し合っている(Pencavel, 1993, p.54)。

成長勘定アプローチは、数多くの研究があるが、批判も多い。例えば、ハ

ブマンとウオルフ(Haveman and Wolfe)は、成長勘定で教育というのは、学校教育であって、その他の教育が経済成長にどのように貢献しているかは、ほとんど測定されないとしている(Haveman, Robert H. and Barbara L.Wolfe, 1984, p.26)。このアプローチでは、教育の価値が捉えられていないとする。彼らによれば、教育の経済成長に対する貢献は、これまでの成長勘定研究が示したものより、実際はもっと大きく、それは、教育が国民の健康、寿命に対する効果、家族計画や子どもの質に対する効果、所得再配分効果、社会統合効果を通じてなされる。サカロプロスも残余アプローチは、労働者の実質的な学歴上昇分のみを扱い、学校システム維持に必要な学歴上昇分を無視しているため、教育の貢献分を過小評価していると批判している(Psacharopoulos, 1984)。さらにサカロプロスは、成長勘定研究で用いられるデータは、賃金労働者についてであるが、雇用されていない労働者の教育による生産性の向上を含めていないので、教育の効果を過小測定しているとしている。これは、特に開発途上国の農業労働者についていえるという。

　教育と経済成長の関係を吟味した古典的研究は、いわゆる残余アプローチである。すなわち生産関数が設定され、そこで物的資本と労働投入の増加によって説明されなかった残余が技術進歩、つまり教育の貢献分とした。この残余アプローチは、技術進歩の概念を生産関数に組み込むことにより、教育と経済成長の関係を解き明そうとした。しかしこの残余アプローチは、教育のどの分野が経済に貢献しているかを示さないため、ほとんど政策的に意味のある結果を示すことができない(Hoenack, 1993, p.24)。

　ペンカベルによれば、教育と経済成長との関係を明らかにする方法は、成長勘定だけではない。他の方法は、成長と教育達成との関係を他国のデータから推定する方法である(Pencavel, 1993)。この方法によっても、教育が経済成長に貢献することが確認されている。ペンカベルによれば、経済成長と高等教育在学率との国際的データ間には相関がある。また技術進歩の早い産業は、学歴の高い労働力を利用している。以上2点より、高学歴化と学校教育の質の向上は、アメリカの労働生産性を向上させているといえる(Pencavel, 1993, p.78)。

## 3　相関関係 vs 因果関係

　教育を投資と見ることによって、次の四つの問題が出てくることはすでに1960年代から認められていた。すなわち①必要な教育の量、②教育のどこに重点をおくか：教育レベル、性別、③どんな教育が適しているか、④教育の理念と経済成長とは両立するか。これらの問題は重要ではあるが、それは、教育と経済成長とは因果関係があるという前提に基づいている。教育の発展と経済の発展とが相関関係にあっても、それが同時に因果関係であるという保証はない。ブローグのいうように、教育と所得の関係が、学歴の高いマンパワーの「見せびらかしの消費」なら、両者は単なる相関関係であって、教育の拡大は経済成長を保証しない。彼によれば、教育と経済成長の関係は、時代により場所により異なり、因果関係も常に同一方向にあるとは限らないという。ブローグは、諸研究を検討した結果、経済成長を促進させる上で、投資の方向を示すことはできるが、どれだけ投資すれば、どれだけの成長が保証されるのかまではわからないとしている。そして現在大切な問題は、教育が経済成長をもたらすか否かということではなく、教育投資が他の物的投資よりも有益かどうかを問うことだとしている(Blaug, 1970)。最近の因果の方向性を検討した実証分析によれば、例えばスウェーデン、イギリス、日本、フランスでは、高等教育の投資から経済発展が起こることが明らかにされたが、同様の方法でイタリアとオーストラリアではこの因果方向が確認できなかった(Meulemeester and Rochat, 1995)。これが示唆するのは、教育と経済の因果関係は、確かに確認できるかもしれないが、その方向や強さは、国によって異なるということである。

　しかし人的資本論者は、もっとはっきりと教育と経済成長の因果関係を主張する。成長勘定を支えているのは、シュルツ(Shultz)もそれを行っていることから明らかなように人的資本理論である。人的資本理論は、人的資本の社会的ストックとその拡大が、経済成長にとって不可欠であるとしている。ミンサーは、経済発展には、少なくとも充分な物的資本と充分な人的資本の双方必要であるという。人的資本の経済成長への貢献は、物的資本が大きければより大きくなる。また逆も言える。物的資本の貢献は、人的資本が大き

ければ大きいほど大きくなる。ヨーロッパの戦後のマーシャルプランの成功と開発途上国への援助の失敗はこの例である。戦後ヨーロッパは物的資本以外すべてそろっており、物的資本のみの援助で素早い復興が達成された。開発途上国は、すべてが不足していたので、物的資本をいくら援助しても経済成長は起こらない。さらに近年のＯＰＥＣ諸国では、石油産出により物的資本は豊富であるが、人的資本が不足しているので経済が発展しにくいとしている(Mincer, 1984)。ミクロレベルでは、教育と将来所得の関係が親の所得の影響を受けていない証拠があるので、教育は所得上昇の原因である。ミンサーは、ミクロレベルと同様マクロレベルにおいても人的資本理論が有効であるとし、国際的な賃金水準の違いは、物的資本と人的資本量の違いによるという(Mincer, 1984)。

　結局、教育と経済とが因果関係であることは、人的資本理論によって最も強く支持されている。また実証的に明らかにした研究も多い。たぶん教育と経済との関係が見せかけの相関であるということを主張する理論は、「スクリーニング仮説」の支持者の理論である。

## 4　経済成長と教育投資の戦略

　教育を投資とみることによって、その収益率を計算することが可能である。教育の収益率とは、教育の費用(授業料などの直接費用と放棄所得などの機会費用を含む)と教育の便益(具体的には学歴別所得格差)の現在価値を等しくさせる割引率である。収益率は投資の方向を指示する。かつてサカロプロスは、各国の収益率のデータから次のような傾向を見出した(Psacharopoulos, 1973)。

1）収益率は初等教育＞中等教育＞高等教育
2）私的収益率＞社会的収益率
3）男子＞女子
4）開発途上国において、教育の収益率＞物的資本の収益率
5）先進国において、教育の収益率＜物的資本の収益率
6）開発途上国の収益率＞先進国の収益率
7）先進国と開発途上国で、不平等格差は、人的資本＞物的資本

8）教育の経済成長に対する貢献、先進国＜開発途上国

　サカロプロスは各国の収益率を検討し、上のような傾向を見出した。この結果を素直に解釈するなら収益率の高い方への投資がより効率的な経済発展をもたらすということになる。その後数々の研究はそれらについてより詳しい検討を行っている。以下ではそれらをまとめておく。

**4-1　初等中等教育 vs 高等教育、先進国 vs 開発途上国**

　教育と経済成長の関係を論じた初期の残余アプローチにおいて、教育の貢献分は、初期の研究ほど高く示される傾向があった。そしてそのことが第三世界の教育拡大の正当な根拠とされた。サカロプロスは、開発途上国では、初等中等教育の収益率が高等教育のそれよりも高いことを示し、そこでは人的資本が物的資本より希少であることを示した。この結果は、重要である。開発途上国は、多くの場合高等教育に対してこれまで重点的に投資してきた。高等教育機関の設立が国家発展の象徴となり、各界の指導層の充実を図り、農業、工業技術に精通したマンパワーを自国で養成するためであるが、それは実は効率的であるとはいえないことになる。

　マクマホン（McMahon）は、アフリカ諸国のデータを用い初等中等教育投資が経済成長に貢献することを示し、人的資本投資の有効性を論じている（McMahon, 1987）。またミンサーによれば、開発途上国は、経済成長を促進させるため、最新技術を自国に導入しようと試み、科学者、技術者、研究者の養成のため高等教育を充実させる傾向があるが、これはむしろ誤りで、彼によれば、成長のためにはまず国民の識字率の向上、健康についての知識、勤勉性に対する価値や態度、家庭経済、家族計画についての知識、などの基礎的教育が必要だとしている（Mincer, 1984, p.202）。これらの点から、開発途上国の教育援助は、高等教育よりも初等中等教育にシフトすることが望ましいことになる。世界銀行の報告書は再三、教育援助は高等教育よりも初等中等教育へシフトすべきであると指摘してきた。

　しかし近年の開発途上国の教育投資を検討した研究によると、場合によっては、高等教育投資を継続すべきだとしている。しかしその場合には、社会的収益率が私的収益率よりも低い学部教育ではなく、研究や他の部門に公的

投資をシフトすべきだとしている(Birdsall, 1996)。マクマホンによればアメリカでは近年中等教育(junior high school)の社会的収益率が急激に下がっており(1967年の21％から1987年の7％へ)、他方大卒のそれは若干1980年台後半上昇傾向にあり、12～14％の水準にあると報告している(McMahon, 1991)。マクマホンはさらに住宅投資と工場設備投資の社会的収益率を求め、それぞれ約4％と15％を算出している。それによると高等教育投資は、住宅投資よりも収益率が高く、工場設備投資と同程度であるから、投資としては、高等教育は悪くないと結論づけている。

### 4-2 普通教育 vs 職業教育

開発途上国では、教育投資する場合、普通教育の充実か職業教育かという選択に直面することが多い。職業教育は、短期的に失業を減少させ、国民の生産力の向上に結びつくと考えられる。他方普通教育も基礎的学力、さらなる知識獲得の手段の教育として重要視される。これまで開発途上国では、その即効性から職業教育投資が重視されてきた傾向がある。開発途上国は先進国からの援助によって生産工場を建設し、そこでの労働者の養成に力を注いできた。しかし職業教育の重視は、必ずしも正しい選択とはいえないことをいくつかの研究は示している。

マクマホンら(McMahon and Boediono)のインドネシアの事例によれば、社会的収益率の結果から最も効率的かつ公正な成長に対するストラティジーは、中等普通教育(7学年から9学年)への投資であり、それ以上の学年や職業教育ではないという(McMahon and Boediono, 1992)。職業教育投資が、意外にも不効率という指摘は他にも多い。

### 4-3 教育の質 vs 教育の量

教育と経済成長を論じる場合、ほとんどの場合教育は量的な指標によって捕らえられる。しかし開発途上国は、教育投資する場合、機会の拡大か、または質の充実かといった現実問題に直面することになる。ソロモン(Solmon)は、人的資本理論において①学校での学習、②人的資本の向上、③生産力の向上、④所得の上昇という図式の中で、これまで見逃されていたのが、学校

の質的側面であり、これも人的資本の向上に影響するとしている。ソロモンによれば、教育の質を向上させることによって得られる利益は、先進国よりも開発途上国のほうが大きい。そして長期的な経済成長のためには、教育機会の拡大よりも、教育の質の向上のほうが大切だとしている (Solmon, 1985)。

さらにソロモンとファグナノは、高等教育の質を問題にし、それと経済成長とに相関を見出している (Solmon and Fagnano, 1993)。マクマホンの一連の研究も、教育の質の向上が、経済成長に貢献するかを検討している。実証研究の場合、教育の質を表す変数として、学校の建物、実験施設、教科書、教師の学歴や資格、カリキュラム、教室の規模、生徒の構成、単位費用が用いられる。しかしこれらの変数のどれが成長に最も効果を持つのかははっきりしない。

### 4-4 その他の問題

教育の収益率によって教育投資戦略を検討したが、このアプローチにはまだ未解決の問題がある。第一に、教育と経済成長のマクロレベルの関係を、個人の教育と所得というミクロレベルの関係から推定してよいのかという問題である (Solmon and Fagnano, 1993, p.158)。また教育は受けた本人以外にも効果を持つスピル・オーバー (spill over) があるが、収益率はこの効果を扱うことができない (Hoenack, 1993, p.25)。この例として、男子と女子の教育投資があげられる。先のサカロプロスの研究によれば、収益率は男子のほうが女子よりも高い結果となっている。しかし女子教育の重要性は、他の研究から指摘されている。例えばサカロプロスは、女子への教育投資は、出生率を減少させ、乳児死亡率を低下させ、そしてより衛生的家庭及び近隣環境作りに貢献し、バランスのある食生活、子供の教育、特に就学前の子供に対してよりよい教育をあたえ、より効率的消費行動をもたらすことなどによって経済成長に影響すると指摘している (Psacharopoulos, 1984)。またミンサーも同様な指摘をしている。

第二に、もし教育が経済成長に貢献することができるとしても、どのようにして教育に投資すればよいのかは依然複雑な問題である。例えば、教育の質が経済成長に貢献していることを論じたのは、ソロモンとファグナノであ

るが、量を犠牲にしてどのくらい教育の質を高めればよいかといった政策レベルの問題には、具体的に解答しているわけではない(Solmon and Fagnano, 1993)。

第三に、収益率の高低によって投資の重点を決定できない場合もある。例えば、計測では男子の収益率は女子のそれよりも高い傾向があるといっても、それだからといって男子にこれまでのように投資続けるわけにいかない。また物的資本投資を無視して教育のみに重点を置くことはできない。教育投資は長期的観点に立っているからである。

第四に、教育投資が効率的に行われたとしても、それがさらなる不平等を生む可能性があることである。経済発展と所得分布がどういう関係かという問題は、教育が貧困層に与えられる場合にでも、豊かな者をますます豊かにすることもあることに関係する(Mincer, 1984, p.197)。これについては、サカロプロスのように、教育は先進国でも開発途上国でも、所得の平等化に効果をもつという指摘もあり、結論ははっきりしない(Psacharopoulos, 1984)。

### 参考文献

辻村江太郎、1981、『計量経済学』 岩波書店。

水野勝之、1991、『ディビジア指数』 創成社。

Becker, William E. and Darrell R. Lewis ed., 1993, *Higher Education and Economic Growth*, Kluwer Academic Publishers.

Becker, William E. and Darrell R. Lewis, 1993, "Preview of Higher Education and Economic Growth" in Becker, William E.and Darrell R. Lewis.*op.cit.*

Birdsall, Nancy, 1996, "Public Spending on Higher Education in Developing Countries: Too Much or Too Little?" *Economics of Education Review*, Vol.15, No.4, pp.407–419.

Blaug, Mark, 1970, *An Introduction to the Economic of Education*, Allen Lane The Penguin Press.

Chinloy, P., 1980, "Sources of Quality Change in Labor Input" *American Economic Review* 70 (1): pp.108–119.

Cohn, Elchanan and Terry G. Geske, 1990, *The Economics of Education*, 3rd Edition, Pergamon Press.

Dean, Edwin ed., 1984, *Education and Economic Productivity*, Cambridge MA: Ballinger.

Haveman, Robert H. and Barbara L.Wolfe, 1984, "Education, Productivity, and

Well-Being: On Defining and Measuring the Economic Characteristics of Schooling," in Dean, Edwin, *Education and Economic Productivity*, Ballinger Publishing Company.

Hoenack, Stephen A., 1993, "Higher Education and Economic Growth" in Becker, William E.and Darrell R. Lewis, *op.cit.*

Jorgenson, Dale W., 1984, "The Contribution of Education to U.S. Economic Growth, 1948-73" in Edwin Dean ed.*op.cit.*

Jorgenson, D.W., Gollop, F.M. and Fraumeni, B.M., 1987, *Productivity and U.S. Economic Growth*, Cambridge, MA: Harvard University Press.

McMahon, Walter W., 1987, "The Relation of Education and R&D to Productivity Growth in the Developing Countries of Africa" *Economics of Education Review*, Vol.6, No.2, pp.183-194.

McMahon, Walter W., 1991, "Relative Returns to Human and Physical Capital in the U.S.and Efficient Investment Strategies" *Economics of Education Review*, Vol.10, No.4, pp.283-296.

McMahon, Walter W. and Boediono, 1992, "Universal basic education: an overall strategy of investment priorities for economic growth" *Economics of Education Review*, Vol.11, No.2.

Meulemeester, Jean-Luc De and Denis Rochat, 1995, "A Causality Analysis of the Link Between Higher Education and Economic Development" *Economics of Education Review*, Vol.14, No.4, pp.351-361.

Mincer, Jacob, 1984,"Human Capital and Economic Growth" *Economics of Education Review*, Vol.3, No.3, pp.195-205.

Pencavel, John, 1993, "Higher Education, Economic Growth, and Earnings" in Becker, William E. and Darrell R. Lewis, *op.cit.*

Psacharopoulos, George, 1973, *Returns to Education: An International Comparison*, Elsevier Scientific Publishing, Amsterdam.

Psacharopoulos, George, 1984, "The Contribution of Education to Economic Growth: International Comparison" in John W.Kendrick ed. *International Comparisons of Productivity and Causes of the Slowdown*, Cambridge, MA: Ballinger-American Enterprise Institute, pp.335-55.

Solmon, Lewis C., 1985, "Quality of Education and Economic Growth" *Economic of Education Review*, Vol.4, No.4, pp.273-290.

Solmon, Lewis C. and Cheryl L.Fagnano, 1993, "Quality of Higher Education and Economic Growth in the United States" in Becker, William E. and Darrell R.Lewis, *op.cit.*

# 付論　高等教育投資の時系列的分析

　戦後日本の高等教育の量的規模は、著しい拡大を遂げた。これに伴って支出された高等教育費も急激に増加している。ここでは、第一に、戦後日本における高等教育費の時系列的変化を検討し、第二に、教育を投資として捉えた場合に、日本の高等教育投資の特徴を描き出すこととしたい。

## 1　高等教育費支出の時系列的変化

　1967年から1981年までの国公私別大学教育費（短大を除く）の変化を時系列的に検討すると（詳しい数値とその説明は、丸山, 1985参照）、大学教育費全体は、年々増加しており、国公私立大学とも一貫して上昇していることがわかる。その間のそれぞれの年平均増加率を計算すると、国立18％、公立12％、私立16％と、国立大学教育費支出が最も高い。

　また大学教育費を他のレベルの教育費と比較するため、高等学校教育費支出の変化も同じく、1967年から1981年まで検討すると、これも一貫して上昇していることがわかる。ここで重要なのは年平均増加率である。この年平均増加率は、15％であり、大学教育費の年平均増加率17％とくらべると、大学教育費のほうが高いことが示されている。また単純に1967年と1981年の絶対数をくらべて見ると、大学教育の場合8倍になっているのに対して、高校教育費の場合は7倍と大学教育費の増加の方が大きくなっている。

　教育費が時系列的に増大することができたのは、財政規模やその母体となる国民経済の規模が、急速に増大してきたからであると考えることができるが、教育費が国民所得や政府歳出に占める比率自体も年々増大していく傾向にある。大学教育費と高等学校教育費が、国民所得の中で占める比率を計測すると、その比率は、1967年から1981年で両者とも1％前後である。国際比較によると国民所得における教育費の占める比率は、各国で増加傾向を示すが、日本の場合も例外でなく、高等学校教育費の年平均増加率は、1.95％、大学教育費は3.03％であり、両者とも増加傾向にある。そしてここでも大学教育費の伸びの方が、高等教育費よりも大きいことがわかる。

## 2 投資としての教育費

　以上で1960年代終わりから80年代初めの教育費の変化の概要を確認したが、以下ではこれが、社会的経済的にどのようなインプリケーションを持つのかについて検討したい。

　教育費の時系列的変化の社会的経済的インプリケーションを考えるには、特定の基準が必要である。例えば、教育費の増大は、国民の教育機会を拡大したか？　または教育費の変化によって所得の分配は平等化したのか？　前者では教育の機会が、後者では所得分配が基準となる。これらの基準とその達成は、1970年代に欧米で積極的に検討されてきた。ここでは、経済成長を一つの基準として、考えてみよう。つまり、ここでの問題は、1960年代終わりから1980年代初めの教育費の変化は、経済成長とどのように関連していたかということになる。この問題も欧米では、継続的に理論的に検討され、様々な方法で計測されている。

　これを検討するためには、教育を一つの投資と考える方法がある。学校教育は、現在の満足を提供してくれる消費的な価値を持つが、同時に学校教育は、学生や国民の将来の所得を上昇させるので、一つの投資と考えることができる。つまり人的資本に対する投資である。教育費支出を投資として考えるのであるから、問題をより具体的に述べれば、日本の教育費支出は、経済成長にとって最適に投資されてきたかということである。

## 3 教育の社会的収益率

　教育を投資としてとらえた場合、投入された教育費が最適配分されてきたかを検討するのに社会的収益率を用いる方法がある。社会的収益率は、社会的な総コストと総便益との間に算出され、教育に対する私的な負担とそれによる私的な利益との関係を示す私的収益率とは区別される。社会的収益率は、具体的には教育の費用と収益の現在価値が等しくなる割引率で表される。ここでいう費用は、教育期間中にかかるコストであり、授業料などの直接にかかる費用だけでなく、教育を受けている間、もし働いていれば得られたであ

ろう放棄所得も費用に含まれる。収益は特定レベルの教育を受けたがため得られる所得で、具体的には学歴の所得格差で計測される。社会的収益率を含んだ大卒と高卒の所得の関係を数式で表すと、

$$\sum_{t=-3} Ws(1+r)^{-1} = \sum_{t=1}^{43} (Wh-Ws)(1+r)^{-1}$$

Wh：大卒所得　　Ws：高卒所得

となるが、社会的収益率はrで表される。これは大学卒業者の収益率の場合である。左辺において、Wsが高卒所得であり、大学教育を受ければ、得ることができないという意味で大学教育の費用を表すことになる。右辺は収益を表わし、大学卒業者と高校卒業者の所得格差を現在価値になおしたもので、Σの43という数字は、大学卒業者が22歳から65歳まで労働すると仮定し、その労働年数を示している。

社会的収益率は、教育に投じたコストが、どの程度その社会にとってその後の便益をもたらすかということを表わす。資源配分の効率化を検討する場合、社会的収益率によって社会全体の視野から効率的資源配分の優先順位を考えることができる。つまり二つの収益率がわかれば、これまで投じられた費用の効率性がわかり、今後どちらに投資したほうが効率的であるか判断できる。

日本における高校卒業者と大学卒業者の社会的収益率は、「賃金センサス」から大卒所得と高卒所得を用いて計測することができる。その結果によれば（丸山，1985）、1960年代終わりから80年代初めに高校卒業者の収益率は、大学卒業者のそれよりも常に低いという傾向があることが指摘できる（ここでの計算では、大卒と高卒の賃金格差は労働期間中一定であると仮定するいわゆるショートカットメソッドによった）。そして高校卒業者の社会的収益率は、その時期それほど変動なく一定であるのに対して、大学卒業者のそれは1960年代終わり以降低下傾向にある。投資論の立場からみるならば、低下傾向のある投資先に、投資することは不合理なことであるが、二つの収益率を考え、そのどちらかにという選択であれば収益率の高い方により多くの投資を行うべ

きということになる。この高校と大学の二つの収益率から判断する限り、高校教育よりも、大学教育に投資したほうが、より効率的ということになる。

先にみたように大学教育費のGNPに対する比率の伸びは、高校教育費のそれにくらべ毎年高い。また大学教育費の増加率は、高等教育費のそれよりも高い。このことを、収益率を考慮に入れて解釈すれば、日本の教育支出は適正な投資であったといえる。しかしこの結論は、あくまで大学教育費と高校教育費とを比較した場合の結論であって、大学教育費の額自体については、ここでは何もいえない。というのは、収益率は、どちらへ投資したらよいのかを示唆する効率的投資の方向指示器であるが、それは、投資量がどれ程であるべきかについては何も言ってくれないからである。

## 4 ミスアロケーション・コスト

最後に社会的収益率を用いて、教育投資量がどの程度適正に配分されているかを検討する一つの方法についてふれておく。これは、ミスアロケーション・コストの計測方法である (Dougherty and Psacharopoulos, 1979)。この方法には、後にふれるように未解決な問題を含んでいるため、ここでは彼らの方法について紹介する程度にとどめよう。ミスアロケーションとは、いかなる資源配分にも最適性というものがあると考え、教育セクター内の各レベルの教育に最適な資源配分が行われた場合、それが経済成長に貢献している程度と、現実に行われている各教育レベルの投資から得られる経済成長に対する貢献の程度を比較し、最適配分から現実配分を減じたものとして定義される。数式で表わせば、$r^* \Sigma I_i - \Sigma r_i I_i$ で表現される。$r^*$ は教育セクター内での最も高い社会的収益率、$I_i$ は i レベルの教育投資量、$r_i$ は i レベルの社会的収益率を示す。収益率×投資量は、経済成長に対する教育の貢献分を測定することになる。彼らの仮想社会の例に従って説明しよう。

そこでは、

| | | | |
|---|---|---|---|
| 総教育費 | 4 % | GNP | $\Sigma I_i$ |
| 初等教育費 | 2 % | GNP | $I_p$ |
| 中等教育費 | 1.2% | GNP | $I_s$ |

高等教育費　0.8%　ＧＮＰ　$I_h$
社会的収益率
　　初等教育　30%　　$r_p$
　　中等教育　10%　　$r_s$
　　高等教育　10%　　$r_h$

となっている。つまり、総教育費がＧＮＰの4％、その配分が初等教育はＧＮＰの2％、中等教育ＧＮＰの1.2％、高等教育ＧＮＰの0.8％とし、社会的収益率が初等教育30％、中等教育10％、高等教育が10％とする。この場合最適投資先は社会的収益率が最も高い初等教育へということになる。これは、発展途上国が現実例に近いが、初等教育を最も充実させるべきであるということを意味している。もし最適投資がなされたとすると、ＧＮＰの4％を占める総教育費を初等教育へ配分することになり、それらをかけ合わせると4×0.3＝1.20が、教育の経済成長に対する貢献ということになる。教育費はＧＮＰに占める割合を用いているので、これは実際には、ＧＮＰの成長率に対して1.2％貢献することになる。ところで現実には、初等、中等、高等教育にそれぞれ2％、1.2％、0.8％配分されているので、教育の経済成長率に対する貢献は、それぞれ社会的収益率の30％、10％、10％を乗じ、それを合計したものとなる。つまり0.80である。数式で示すと、ミスアロケーション・コストは

$$r^* \Sigma I_i - \Sigma r_i I_i$$
$$= (4 \times 0.3) - \{(2 \times 0.3) + (1.2 \times 0.1) + (0.8 \times 0.1)\} = 0.40$$

第1項(4×0.3)が最適配分、第2項は現実配分である。その差0.40がミスアロケーション・コストになる。

さて、日本について、1967年から1981年まで上記の方法を用いてミスアロケーション・コストを試算することができる。日本では初等教育卒業者の社会的収益率計算が不可能であるので、ここでは高校教育と大学教育のみを扱う。1967（昭和42）年には、最適配分すれば得られたであろう成長に対する貢献は0.168ポイント、現実の配分からは、0.151ポイントで、両者の差は、0.017がミスアロケーション・コストになる。これは言い換えれば、もし現実配分ではなく、最適配分をしたならば0.017ポイント、成長が大きくなっ

ていたであろうことを意味する。このミスアロケーション・コストを1967年から時系列的にみていくと、ばらつきは若干あるものの、次第に減少していくことが確認できる。それをもう少しわかりやすくするために教育費に占めるミスアロケーション・コストの比率を算出することも可能である。それによるとミスアロケーション・コストが教育費に占める割合は、1960年代後りに16%を超え、この時期の数値が大きかったが、その後次第に減少している。1981年には3.2%の水準にまで適正化されている。この理由が何故か、そして適正化は今後も継続するのかについて究明するのは興味深いが、今後の課題としたい。

以上の議論は、投資先が大学教育か高校教育かという選択で、あまりに単純化しすぎるという指摘がなされても当然である。各教育レベルにおいて収益率は様々にばらついており、例えば大学の理学部卒業者よりも高校の商業科卒業者の収益率が高いこともあろう。この場合は高校の商業科のほうが、大学理学部よりも投資効率が良いということになる。この場合のように収益率を詳細に計算していくと、単に高校教育よりも大学教育に投資することが効率的であるという議論が単純すぎることがわかる。大学教育内部、高校教育内部において詳細な収益率の計算が必要になってくる。

また日本の場合、高等学校への投資は、そこで就学率が100%に近く、投資量の増加を議論するのに適切でないかもしれない。つまり、高校教育より大学教育のほうがよい投資先ということになっても、高校教育への投資を減じることは、事実上不可能であるからである。このようにミスアロケーション・コストの計測には、未だ問題点もあり、今後さらに検討が必要である。

参考文献

丸山文裕、1985、「戦後我が国における高等教育投資の時系列的分析」『大学研究ノート：新制大学の35年』広島大学大学教育研究センター第63号、10月 pp.73-77.

Dougherty, Christopher and G. Psacharopoulos, 1977, "Measuring the Cost of Misallocation of Investment in Education" *The Journal of Human Resources*, Vol.XII No.4, pp.447-459.

# 第3部　アメリカの経験

# 第11章　アメリカの奨学金制度

## 1　奨学金の種類

　アメリカ高等教育機関に学ぶ学生が利用できる奨学金は、その種類と総額において、世界に類を見ない。ここでは、その多様な種類の奨学金を簡単に紹介し、現行の奨学金制度および政策にかかわる問題点を指摘したい。

　アメリカの奨学金制度は、複雑であり奨学金の提供者も多種であるが、そのイニシアティブは、1950年代以来高等教育の機会均等政策をすすめる連邦政府がとっている。現在奨学金総額の約75％およそ4兆円を、連邦政府が負担している。連邦政府は、主に家計の支払い能力に応じて受給者と受給額が決定されるニードベースと呼ばれる奨学金を用意している。連邦政府奨学金の他には、州政府奨学金、大学独自の奨学金、民間奨学金などがある。これらの多くは、学業成績、特定のスポーツ、芸術での才能や実績によって受給者が選ばれるメリットベースといわれる奨学金である。それらは多くの場合、育英や人材養成が目的であるが、個々の機関にとっては学生募集の有力な手段になりうる。

　各種奨学金の受給資格は、それぞれ異なるが、連邦政府奨学金の場合ハーフタイム（1セメスターに6時間の授業登録）の学生以上であることが条件である。大学や民間の奨学金では、フルタイム（1セメスターに12時間以上の授業）登録が資格となる。連邦政府奨学金は、約4,000校の2年制及び4年制大学（この中には最近急増している営利法人大学も含まれる）のほか、5,500校の職業訓練校に学ぶ学生が利用できる。州政府奨学金の中には、正式に認可された大学のみに利用可能なものもある。他の奨学金に比べて連邦政府奨学金の受給資格は、比較的ゆるやかであることが一つの特徴と言える。

　各種連邦政府奨学金を簡単に概観しておこう。奨学金は、大きく分けて給

付、貸与、雇用機会の3種類があるが、その配分割合は給付から貸与や雇用機会に移っている。これは政府財政負担の軽減ばかりでなく、教育費支払いに自助努力を促し、キャンパスで雇用されることで大学により強い関与の機会を与えるという面も考えられる。

ペル奨学金(Federal Pell Grant Program)これは約400万人が利用する、ニードベースの最大規模の給付奨学金である。学部学生用で、条件によっては年間3,750ドル(38万円)ほど与えられる。

教育機会奨学金(Fedral Supplemental Educational Opportunity Grant Program: SEOG)連邦政府が用意するが、給付の決定は大学が行う給付奨学金である。正式に認可された大学でのみ有効で、ハーフタイム以上登録している学部学生10万人に、年間約4,000ドル(40万円)まで与えられている。

パーキンス・ローン(Federal Perkins Loan Program)大学が決定する連邦政府ローンである。学部で年間3,000ドル(30万円)卒業まで最高15,000ドル(150万円)、さらに大学院修了まで学部とあわせて30,000ドル(300万円)まで利用可能。ローン利率は、市場最低水準であり、卒業後9ヶ月から返済し最長10年の返済期間が認められている。

雇用機会奨学金（Fedral Work-Study Program）連邦政府の奨学金で、これを受けると週最長40時間まで雇用され、最低賃金が保証される。キャンパス内での仕事は、教職員の補助、食堂、図書館業務、キャンパス清掃などで、70万人が利用している。

スタッフォード・ローン(Federal Stafford Loan Program)連邦政府のローンであるが、学生は銀行、金融会社、教育機関から借りることになる。金利は市場より低く設定されており、政府は在学中の利子補給などを行う。

プラス・ローン(Fedral PLUS Loan Program)これも連邦政府ローンであるが、借り主は学生ではなく、親になる。金利、返済条件などはスタッフォードとほぼ同じである。両者で900万人が利用している。

このように連邦政府奨学金プログラムには何種類もあるが、それは当初ターゲットにしていた学生に十分効果が与えられなかったり、または、政権交代時にしばしば見られるように別のターゲットの学生が新たに政治的に決定されて、それに対処した結果である。例えば1990年代初めに、低所得層用の

奨学金制度が充実してくると、中間階級が特定の大学から締め出されているのではないかという疑問が出された。有名私立大学は、裕福な階級と奨学金の支給対象である低所得層で占められ、支給対象を外された中間階級は、公立大学に進学せざるを得ないのではないかという不満が募ってきた。そのような事態に対して政府は中間階級用に新たな奨学金プログラムを設定したり、既存プログラムの変更を行った。

## 2　受給学生の決定

　大学進学を目指す高校生が奨学金を受けようとすると、志望大学への出願書類を大学に提出するとともに、奨学金の申請をしなければならない。多くの学生にとってどんな種類のどのくらいの額の奨学金が利用可能かの決定は、志望大学に合格するかどうかと同じくらい重要である。合格しても学費の支払い見込みがなければ、学費を稼ぐため入学を延期したり、場合によっては入学を断念しなければならないからである。ニードベースの奨学金は、必ずしも所得の低い学生に与えられるわけではない。ニードは、実際に大学教育にかかるコストと、家計の支払い能力との差で定義される。大学教育にかかるコストは、授業料、生活費その他であり、これは志望大学ごとに異なった額となる。他方家庭の支払い能力は、単に所得で決定されるわけではない。それは家計の抱える負債、家族人数、家族に病人の有無、大学に在学中の兄弟の有無、親の離婚などによって違ってくる。よって所得が高くても、授業料の高い大学に進学し、負債が多く家族数が多い場合は、ニード選定で高い順位が与えられる。

　奨学金申請に際して、しばしば用いられるのは連邦政府方式（Federal Methodology）である。これは家計の資産や所得、家族状況について、多くの項目に記入することが必要である。筆者の主観的判断では、日本の住宅金融公庫の申請よりも記入事項が多く、確定申告とほぼ同じくらいの知識と記入時間が必要となる。奨学金案内のガイドブックには、記入に際していろいろ細かな注意がなされている。不明な箇所で記入していないところがあると、決定に際して不利となるので、必ず高校の進学カウンセラーか志望大学の入

学カウンセラーに問い合わせし、ブランクを作らないよう指示がしてある。その他のニードベースの奨学金申請書類の記入も、同程度の知識が必要である。アメリカには、奨学金申請書類に完全に記入するには大学卒業程度の知識が必要であり、大卒の親を持たない者は申請に不利であり、それがそういった人たちの大学進学を妨げているという皮肉な見方もある。

しかし大学入学前に、親と学生が念入りに大学教育費、奨学金、在学中のアルバイト収入、家計の可能援助額など計算することは、学生の金銭感覚の涵養になるだろう。親が学費をほとんど丸抱えで支払う場合と異なり、受ける授業や利用できるキャンパス施設が、支払った授業料と見合っているかどうかを考えさせるチャンスになると思われる。またローンを組んだ場合、ローン返済のために就職への動機付けが強まり、就職に少しでも有利になるよう単位取得や成績への関心も強まるだろう。さらにローン返済額最小化のため在学期間短縮を真剣に考えさせる効果も期待できる。

ところで誰が奨学金の受給資格があるのかを判定することは、社会や家族のあり方が複雑化するにつれてますます困難になる。所得や資産の多い親を持ちながら、結婚などによって親から独立してしまった個人は、多くの場合本人の所得も低いが、このような学生は資格があるのであろうか？　実際かつてペル奨学金は、親の援助がない独立した学生に受給の優先権を与えたため、親からの独立を奨励する効果を持つに至っている。またアメリカ高等教育は18～22歳の若者の独占物でなくなって久しいが、新規高卒者と成人学生の判定基準は同じであってよいのか？　身体的ハンディキャップのある学生の扱いは、同じでよいのか？　そこには授業料や所得といった金額だけで片づかない問題がある。

## 3　奨学金の機会均等効果

かつてアメリカでも高等教育関連団体が、連邦政府援助の方式として、大学に直接援助する機関助成方式を要求していたことがあった。しかし機関援助は、高等教育システムやシステム内の大学の地位を現状維持してしまう危惧と、機関援助は所得に関係ない一律援助により低所得層への重点配分が損

なわれるという恐れから、奨学金という形での個人方式を選択することで落ちついた。

　その後以上みたように奨学金の種類は多様化し額も増加した。そしてそれに伴って、連邦政府奨学金が、果たして当初の機会均等化を達成しているかどうかの測定研究も盛んになってきた。研究方法はバラエティに富み、それぞれ特徴があり、問題点も克服されていない。また家計所得と学生の学力、そして大学の入学選抜度、立地、専門分野などの変数コントロールが充分なされてないこともあって、研究結果の明確なコンセンサスはない。しかし代表的な研究をレビューしてみると、連邦政府の奨学金政策は機会均等にポジティブな効果を持つことは確かであると判断することができる。ただしその効果はそれほど大きくはないとまとめることができよう。中でも給付奨学金は低所得層からの大学進学を促進する効果があるが、連邦政府の利子補給されるローン奨学金は、機会均等効果が小さいといわれる。

　奨学金が低所得層学生の進学行動にいかなる影響を与えているかという研究は、過去10年大きな進展をみた。分析の枠組みも次第に変化している。かつては連邦助成が、高等教育需要、すなわち学生の進学にどのくらいの効果を持つのかという点のみ焦点を当てていた。それが大学の授業料水準や大学の用意する奨学金への影響、すなわち供給側の行動にも注目し、それを通じて政府助成が学生や家計にどのような影響をしているかという研究も現れてきた。連邦政府の奨学金が、学生の進学行動に影響を与えるかどうかは、研究によって結論が分かれるところであるが、多くの研究は連邦政府助成は、大学の授業料水準に影響を与え、上昇効果を持つという結論で一致している。連邦政府はこの結論に注目し、これ以上援助を増額しても、大学が授業料を上昇させてしまうので、貧困学生の進学に助けとならないとし、助成増額に躊躇している。

　連邦政府奨学金の充実が、大学の授業料水準の高騰を招くという現象は「第三者の支払い(the third party payment)」の例として説明されている。この例として医療費の上昇が挙げられる。医療費は、現在先進国では保険によってカバーされ、患者が医者や医療機関に直接支払うことは少なくなっている。しかしこの場合、需要と供給の双方とも価格に対して鈍感になる。医者は患

者が直接医療コストを負担するのではないため必要のない検査、高額な治療をし、実際の費用よりも高額な医療費を請求する傾向があるという。患者も保険で医療費がカバーされるため、益々高い治療を望むようになる。結局医者も患者も高額治療の傾向になり、第三者が支払う構造は、医療費を上昇させることになる。この支払い構造は学生、大学、政府の関係についても成立する。政府によって学生に対する公的奨学金が用意されると、大学は授業料を上昇させても進学者を失うリスクが少なくなるため、大学はますます授業料上昇に傾くようになる。

この傾向は競争力のある選抜度の高いエリート私大で顕著である。先にも指摘したように、ニードベースの奨学金が授業料と家計の支払い能力の差額で決定されると、授業料を上昇させた方が、所得の高い家計の学生も受給対象に含まれることになる。進学者を失うどころか、受給資格者を増すケースも出てくる。東部のアイビー校は、本来低所得層用の奨学金を授業料を上昇させることによって、不当に受け取っていると司法省から調査を受けたくらいである。

## 4 民間企業への援助？

最後にアメリカの奨学金が、機会均等目的とは別に民間企業への援助になっているのではないかという批判を紹介しておく。アメリカのローン奨学金の中には、貸し手が民間金融機関であるものがある。そのプログラムは、学生に在学中の利息を政府が支払うことでローンの利用を奨励し、銀行に対しては返済不能を政府が保証することで、学生への貸与を積極化することであった。この方法にはまず低金利のため学生が、学費に必要な額以上を借りる欠点があることが指摘されている。さらに、返済不能を政府が保証するため、民間金融会社は利用者の選別や取り立てに熱心ではなくなる点も非効率的であるといわれる。これには結局政府が金融会社に公的助成をしているのではないかとの批判がある。

またペル奨学金は、低所得層出身の学生をターゲットにしているが、それを受けた者の中には、伝統的な高等教育機関には入学する資格がないか、ま

たは関心がないものも多数存在する。奨学金を受けたそれらの学生の中には、営利的な職業訓練学校に入学する者も多い。実際ペル奨学金受給者のうち営利機関に入学した割合は、年々増加する傾向にある。それらの学校は、強力な宣伝と就職活動によって全米に急速に拡大し、チェーン校をいくつも開校している。政府奨学金を受けた学生がいなければ、これほど普及しなかったといわれる。営利機関は訓練学校や大学とはいえ、他の民間企業と同様利潤追求を第一の目的としていることは変わりない。その利潤は株主に配当されることになる。とすると公的資金がそれらの株式会社学校に学生を通じて流れていいのかという問題も生じてくる。

# 第12章　学生募集と奨学金

## 1　買い手市場

　アメリカのベストセラー大学受験雑誌 *Barron's Profiles of American Colleges* の中には、受験生が大学選択をするにあたって、次のような心構えが記されている。曰く「皆さんの両親たちが、高校卒業した時代は、ベビーブーマーが大学に殺到し、大学入学するのは簡単なことではありませんでした。しかし今や時代は変わり、大学は18～22歳のフルタイムの学生を積極的に募集しています。ですから大学は、皆さんにダイレクトメールを送り、あなた方の高校に大学広報係が訪れたり、大学祭で高校生のためにいろいろな展示会を開くのです。皆さんが大学を必要と感じていると同じくらい、大学はあなた方を必要としています。需要と供給の関係は、いまや皆さんに味方しています。」このように大学教育市場での、学生優位が明確に示されている。

　アメリカの大学は、政府によって厳密な入学定員が決められていないので、大学教育の供給不足による需要超過は発生せず、これまでの日本のように、ほとんどの大学に受験者が、多数押し寄せるということはなかった。そこでは、大学もマーケティングによる入学者の開拓努力を強いられることになる。大学によっては、できるだけ優秀な学生、授業料支払い能力の高い学生を入学させるべく、または別なタイプの大学は、学力はそこそこでも、なるべく多くの学生を確保するように、いろいろな方策を用いる。ここではアメリカの大学の入学者募集、および確保の実際を紹介しておく。18歳人口減による入学者および定員確保が、難しくなると予想される日本の大学にとって、アメリカの大学の実践を知っておくことも大切と考える。

## 2　マーケティングの努力

　アメリカの大学が、18〜22歳の白人男性の専有物でなくなってからすでに久しい。社会人、パートタイム、マイノリティ、外国人、高齢者、ノンデグリー、ノンクレジット学生などアメリカの大学における学生は多様である。そこでは非伝統的学生という言葉すら、使われなくなりつつある。多様なカリキュラムや学位のまわりに、様々な学生が集まっている。この多様な学生は、部分的には大学が提供する社会および地域サービスの一環の利用者であり、また大学教育の機会均等への貢献目的としたプログラムの利用者であると考えられる。しかし多様な学生は、自然に大学に集まって来たのではない。大学の人的物的資源の有効利用を目指し、または学生確保を目指して行われた、大学の入学者マーケティングの成果と見なすこともできる。つまり学生の一部は、入学者マーケティングによって掘り起こされた潜在需要と考えることもできる。1980年代から90年代に、18歳人口が減少したにもかかわらず、進学率上昇により在学者数は変化していない。これが、各大学が採用した新しい入学者選抜方法とマーケティングの産物であることは、多くの人が認めている（Duffy and Goldberg, 1998）。

　入学者マーケティングは、一般的には入試広報事務室の業務であり、需要調査、宣伝媒体および方法の検討、広告制作、スタッフ教育、教育プログラムの検討など多岐にわたるが、ほとんどの大学では、専門スタッフを抱え、また広告専門会社に業務の一部を委託している。これまで大学志願者に恵まれていた日本の大学と異なり、アメリカの大学の入試事務室、大学広報室の役割に対する期待は大きく、業務内容も、多様であり活発である。そこでは、日本の大学も、最近取り組み始めた学生募集の様々な方策が、ほとんどすべて、すでに行われている。各種大学案内カタログ、パンフレットの作成と配布、新聞、テレビ、ラジオ、雑誌への広告、ダイレクトメール、ハイウェー沿いの看板、キャンパスツアー、高校訪問、場合によっては受験生の家庭訪問、各種展示会などである。

　しかし最近の広告媒体はなんといってもウェッブであろう。アメリカの大学のホームページにアクセスすれば、誰もがその内容の広さと詳細さを知る

ことができる。大学全体の紹介はもちろん、学部学科、教員の情報、図書館、出版状況、同窓会情報、スポーツ、イベントなどがカバーされている。また大学の管理運営体制やその状況、大学財政などの情報開示も積極的である。もちろん入試に関するホームページも充実しており、入試関連の各種〆切日、キャンパス見学の内容と予約、高校訪問の予定日、奨学金の紹介、その他の質問の受付などが閲覧できる。さらによりシリアスな受験生には、オンラインアプリケーションが用意されており、ウェッブ上で受験手続きができる。また受験生の家計状況に合わせて、奨学金、ローンの利用額と支払い額の試算も行い、それらの奨学金やローンの申請も可能である。これまでは、志願者が大学にアクセスすることで、両者のやりとりが開始されたが、進学学力テスト（SAT）を統括するカレッジボードが、2000年の夏からSAT受験者のeメールアドレス付きの得点情報を、大学に販売することになった。よって今後は大学が、有望な志願者にeメールを用いて、積極的に入学勧誘をすることになろう（*The Chronicles of Higher Education*, June 23, 2000）。

## 3　キャンパス見学

　受験手続きが、オンラインでできても、ほとんどの受験生は、一度は志望大学を訪れるだろう。先に挙げた受験雑誌 *Barron's* にも、受験生が志望大学を、実際に見学することが奨励されている。そこには受験生は、入試や大学について質問があったら、入試事務室でスタッフに尋ねてみるとよいと記されている。そしてキャンパス訪問は、できるだけ通常の授業が行われている時、行うのが望ましいという。そしてナマの授業を見学したり、学生や教員と話してみるのもよいと奨励しているし、時には、学部長のオフィスをのぞいてみるのもよい、と記されている。このキャンパス見学は、一般的にはグループの予約制で行われるが、グループがダメなら、個人訪問を受け付けるか、入試事務室に尋ねてみるとよいともある。大学が入学者マーケティングにどのくらい熱心かが試されている。

　筆者は、1999年暮れ、研究者仲間のU氏と、ニューヨークのコロンビア大学を訪れる機会を得た。その時入試事務室を訪れると折りよく、数人の高校

生が親とともに、キャンパス見学に来ていたので、我々も参加させてもらうことにした。よくできた大学案内のビデオを見た後、スタッフが質問を受け付けていた。受験生からの質問は、合格するのに必要な学力テスト得点、面接試験の内容、入学後の勉強時間、期末テストの難しさ、寮生活、アルバイト、スポーツ施設などについて、親からはキャンパス内外の安全さ（コロンビアは、最も安全なキャンパスにランクされると言うが、日本とは基準が相当違うようである）、奨学金、休日の過ごし方などについて、であったと記憶している。それら一つ一つ丁寧にスタッフが答えていたのが、印象に残っている。その後は、在学生のボランティアによるキャンパスツアーが行われ、図書館、教室、コンピュータルーム、学生ホール、カフェテリア、ブックストア、スーベニアショップなどを見せてくれる。このキャンパス訪問には、遠方からの参加者のため、またキャンパス生活の実態をより充分に理解してもらうため、オーバーナイトプログラムも用意されており、場合によっては親も寮に宿泊して、キャンパスライフの一部を体験できる。

## 4　ランキングと学費

　大学が自らの魅力をいかに宣伝しようと、受験生の大学選択は、世間の評判によってもなされる。各種の大学ランキングは、高校生に大学の情報を提供することになる。大学ランキングで有名なのは、*US. News and World Report* 誌であるが、高校生よりも大学の入学者マーケティング関係者のほうが、その順位に敏感かもしれない。同誌によってランク低下の決定を下されたリベラルアーツカレッジが、学生募集において大きな痛手を被ったこともあるという。

　大学ランキングの向上には、優秀な学生を入学させるのが一番であるが、学力と価格とが、トレードオフの関係にあるため、各大学は、授業料水準をどのように設定するか悩むことになる。そして店頭表示価格としての授業料（スティッカープライス）を、奨学金でどうディスカウントするかも重要になる。スティッカープライスに関して、州立大学は私立大学に優位に立つが、私立大学はディスカウントサービスを充実させることで、その差を縮小させる。

## 5　募集手段としての奨学金

　ほとんどの大学にとって、学力が高く、学費の支払い能力の高い学生は、魅力的であり、是非とも入学して欲しいはずである。しかしこのような学生は、複数の大学から入学許可を得る可能性があるため、大学は特別なディスカウントサービスを提供しなければならない。大学の用意する奨学金は、その一つである。かつて大学は、奨学金を貧困家庭出身の学生に対する慈善と見ていたが、最近では、優秀な学生確保、入学者数確保、収入改善、ランキング向上の道具として考えている。奨学金による学生確保競争（McPherson and Schapiro, 1998）は、ますます激しくなりつつある。

　そして、特に優秀な学生確保の手段として、大学が奨学金を利用する方法は、次第に巧妙になりつつある。学生に対する奨学金用基金が潤沢であり、学力の高い学生が集まりやすいエリート私大では、入試において学費の支払い能力を不問にして合否を決定し、その後、低所得層出身の学生に必要額の奨学金を用意することも可能である（need-blind, full-needアプローチと呼ばれる）。しかし多くの大学はそうはいかない。奨学金予算が限られているからである。だから大学によっては、学力の高い学生が入学しそうな時には、他の予算を犠牲にして、一時的に奨学金予算を増すこともある（budget stretch アプローチ）。または入学してほしい学生（例えば、学力が高い、特定のスポーツが得意）により多くの奨学金を出し、ほとんど入学しそうな学生（例えば大学に強い関心を示す受験生、遠方からわざわざインタビューを受けに来る高校生）には、奨学金を減らし、奨学金予算の効果的配分を行う戦略最大化（strategic maximizationアプローチ）という方法をとる大学もある。

　このように志願者の特性によって、奨学金の提供額を変える方法について、もう少し詳しく紹介しよう。これらは、限られた奨学金予算をより効率的に使用し、支出節約のための巧みな方法である。最初は、業界で、差額法（gapping）と呼んでいる方法である。奨学金が必要という合格者に、大学は入学手続きする段階で、初めから必要とされる奨学金額が、全額提供できるとはいわない。その代わりできるだけローンの割合を多くした奨学金パッケージを提示する。そしてローン利用を含めた家計の支払い可能額と、実際の

支払うべき学費の差をそのままにしたまま、学生および親と入学の交渉を行う。学生によっては、短期間に資金調達のメドがたたず、あきらめる者もでてくる。または学生によっては、親を説得して、その差額を親類から借りてもらうとか、学生がアルバイトするとかで支払うことにし、ともかく入学の意志決定をする者もあろう。大学にとっては、（入学者数×差額分）だけ支出節約ができることになる。

　もう一つは、合格取り消し法（admit–deny）と呼ばれているやり方である。大学は当初、学費支払い能力を考慮せずに、入学者選抜を行うと表明するものの、合格者が決定した段階で、親の支払い能力を吟味し、それが低い者は、合格者リストの相対的下位に位置づける。奨学金を受給できなかった学生は、事実上不合格とされてしまう。この方法には、支払い能力の低い学生が、合格を受け入れると、入学後アルバイトに集中することになり、卒業が遅れたり、卒業できなくなったりするという弊害を招きやすい。第三に、補欠合格者に対して、親の支払い能力を考慮する方法が挙げられる。これは、支払能力選抜法（need–aware second review）と呼ばれている。この方法による選抜は、gappingやadmit–denyのように、親の支払い能力が限られる学生が入学する時、過剰な負債を抱え込むことがないという利点がある。またgapingやadmit–denyよりも、合格者が実際に入学する、歩留まり率が高くなるというメリットもある。歩留まり率は、大学のランキング向上に大切な指標である。

　大学教育の売り手市場では、買い手の学力によって「競り」が行われる。しかし買い手市場では、売り手の「競り」が行われる逆オークションが成立する。これらの奨学金を用いた優秀な学生確保の実践は、この逆オークションが行われていると解釈してよい。この場合、親の学費支払い能力が、優先順位を高めるので、この実践は、機会均等の原則に反し、大学のモラル低下であると、非難することもできる。同時に、ランキングが相対的に低位にある大学が、エリート大学から奨学金によって学力の高い学生を「買う」ことになると考えることができ、優秀な学生がいろいろな大学に分散するというメリットもある。

**参考文献**

Duffy, E.A. and I. Goldberg,1998, *Crafting A Class,* Princeton University Press.
McPherson,M.S. and M.O. Schapiro, 1998, *The Student Aid Game,* Princeton University Press.

# 第13章　好況とアメリカ高等教育財政

　ＩＴ関連産業の開花でアメリカ経済は好況を持続させている。その結果所得税、法人税の税収が増加し、1999年10月から2000年9月の2000年会計年度の政府財政黒字は、99年度の2倍である2,370億ドル（23兆7千億円）に達し、黒字は3年連続であった。この財政黒字は、アメリカ高等教育財政にも大きな影響を及ぼしている。ここでは、最近の経済好況がアメリカ高等教育財政にどのような影響を与えているかを、*The Chronicle of Higher Education*の過去の記事（1999年9月17日から2000年10月6日）を中心にまとめてみた。

## 1　政府助成の増額

　経済の好況によりアメリカ政府の財政黒字は、1999年度で1,240億ドル（12.4兆円）に達する。その拡大した政府予算の恩恵は、各大学の特定プロジェクトに配分される特別予算総額の上昇に表われている。議会は前年の31％増、1996年の3倍増の10.44億ドル（1,044億円）の予算配分を決定した。しかし増額幅が大きいので、予算配分がほとんど無競争で決定される点、および議会の予算配分委員会のメンバーに親密な関係者を持つ大学、委員会に代表を送り込んでいる州に有利に配分される点が、批判されている。

　2000年の予算配分で初めて、議会はバーチャル大学であるウエスタン・ガバナーズ大学（Western Governors University）に240万ドル（2億4千万円）の遠隔地学習プログラムへの予算を決定した。同大は、ウエッブ上で、学習コースを提供している。また今年の予算配分の特徴の一つは、これまで経常費助成だけであったのが、初めて施設、建物に対する使用が認められたことである。(Jul.28'00)

　アメリカ政府の研究助成財団のうち2番目の規模を誇る国立科学財団

(N.S.F.)は、2001年に前年比17％増の45.7億ドル(4570億円)の予算を獲得したが、研究申請数の低下に見舞われている。申請総数は、1999年で28,500件であった。若手研究者が初めて研究助成の申請を行うことは、研究エネルギーのバロメーターといわれているが、その初申請件数は、1992年から21％下降しているという。この低下の原因は、応募者が申請の通りやすい他の助成にまわったためと推測されている。例えば、178億ドル(1兆7800億円)の最大規模の研究予算を持つ国立衛生研究所(N.I.H.)の研究所助成への申請数は、今のところ低下していないようである。(June 9'00)

そのN.I.H.への予算も、毎年大きな伸びを達成しており、過去5年間で倍増している。それに伴って各大学に配分される研究費も増大しているが、連邦政府は、これまで研究施設の建設に比較的小さな予算しか付けていないため、研究施設の不足が生じ、研究費は増えたが、消化できない問題が生じている。増加する研究費を消化するため、大学によっては、実験室の時間別使用やスペースの利用効率を上げたりして対処しているが、なお予算消化には10～50％のスペースが不足しているという。前述した政府の特定プロジェクト予算の使途が、経常費のみならず建物、施設にも認められたことは、研究スペース不足の解消を狙ったものと思われる。(Nov.5'99)

## 2　積極的な資産運用

アメリカの大学の保有する資産(endowments)は、景気拡大から様々な形で影響を受け、全体として大きく拡大している。土地や建物を除いた自己資金額はハーバード大学の140億ドル(1兆4千億円)を筆頭に、34の大学が10億ドル(1,000億円)を超えている(1999年6月30日現在)。資産額の大きな大学は、私立が多いが、テキサス大、カリフォルニア大、ミシガン大等の州立大学も入っている。つい2年前までは、10億ドルクラブに入る大学は、25校にすぎなかった。資産の急成長は、コンピュータ関連産業に支えられた経済的好況によるところが大きい。それは、ＩＴ関連産業によって財を成した個人や企業からの寄付と、大学自体の積極的な資産運用の結果である。資産の投資から得る利益は、もともとの資産規模によるところが大きい。よって裕福な大学は、

ますます富み、大学間の資産規模格差はますます大きくなっている。

大学の資産運用率は、全体としては1997年20.7％、1998年18.0％、1999年11.0％と下降気味である。運用成績は、州立11.1％、私立11.0％と州立のほうがわずかに高い。1990年代にほとんどの大学は、資産を増加させているといえる。投資先は、アメリカ国内企業の株式(53.7％)、アメリカ国内の債権(21.6％)、外国の株式(10.6％)、アメリカの銀行預金(4.0％)、不動産(2.1％)といったところである。1990年には、投資はほとんど(88.8％)証券市場を通して行われていたが、最近はこれが多様化している。一般的に大学の投資先は、安全な債権から、ハイリスク、ハイリターンの市場外証券(nonmarketable securities)に比重を移しつつある。

1999年度の投資収益パフォーマンスで秀でているのは、ウィリアムカレッジである。大学は運用率を明らかにしないが、民間の調査によれば、29％以上と推定される。これによってウィリアムカレッジでは、毎年授業料値上げが継続化する中で、異例の授業料据え置きを行うことができた(31,529ドル)。これはプライベートエクイティへの投資が実を結んだ結果からもたらされたようである。バージニア大学では、運用資産の25％をアジア経済危機をもたらし、高いリスクで知られるヘッジファンドに回している。また同大は、ベンチャーキャピタルへの投資に強い関心を示しているともいわれる。

各大学は、投資の専門スタッフを雇用し、投資コンサルタントと契約する一方、投資先を多様化し、リスクを分散させポートフォリオを見出しても、もちろん資産運用に失敗する例もある。エモリー大学(Emory University)、アグネス・スコット大学(Agnes Scott College)、ジョージア工科大学(the Georgia Institute of Technology)(以上ジョージア州)、ワシントン・リー大学(Washington and Lea University)(バージニア州)は、いずれも総資産額の大きい大学であるが、地元ジョージア州に本社を置くコカコーラ株の低落によって、資産の11.1～23.2％の損失を被った。興味深いことに、このような損失にもかかわらず、これらの大学のいずれもが、現行の投資戦略を変更するつもりはないという。(Feb 18'00)

またフロリダにあるエッカード大学(Eckerd College)は、学生数1,500の小さな大学であるが、過剰な設備投資、投資の失敗、大学債権発行に必要な資産

データの不備、財務部の職員不足、遅れた財務管理など一連の失敗によって10年前の3,400万ドル(34億円)の総資産が、2,100万ドル(21億円)までに減少したことが最近判明した。損失の最も大きな原因は、損失が正確に記されていない会計報告と、それを正さなかったずさんな理事会のあり方であるといわれている。(Aug.18'00)

このようにアメリカの大学は、リスクはあるものの資産運用に積極的に臨んでいるが、その他にも収入増の自助努力を示す例がある。それは大学のロイヤリティー収入である。研究大学を中心とした132機関の調査によると、1998年アメリカの大学では5億7,600万ドル(576億円)のロイヤリティー収入があった。これは大学が、企業にライセンス供与することで得られる収入である。これは、前年比29％の伸びであり、最もロイヤリティー収入が多いのは、カリフォルニア大学システムで、7,300万ドル(73億円)にのぼる。次は、コロンビア大学で6,100万ドル(61億円)であるが、コロンビア大学の研究費支出は、カリフォルニア大学システムの約7分の1であり、効率性が高いと評価されている。同大のパテント内容は、薬剤とデジタル圧縮技術である。1998年には、2,681件の特許が大学に与えられている。(Dec.10'99)

## 3　個人と企業の巨額な寄付

1998～99年度アメリカの全大学は、総額204億ドル(2兆400億円)の私的な寄付を受けている。これは、前年比11％増の単年度としてこれまで最大額であった。財団、企業、その他の機関からの寄付は、15％の伸びで、卒業生、親、その他の個人の寄付の伸びは7.4％であった。1990年代は巨額寄付の10年 (a decade of megagift) と呼ばれ、1990～91年は約100億ドルであったから、10年で2倍となった。寄付額上昇は、株式市場の活況と無関係ではないことは明らかである。もちろん有名大学への寄付が多いが、地方の小規模コミュニティーカレッジに対する寄付額も増加しており、それらには地元の私企業からの寄付によって600万ドル(6億円)を得たサンタ・ローザ短期大学 (Santa Rosa Junior College) の例もある。(May 5'00)

ＩＴ関連産業の興隆によって財を成した個人企業家から高等教育への寄付

が相次いでいる。過去最も多額な寄付は、1999年マイクロソフト社のゲイツ夫妻からの20年間に10億ドル（1,000億円）で、約20,000人の援助の必要なマイノリティ学生を対象とした奨学金をカバーするのに用いられる。ゲイツ基金からの奨学金支給の初年度である2000年は、4,106名に授与された。学生はすべてマイノリティ出身であり、黒人34％、ヒスパニック31％、アジア系24％、アメリカンインディアン11％となっている。そして学生の選出には、伝統的な標準テスト成績、高校の内申点、高校のクラス順位を用いず、地域奉仕活動、リーダーシップ、人種差別への態度、その他の特徴によって選出されたという。(June 27'00)

　単一大学への寄付で最大なのは、2000年に発表された20年にわたって3億5千万ドル（350億円）のマサチューセッツ工科大学（MIT）への寄付である。寄付者はIT関連情報誌の経営者であるマックガバーン夫妻で、この基金によってMITにマックガバーン脳研究所を創設運営する予定である。また1998年にはイングラムマイクロ社のイングラム慈善財団は、ヴァンダービルト大学に同社の株式、最低評価額で3億ドル（300億円）を寄付した。株式の形での寄付なので、将来同大学にどのくらいの恩恵をもたらすかは、同社の業績如何にかかっている。(Mar.10'00)

　アメリカの大学は個人企業からの寄付を積極的に受け入れており、そこでの寄付の形は現金がほとんどである。しかし企業によっては、大学にパテントの形で寄付を行い始めているところも出ている。例えば、デュポン社は、1999年2月アイオワ大学付属バイオ研究センターに、所有する9つのバイオ関連のパテントを寄付した。推定評価額は、3,500万ドル（35億円）である。

　パテントを大学に寄付する企業の動機は、一つは税対策であるといわれる。企業は自らが所有しているパテントに関連する事業を継続しない場合、まずそれらの売却を試み、またはライセンスを与えるか、共同事業を募るかなどを行う。しかしそれらのいずれの方法も成功しなかった場合、最終的に大学に寄付を申し出るようである。市場性がないからといって、それらのパテントが無価値であるということではない。大学は、パテント技術をもとに新たな研究に着手することができるので、パテントの寄付は大学にお金ばかりでなく、新たな研究の機会も与えることなる。しかし大学はパテントから価値

を引き出し、さらにそれを高めるには、大学の自己資金、時間、エネルギーの導入の必要がある。よって大学は、パテントによる寄付を受けるためには、自らがパテントを有効に使用できるかどうか、そしてそれから発展できる自らの研究能力が充分あるか否かを詳細に検討する必要がある。そうでないと、自己資金導入が無駄になり、大学に何ら恩恵をもたらさないばかりか、結果的にパテント自体が生かされず、社会的な損失にもなりかねない。(Mar.3'00)

アメリカの大学への1億ドル(100億円)以上の寄付は、1957～92年で3件、1993～97年で12件、1998年以降で14件となっている。このようなメガギフト(巨額寄付)が発表されると、これまでアメリカの大学に少額の寄付をしていた者たちは、自分の寄付が大学にとってどれだけの価値があるのかという疑いを持ち、寄付の動機付けが薄れることも指摘されている。(Mar.31'00)

それに対して、大学側も寄付者に対しては何らかの名誉を与えるよう努力している。寄付の額のランク付けは、それぞれの大学によって異なる。例えば南カルフォルニア大学では、500万ドル(5億円)以上の寄付者には、その功績をたたえる意味で、建物に寄付者の名前を付け名誉を与えることにしている。さらに南カルフォルニア大学では、近年完成した建物に5,000ドル(50万円)以上の寄付者の名前120名分を、壁に彫り込むことによって寄付への感謝の意を表している。ヴァッサーカレッジでは、5万ドル(500万円)以上の寄付者には、寄付者クラブに入会資格を与え、クラブの各種催しに参加する名誉を与えている。どんな少額の寄付者でも将来の巨額寄付者になる可能性があるので、どこの大学でもそのような寄付者に対しても、何らかの名誉を与えようとしている。それによって少額寄付は、1ドルにつき8～20セントの費用がかかるという。

大学への寄付に対して、大学からの積極的働きかけも見逃せない。1994年ハーバード大学では、5年間に21億ドル(2,100億円)の資金調達の目標を掲げそれに取り組み始めた。当初目標が達成できるかという疑いや、すでに基本財産が58億ドル(5,800億円)あるので無理する必要はないという見方もあった。しかしいざキャンペーンを開始してみると、好調な経済のおかげで、1999年の終了を待たずに、23億ドル(2,300億円)を越え、その後も寄付が続いている。資金調達キャンペーンが成功したのは、ハーバード大学だけではな

い。10億ドル（1,000億円）以上の調達に成功したのは、13校を数え、そのほとんどが目標額を上回っている。それらの大学は、ハーバードの他には、コロンビア、イェール、スタンフォードという有名私立大学が並ぶが、中にはミシガン大学、イリノイ大学、UCLAといった州立大学も含まれている。(Nov.5'99)

　州立大学も1990年代に入って資金調達キャンペーンを積極的に展開するようになっている。特に大規模な州立大学は、卒業生の多さを武器として、また大学のフットボールチームの応援に便乗したキャンペーンをはじめ、様々な媒体によって資金調達に努力している。10億ドル（1,000億円）以上目標に掲げている大学は、上記の州立大学の他にはミネソタ大学（13億ドル目標）、ＵＣバークレー（11億ドル目標）、オハイオ州立大学（10億ドル目標）を始めとして9校に及ぶ。この大規模州立大学の巨額キャンペーンの割を食っているのが、小規模な私立リベラルアーツカレッジである。これらのカレッジはこれまで親、卒業生、同好会組織、地元企業、地元財団からの寄付集めを得意としており、これによって財政的にもかなりの恩恵を得ていた。しかし各種カレッジスポーツが盛んで、存在感のある州立大学が各地でキャンペーンを展開し始めると、これまでリベラルアーツカレッジに向いていた寄付が、州立大学に回ってしまったという。(Dec.3'99)

　さて、以上のようにアメリカの大学の収入は増加傾向にあるが、支出も増加している。その一つは、学長給与の上昇である。クロニクル（The Chronicle）紙の調査によると、1997～98年度の学長の給与は、過去最高を記録している。30万ドル（3,000万円）以上が、40名、40万ドル（4,000万円）以上が、13名、50万ドル（5,000万円）以上が8名となっている。学長給与額が高いのは、ペンシルバニア大学、ニューヨーク大学など大規模な研究大学であり、ペンシルバニア大のジュディス・ロディン（Judith Rodin）学長の給与は、529,677ドル（5,296万円）である。トップ10の中には、大学院のない4年制リベラルアーツカレッジであるワシントン・ジェファソン大学（Washington and Jefferson College）のハワード・Ｊ・バーネット（Howard J. Burnett）学長のように105万ドル（1億500万円）を稼ぐケースもある。同大の理事会は、有能な学長をリクルートするには、高給を提供する必要があり、有能な学長であれば高給に対する見返りも大き

いという。バーネット学長は、同大の基本財産を築き、負債を大幅に減少させ、同大の学問的評価を高め、さらに私立大学に対する地方政府の課税を禁止する法案化に功績が大きいと評価されているという。(Nov.26'99)

　また教員給与も上昇している。1999〜2000年度の大学教員の給与の上昇率は、3.7％を記録し、インフレ率2.7％を上回った。正教授で10万ドル（1,000万円）以上稼ぐことができる大学数は、前年度の19校から26校に増加した。しかし大学教員と他の高学歴の専門職との給与格差は、拡大し、他の専門職の方が多い場合がある。また大学教員間でも、公立と私立、研究大学とそうでない大学、男女間の給与格差は拡大傾向にある。平均すると私立の博士号授与大学の男性の正教授は、105,251ドルであるが、公立の博士号授与大学の女性アシスタント教授は、46,910ドルにすぎない。(Apr.14'00)

## 4　家計負担の軽減

　1999〜2000年度の授業料水準は、公立4年制大学で3.4％、私立4年制大学で4.7％の上昇にとどまった。それぞれ年額3,356ドル（34万円）、15,380ドル（153万円）である。上昇率は、過去12年間で最低水準である。他方連邦州政府および機関の用意する給付貸与併せた学生援助総額は、641億ドル（6兆4100億円）と過去最高額を記録した。よって家計にとっては、これまでになく子どもを大学進学させやすい状況となっていると判断できる。(Oct.15'99)

　州政府財政の好転に伴って、1998〜99年度、州の学生援助額は、36.7億ドル（3670億円）で8.8％の上昇を見た。そのうち81％は、低所得層用の学生援助(need-base)で、残りは成績優秀者を対象にした援助(merit-base)である。伸び率は、後者のほうが、3倍近く高い。このような傾向に対する批判も出されている。それらは成績のよい学生に対する援助が、低所得層に恩恵が及びにくい、また大学での成績向上の手段にはならない、そして自州内に優秀な学生を学ばせるのに効果的でないという批判である。(Apr.21'00)

　州政府の学生援助は、伝統的な大学だけではなく、このところ営利を目的とした大学にも適用されている。ニューヨーク州では、26,000人の営利大学に学ぶ学生は、8,500万ドル（85億円）の低所得者用の学生援助を受けている。

営利大学の中には、教員、カリキュラム、図書館などの教育条件について、伝統的大学とほとんど同じ基準を満たしているのも多く、公正性からは州の学生援助を受けて当然であるという見方がある。しかし営利大学はあくまで私企業であるから、州による学生援助は、結局のところ学生を通じて私企業への補助となるという反対もある。反対や批判は、ビジネス、パラメディックッス、美容、旅行業務、不動産など、特に教育内容が競合するコミュニティーカレッジから出されている。営利大学への州の学生援助の増額には、営利大学に好意的な議員の活動が大きな影響を及ぼしているが、その背景にはすべての州政府の財政状況が好転し、予算が増加したことがまずもって挙げられる。(Sep.24'99)

日本育英会の貸与奨学金のうち1998年度が返済期限分の回収率は、80.5％であり、延滞債権の累計額は拡大する一方であると発表されたが、アメリカでは好調な経済と失業率の低下によって、教育ローンの返還率が上昇している。1990年に非返還率は、22.4％であったが、毎年下降し、1997年に8.8％までになっている。この下降には、個人の経済状況の改善とともに、非返還率の高い高等教育機関に対する教育ローン利用禁止措置が徹底したためと考えられている。最新の規定では、3年連続して非返還率が25％である大学では、教育ローンを含むすべての連邦政府の学生援助プログラムの利用ができなくなる。このような機関は、大部分が営利を目的とした大学の可能性が高いが、伝統的な大学も中には含まれているという。(Oct.15'99)

## 5　教育減税

好況によって長年赤字を続けた政府財政も黒字に転じ、そしてそれによって教育減税や所得税控除の措置がなされた。クリントン政権2期目が始まった1997年から、5年間に総額400億ドルが投じられることが決定された。教育減税については、年間所得8万ドル(800万円)以下の者は、支払った高等教育費のうち1,000ドルの無条件減税がなされ、教育費が1,000ドルを超え2,000ドルまでは、50％、合計で最高額1,500ドル(15万円)の減税がなされる。この減税策は、高等教育を受ける最初の2年間有効である。その後は教育費

5,000ドルにつき20％の減税がなされ、2002年以降は、それが10,000ドルに対してなされる。この種の減税策では、従来学生の成績の最低基準が平均Bであったのが、今回はこの最低基準が取り払われた。

さらに個人年金貯蓄において、これまで解約分につき10％の違約金が課せられていたが、子どもの大学授業料支払いのための解約や、18歳以下の子どもに対する将来の教育費用の貯蓄のための解約は、年間500ドルまで無料、そしてそれを教育費に使用する場合は、その利子も無税化されることになった（Kosters, 1999, p.3）。教育費の支払いのため組んだローンに対する利子については、1,000ドルまでの控除が認められるようになった。これは2001年までに2,500ドルまで引き上げられる予定である。

また大学や州政府からの教育ローンを利用している者で、非営利組織、課税を外されている機関や政府関係部局に勤務している者は、控除措置がなされる。州政府によっては、将来の授業料積み立て預金を運営しているところもある。これまではその預金の使途は、授業料支払いだけに限定されていたが、寄宿費や寮での食費にも適用可能となった。この制度の利用者は、引き出しまで所得税に課税されない特権がある（Kane, 1999, p42）。

このような教育減税策に対する評価は、まだ定まっていないが、すでに批判も出されている。一つは、教育減税は、すでに実質的に税金を納めている家計がターゲットであるので、低所得層に対しては何の恩恵ももたらさないというものである。第二に、1,000ドルまでの授業料は100％減税されるので、高等教育機関の中には、それを狙って、レジャー志向の授業を提供することも出てくるという危惧である。第三に、授業料が5,000ドル以下の高等教育機関の中には教育減税を利用しようと、これまで寄宿費食費を授業料の名目に変え、一括して徴収しようとするところも出てくる予想である（Kane, 1999, p.43）。結局1997年の教育減税は、もともと高等教育を受けるつもりがない者に入学を奨励するというより、需要側にはより授業料の高い機関に入学を勧め、供給側にはより高い授業料を課すことになるのではないかという予想がある。

## 6　閉校する小規模大学

　経済が好況だからといって、すべての高等教育機関が繁栄するわけではない。1803年設立のボストン郊外にあるブラッド・フォード大学（Bradford College）は、当初女子大学として発足し、1975年共学化したが、1999年5月理事会は閉校を決定した。学生数424人、年間予算1,390万ドル（13億9千万円）、基本財産2,300万ドル（23億円）の小さな大学は、2,000万ドル（20億円）の累積赤字を抱えていた。1980年代初めには、著書が日本語に翻訳され日本でも知られている若手学長アーサー・レビン氏が精力的に資金調達に奔走したが、結局財政的に建て直しができなかった。芸術系学生、外国人学生、学習障害学生、小規模大学に魅力を感じる学生をターゲットにしたが、的を絞り込めず、大学のアイデンティティが明確でなかったのが致命的になったようである。1999年には916万ドル（9億円）の授業料収入の60％を奨学金に充当していた状態であった。また学生募集のためコンサートホール、学生寮をはじめとするキャンパス施設の更新の設備投資が多額に上っていた。これで1997年以降5校の4年制私立大学が閉校したことになる。

　リベラルアーツカレッジは、1960年には、50％の学生を収容していたが、現在17％までに減少している。人気は大都市近郊の多数の学習分野を提供する大規模大学に移っている。1989年以降学生数750人以下の大学20校の私立4年制大学が閉校した。(May 12'00)

## 7　若干のコメント

　本章では、経済好況下におけるアメリカ高等教育財政をめぐる最近の動きを、アメリカの1999年会計年度の*The Chronicle*紙からの記事を中心にまとめてみた。以下では、それらに関する6点の特徴を指摘し、それらについて筆者の感想を記しておきたい。第一に奨学金プログラムのさらなる充実化とそれについての日本とは異なる動機付けである。1980年代からアメリカの大学の授業料は、著しい上昇傾向にあるが、それに対する家計負担を減じる奨学金の提供額も上昇している。奨学金には連邦政府、州政府、大学、財団、企

業、個人からのと各種を挙げることをできるが、それぞれが増額化している。政府奨学金の増額に対する要求は、基本的には高等教育機会の均等化、低所得者に対する教育機会の保証に基づいてはいる。しかし大学経営に好意的な政治的ロビイストの活動には、奨学金政策の充実から得られる別の目的を見ることができる。奨学金増額は、大学進学者増加をもたらし、それによって機関の収入増も見込まれるので、大学経営にも好都合な結果をもたらすのである。また奨学金充実によって、大学は低所得者層を閉め出すのではないかという授業料値上げに対する社会的批判をかわすことができる。

　日本の場合、奨学金制度の充実の主張や要求は、教育学者、経済学者らの専ら高等教育機会均等論に論拠をおいたものか、他方経済的理由から中途退学を余儀なくされる学生の現状に直面した大学教員や職員からの人道的理由からのものである。そして他方日本の場合、私学財政、大学経営の困窮さからの脱却を目的にした国庫補助金増額要求は、しばしば私学団体、私学教職員組織から出されるが、その場合は機関への直接助成、すなわち機関助成方式による要求である。大学経営への補助金要求と、奨学金充実の要請とは切り離されて行われる。この点アメリカでは、奨学金充実を目指す政策やその要求が、高等教育機会の均等化と、学生の授業料支払いを通じて大学財政へのポジティブな効果の二つの機能充足を目指している違いがある。機関への直接助成は、助成を必ずしも必要としない機関や不適格な機関にも助成するため、非効率性を免れないが、奨学金を充実させることにより、機関助成を行うことの利点は、各機関が学生を巡る競争状態におかれるので、機関の自助努力を刺激することである。

　第二に、高等教育のユニバーサル化への加速を挙げることができる。クリントン政権は、アメリカを誰もが高等教育を受けることができる初めての社会とすることを明らかにした。高等教育のユニバーサル化は機会均等の最終目標であるが、ＩＴ時代における経済の効率性を上げる手段でもある。ＩＴ産業では、それを利用でき、実際に利用する人が多ければ多いほど効率が上がる。そしてその教育には、年齢の高い者も含まれるので高等教育機関が担うのが適切となる。よって高等教育のユニバーサル化は、ＩＴ時代の必然となる。ところでほとんどの社会において初等教育と中等教育の一部は無償で

ある。これは、すべての国民がその教育を受けることで、社会全体が益する外部効果の存在のためである。この外部効果はこれまでのところ高等教育には小さいとされ、つい20年前には外部効果が小さいのにアメリカ人は高等教育を受けすぎる(over-educated Americans)と真剣に議論されていた。しかしIT革命は教育過剰論を覆した。アメリカ社会における政府の高等教育ユニバーサル化宣言と奨学金政策の充実は、高等教育の外部効果を認めつつあることを示している。ITは高等教育に様々な影響をもたらすが、高等教育を公共財と認め、ユニバーサル化を加速させることはその一つである。

　第三に、高等教育費負担において政府と家計以外の第三の担い手であるフィランソロフィーの役割の大きさである。大学への寄付は、卒業生、個人、企業、財団が行っている。ノンガバメント、ノンプロフィットなフィランソロフィーは、社会の中で、所得再分配機能を果たしているが、高等教育の世界では、機会均等化や費用負担の公正化の役割を果たすことになる。フィランソロフィーの大学への寄付目的は、教育ばかりでなく研究にも向けられる。寄付の動機付けは、節税、名誉、純粋な慈善等が考えられるが、研究分野を限定した寄付という形もあり、この場合は寄付者の意向が反映されやすいシステムとなっている。また寄付活動を積極的にする大学側の努力も見逃せない。学長の能力評価は、大学への寄付額が最良の指標とすらいわれる。小口寄付に対しても努力を怠らない。筆者はアメリカの大学に学んだ経験を持つが、筆者のもとに卒業後、大学、同窓会、日本の同窓会支部それぞれから毎年大学の近況、すなわち新しい学長のプロフィール、ノーベル賞を始めとする各賞の大学関係者の受賞ニュース、各学部大学院の活動状況、オーディトリアムなどの新しい建設、施設のリニューアルなどの情報が送られてくる。もちろんそのブローシュアには寄付用紙も添付されており、寄付が簡単な手続きでできるよう工夫されている。卒業生に対して事ある毎に寄付の要求があるが、母校(Alma mater)の現状を報告する努力も怠っていない。翻って筆者が数年間学んだ某国立大学からは、大学の現況について大学からパンフレット一つもらったことがない。卒業生からの寄付がないと嘆く前に、大学も努力が必要となろう。もっとも不機嫌そうな電話交換手、部外者に対して決して親切とはいえない図書館員、来客、非常勤講師用の駐車場を確保管理で

きない大学管理者など、寄付努力に向けての大学改善の対象は挙げてみればきりがない。

　第四に、アメリカ高等教育財政の特徴として、大学の自助努力を挙げなければならない。大学の理事会は、大学の基本財産の蓄積にいかなる努力を惜しまない。政府助成を獲得するのに力を持ち、そして寄付金収入増のできる学長、資産運用の専門家、などのリクルートを通じて授業料収入に依存しない財務体質の強化を行う。資金調達については多少のリスクがあっても運用の基本方法や姿勢を変えない。また企業の世界では、資産は土地、建物、資金など有形資産から、次第にブランドやパテントなど無形資産の比重が増している。大学はこの無形資産の宝庫であり、各大学は資産増加のビッグチャンスととらえているようである。日本では、大学は学問の府であって、金儲けするところではないといったプライドが強すぎるのか、国立はもちろん私立大学も大学経営の自立への努力が小さいと思われる。

　第五に挙げるのは、家計による高等教育費支払いの差別化の徹底である。家計は、賃金、所得、子どもの数、親の離婚や再婚、資産、預金額などの状況によって、子どもの高等教育費をいくら支払うことが可能か違ってくるはずである。アメリカではこうした家計の支払い可能額を、できるだけ詳細に家計や本人はもちろんのこと、大学や進学カウンセラーが把握して、奨学金の種類と金額を決定する傾向にある。連邦政府奨学金の申請用紙記入は、複雑で108項目の記入が必要である。さらにすでに支払った高等教育費に対する教育減税も、家計の経済水準によって差別化される傾向にある。

　最後に、好景気によって勝ち組と負け組の明確化、すなわち高等教育における各種の経済的格差が拡大したことを指摘しておく。経済的格差の拡大は、寄付、資金調達キャンペーン、資産運用の成功、政府の研究助成の獲得などによって高等教育機関の収入格差、資産格差にみられる。一般的に有名研究大学、大規模大学、すでに資産が大きい大学が有利となり、裕福でない大学、小規模リベラルアーツカレッジが不利となる。教員給与の格差も拡大した。有能な学長給与は上がる一方であるし、教育研究能力や管理経営能力のある教員の給与も上昇しているが、他方テニュアのない教員、そのうち特に女性、マイノリティ、小規模大学の教員の給与の上昇は鈍い。

**参考文献**

Kane, Thomas J., 1999, *The Price of Admission,* Brookings Institution Press.
Kosters, Marvin H., 1999, *Financing College Tuition*, The AEI Press.

# 第14章　営利法人大学の成長

　1997〜98年の高等教育データによれば、アメリカには4,000以上の2年制及び4年制高等教育機関があるが、そのうち169校が4年制の営利大学、500校が2年制の営利大学である。この営利大学は、年々増加する傾向にある。ジョン・スパーリング(John Sperling)の近著 *Rebel with a Cause*（2000）は、営利大学であるフェニックス大学(University of Phoenix)創設と発展の物語である。書名を聞いて映画ファンならニヤリとするであろうが、これはジェームス・ディーン主演のティーンエイジャーの非行を描いたRebel without Causes（理由なき反抗）をもじったものである。本書は、スパーリングのいう「既存の硬直的官僚制的教育体制」への理由のはっきりした反抗である。これは企業家の成功物語であるが、企業家から見た教育体制が見事に描き出されている。そして大学関係者が当たり前と思っていることが、実はそうでないと気づかせてくれるし、大学内部にいる者にとっては、考えられないことがいろいろ指摘されている。本書は一つの営利大学が、認定(accreditation)をくだされるまでの努力の過程を描いているが、それはアメリカのみならず日本の大学制度や設置形態のあり方を映し出してくれる鏡である。以下では、*Rebel with a Cause*を参考にしながら、営利大学を検討してみた。

## 1　発足

　1985年発足した株式会社アポログループは、全米35州に営利大学を経営し、通信教育分野では世界中に学生を擁している。1994年に株式を公開し、現在12万人の学生数を誇り、年成長率は25％といわれる。このアポログループは、ジョン・スパーリング(John Sperling)によって1972年に設立された地域開発研究所(Institute for Community Research and Development)を前身に持つ。これは、地

域政府の青少年非行減少プログラムの一環としての警察官の現職教育を請け負ったことから始まる。当初キリスト教系の私大であるサンフランシスコ大学 (University of San Francisco) と提携し、同大の学外学位プログラム (external degree program) を利用することから始められた。研究所が行ったことは、大学学部レベルの現職教育用カリキュラム作成、学生募集などである。学生募集には特に力を入れ、担当者は研究所の最高給を与えられた。他方USFは、これまでの伝統的大学の実績を生かして学生募集に貢献しつつ、教室や教職員の物的人的提供を行う。研究所にとっては、このプログラムはメイン業務であるが、大学にとっては付帯事業の一つにすぎない。

　USFと提携した研究所のプログラムは、一応成功を収めるが、進学希望者や在学生を失う心配のある伝統的大学、質を危惧する基準認定 (accreditation) 機関、州政府から様々な形で「攻撃される」ことになる。認定機関の西部学校大学基準協会 (Western Association of Schools and Colleges) は、研究所のプログラムが、アカデミックな評価を受けていないとし、それに対して外部評価を迫り、認定資格喪失を恐れる大学と研究所は、最終的に資格審査を受けることになる。その結果、教員選考やカリキュラムの品質管理の不備を審査委員会から指摘される。そして研究所で修得した単位を他の機関では認めないこと、また学生は現職公務員がほとんどであるが、かれらの雇用者である公共機関組織でも学位を評価しないことが決定された。これはトランスファーしてさらに上級学位を目指す者、修得した学位によって職場での昇進昇給を期待する者のアスピレーションを失わせ、学生募集において著しく不利になる、教育機関にとって致命的な措置である。さらにマスコミは、USFを学位乱造工場 (diploma mill) と公然と批判するようになった。そこで大学としては、研究所とのプログラム契約を解消せざるを得なくなる。

　研究所の創始者ジョン・スパーリングの理念は、小さな会社でも、入学の機会に恵まれない職業人に大学教育の提供ができることを示すことである。そこでは教員は昼間自分の実際に行っている仕事の内容を夜間に学生に教えるよな実践的授業内容、雇用者や会社と協力したカリキュラムの作成、コンサルタントの専門的カリキュラム作成、毎回同じレベルの内容を学ぶことのできる標準化されたコース、学生の都合のよい時間と場所で行われる授業、

自分の学習ニーズに教師の教育を方向付けるような積極的学生、で構成される大学が理想である。

スパーリングは、研究所と既存の教育体制との認定を巡る争いを、伝統と革新の間の争いと考えている。伝統とは異なり、革新は、市場価値によってすべてが評価される。それは透明性、効率、生産性、説明責任の支配する世界である。スパーリングによれば認定組織による評価は所詮同業者評価以上のものではなく、利害の直接及ぶ消費者としての学生と、大学の所有者としての株主の評価こそがすべてである。教育内容方法は、慎重にマニュアル化され、どこでもいかなる時でも同じ質が確保されるように工夫がこらされている。

## 2　進展

ギルド支配の中で自由市場を創出するというスパーリングの意図は、彼の言葉で言う統制マインドの官僚支配、規制の強いカリフォルニア州では、結局成功しない。そこでアポログループは、アリゾナに目を向ける。同州では、私立高等教育に関する法律がなく、学位授与高等教育機関設立の要件は、単に法人(corporation)の設立ということだけである。まず研究所は、既存のリベラルアーツカレッジであるセント・メアリーズ大学(St.Mary's College)とコンソーシアムを組む。研究所は、教育ノウハウを持ち、当大学は、北中部基準協会(North Central Association)の認定を有するので、コンソーシアムは両者の利益となる。当初の理念では、研究所と大学の両方に在籍し、二つの学位修得も可能とすること、授業は、ホテル、企業、公共施設などを用い、米国初の営利の認可された高等教育機関であることが目指された。研究所は、北中部基準協会の認定を受ける作業を始めるが、スパーリングによれば、営利大学の発展を認めたくない勢力が、セント・メアリーズ大学の認可を取り消す動きを見せたため、研究所は、独立して事業を継続することになる。

単独での認定申請過程で、北中部基準協会は、研究所の名称変更を要求し、フェニックス大学(University of Phoenix)とし認可の候補校となる。しかし学生が、連邦政府奨学金と政府保証ローンを利用するためには、営利大学といえ

ども完全認定(full accreditation)が必要となる。またアメリカの企業は、被雇用者が在職中大学教育を受講し、授業料援助を受ける場合は、認定された機関(accredited institution)に限るという慣例があることから認定取得の努力が続く。それでも初年度は、8人が自費のみで、キャンパス、教室、図書館のない、介護体験など日常生活を単位として認める学位乱造(diploma mill)大学に入学している。

ジョン・スパーリングの著作を読むと、営利大学が利益を上げるまで成長するのに、免許取得とそのため雇ったコンサルタントやロビイストの重要性がわかる。それは各州での免許取得時ばかりでなく、非営利大学が営利大学を排除するため法律の変更がしばしば行われるため、それを避けるのに免許取得後にも多くのロビイストを雇わなければならないからである。そのコストは、多額であり、結局学生の教育コストを引き上げている。

## 3　フェニックス大学の現在

ここでフェニックス大学の概要をホームページから引用しておく（http://www.phoenix.edu）。1976年設立のフェニックス大学は、全米で最大の私立の認定を得た大学である。アメリカ、プエルトリコ、カナダに92のキャンパスと学習センターを設け、職業を持つ成人を対象に実業教育を行っている。学位を目指す学生数は、75,000人である。

フェニックス大学は、専門的職業人とその雇用者のニーズにあった高等教育のイノベーションである。授業は少人数で、学生は受動的な学習ではなく、積極的な授業参加が行われている。コースは実世界に直接関連し、仕事への応用がすぐに可能となることが目指されている。学生はビジネス世界と同様な方法で学習チームを作る。教員は、全員修士号か博士号を有しており、最先端の理論と技能を教授することが可能である。

フェニックス大学では、学生は集中的に学習することによって、様々な概念を短期間にマスターでき、また大学は知識技能を発達させることのできる最適な学習環境を用意している。それらはこれまでの多くの卒業生の成功によって証明されている。

フェニックス大学には、現在12,000人の学生がオンライン教育を受けており、これまで93,000人が学位を修得している。7,000人の教員は、平均15年の教育経験を持ち、学生の平均年齢は、35歳であり、彼らの家計収入は、5〜6万ドルである。75％の学生が、雇用主から授業料援助を受けており、93％の学生が大学の教育とその職業への効果に高い満足を示している。

　フェニックス大学は、北中部学校大学基準協会の会員であり、そこから認定を受けている。看護学の学士号、修士号プログラムは全米看護学認定委員会（National League for Nursing Accrediting Commission）の認可を受けている。フェニックス（Phoenix）とツーソン（Tucson）キャンパスのカウンセリング修士号プログラムは、カウンセリング関連教育プログラム認定委員会（Council for Accreditation of Counseling and Related Educational Programs）の認可を得ている。

　フェニックス大学では、企業の求めに応じて、その被雇用者へ出張授業を行うこともでき、被雇用者の勤務時間の都合のよい時間に授業を行うことが可能である。企業によっては、このような授業を企業秘密を漏洩を防ぐため、自分の被雇用者だけに限定するが、別な企業では、ライバル企業でなければ、他社の被雇用者にも開放して、教育コストの引き下げを図っている。フェニックス大学と契約した企業は、各種の学位や資格修得のためのコースやプログラムを、当大学の提供する中から選択できるが、企業は、当大学と協力して企業の教育ニーズにあったオリジナルカリキュラムを特別に作成し、単位コースや非単位コースとして発展することもできる。

　以上がホームページに掲載された大学の概要である。これからも窺いしれるように、フェニックス大学は、学生の利便性を第一に掲げてマーケティングを展開している。そして雇用者や他大学と提携して、学生募集に力を入れている。例えば、2年制のコミュニティ・カレッジと契約を結び、そこで2年制学位を持った卒業生が、同じカレッジにいながらフェニックス大学の4年制学位を修得できるシステムも作られている。コミュニティ・カレッジとの単位移動の合意、教育施設利用の契約、競合する1・2年生の授業を行わないという取り決めがなされているため、教員がコミュニティ・カレッジに出張講義に出向き、学生はこれまで慣れ親しんだキャンパスから離れずに済む。（*The Chronicle of Higher Education*, Dec.8, '00）

## 4 営利大学の成立条件

　本書を読むと、誰しも大学教育が何故非営利組織で提供されなくてはならないのか、いやでも考えさせられる。アメリカにおいて営利大学が成立する背景には、様々な条件があると思われる。アメリカでは、憲法によって連邦政府の高等教育への直接の統制が禁止されている。よって高等教育に関する法律は、各州が独自に定めることになるが、これによって、統制の強い州と弱い州の存在が可能となる。そしてこれは、高等教育に関する様々な実験的試みを可能とすることになる。フェニックス大学は、当初はカルフォルニア州で認可されなかったが、アリゾナ州では認可されたのは、この例である。よって株式会社大学の出現は、高等教育の地方分権制が寄与していると考えることが出来る。

　フェニックス大学の最高経営責任者(CEO)であるジョン・スパーリングは、営利大学の理念は、学生と株主の評価が、最優先する市場原理の支配する世界における活動であると考える。しかし大学が企業として軌道に乗るまでの努力は、スパーリングが既成体制権力として挑戦する対象である同業者評価組織である認定組織からの認定獲得にあるといってよい。認定獲得によって、政府奨学金およびローンの利用対象大学になり、企業の授業料援助の対象機関になる。よってそれなしでは、学生が十分確保できず、経営が成り立たない。よって任意団体の評価組織の存在も、株式会社大学の成立をさせている一つの条件といってよい。スパーリングは、権力としての評価組織を批判するが、それが充分な権威を持つことによって認可大学は利益を得るのである。任意団体であろうが、そのチェック機能が認められ、それが認可した大学の学生は公的補助を受ける対象となるのである。アメリカでは、大学の設立は比較的容易にできるが、その運営やそれが大学として社会的評価をうけることは難しいといわれるが、営利大学の発展過程は、この例である。

　それでは任意団体の評価組織が存在しない社会、あったとしてもそれが権威を持たない社会では、営利大学は存在不可能であろうか？　例えば政府が、評価機能を果たす日本ではどうであろう？　任意団体であろうが、政府組織であろうが、教育の質の保証は、できよう。しかし政府組織による評価の問

題は、一元的官僚制的評価とは別の、実質的柔軟的評価が困難である点である。これまでは、大学設置基準のような評価では、校地校舎面積、図書館などが、数量的指標によって最低基準が設けられてきた。しかし官僚制的評価では、キャンパスのない、教室のない、図書館のない大学を評価できるのであろうか？　ちなみに大学通信教育設置基準にも、校舎、図書館などの規定が細かに設けられている。現在のところ、ウェッブ大学は日本では開設できない。よって政府組織が評価を行うにしても、数量的に表しやすい物的条件だけでなく、実際に行われる教育内容の評価が出来るかどうかにかかっている。

## 5　質の確保

　日本では、国立公立を除く大学は、学校法人の設立する大学に限られる。それ以外では、不可能であろうか？　それを考えるには、学校法人の果たす機能を考えなければならない。学校教育法には、学校法人のみが私立大学を設置することが可能と定めている。もちろん大学という名称も、国、地方公共団体、学校法人以外の設置する教育施設が使用することはできない。そして学校法人についてより詳しく定めているのは私立学校法である。その目的は、私立学校の自主性や公共性向上を通じて、その健全な発達を図ることである。そこでは、学校法人の資産の必要、設立の方法、管理などが細かく規定されているが、それは、大学を含む私立学校教育の質の維持向上と安定供給を保証しようと考えられる。学校法人が破産などによって解散する場合も、残余財産は国庫に帰属し寄付者に戻らないようにし、公共性の確保と容易に解散できないようにしてある。大学法人が私立大学を設立する時には、大学設置基準によって物的人的教育条件が細かく規定される。それは大学教育の質の最低基準である。そして公共性の面から私学の経営の永続性を図るため財政の健全化が必要であるが、その具体的規則が学校法人会計基準である。そこには私学の将来のために基本金組入れを計画的に行うことが望まれている。また私立学校振興助成法の制定後は、国庫補助も可能となった。日本では、このように学校法人に対して二重三重の保護がされている。

私立大学が、学校法人によってのみ設立可能な理由を経済学では、情報の非対称性によって説明する。大学教育サービスの取引には、供給者としての大学と需要者としての学生とでは、サービスの内容についての情報量が異なる。学生は、大学の内容を十分知って、その大学に進学しているわけではない。もし自分の選択した大学が意に叶わなかった場合、選択の変更も簡単には行われない。そこには契約の失敗が発生しやすい。そこで消費者保護が重要になるが、それには非営利組織に対して、様々な規制と保護をする必要がある（山内，1996）。つまり市場の失敗に対して政府の関与が必要になる。規制には、私立学校法でいう所轄庁の監督があり、厳しい設置認可、保護には法人への無課税や補助金がある。情報の非対称性下での消費者保護には、メリット・レギュレーション・システムとディスクロージャー・システムがある。前者は、消費者が損害を被らないように国などの機関が、事業にメリットがあるかどうかを事前に審査する方式である。文部省の設置認可がこれの例である。後者は、事業者が提供している物やサービスの品質、性能、実績、リスクなどを消費者につねに開示（ディスクローズ）し、説明責任を求める方式である（日本私立大学連盟，1999）。

　株式会社などの営利法人の場合は、このような保護がなされていないため、もし日本に営利大学があると、経営者の交代により教育方針が大幅に変更されたり、経営状態により教育の質の低下が起こったり、倒産により大学教育そのものが提供できなくなる危険がある。アメリカの場合は、もちろん日本と同じで営利大学のほうが、経営に関して不安定な面があるのは確かであろう。その場合の消費者としての学生の保護は、万全ではない。営利大学の経営については、任意団体の認定組織がチェックし、またその大学も、他の株式会社と同様、自らの財務の情報開示、株主にたいする透明性の確保、説明責任を取ることが求められている。それらによって営利大学の市場評価が定まる。市場評価は万全ではないため、それによって学生が損害を被っても、それは自己責任ということになろう。先のディスクロージャー・システムがこれにあたる。このような効率的ではあるが、多少リスキーな制度設計が、株式会社大学を成立させている。日本の大学でも、1990年代から情報開示、説明責任などが問われているが、護送船団方式と以上の動きと齟齬を感じる

のは筆者だけだろうか？

　日本においては、大学の設置形態の現在の基本設計は、現在の大衆化した段階になされたのではない。エリート段階になされた基本設計の古さが、国立大学の独立行政法人化論の中で問題となっているが、これが変わらない以上、当分の間株式会社大学の可能性は小さいと考えられる。しかし事務部のアウトソーシング、契約職員の採用、委託業務などは各大学で日常化しており、私立大学では教学の面でも入学試験作成の予備校委託や大学の補習教育の外部化が始まっており、法的な規制さえ緩和されれば、まず教育の一部が営利学校で行われることは十分考えられる。

　ところでアメリカの連邦政府奨学金および政府ローンは、学生が認定団体認可大学に在学すれば、それが営利非営利にかかわらず利用できる。しかしこの制度は、公的助成が学生を通じて営利企業への補助になり、公金の誤った使い方ではないかという問題を提起することになる。営利大学からみれば、営利といえども認定を取得している以上、教育の質や内容には非営利大学と変わるところはなく、大学教育は受ける個人ばかりでなく、第三者にも利益という外部効果をもたらすので、当然学生は公的補助を受ける権利を有するということになろう。営利企業を潤す公的補助は、おかしいとなると様々の補助も問題となる。例えば、日本での住宅金融公庫の住宅ローンは、国民の住宅購入に大きな助けとなるが、恩恵者は当然住宅の購入者ばかりでなく、住宅建設メーカーやそれに伴って売買される土地を扱う不動産業者も当てはまろう。営利企業の補助になるからといって、公的援助が中止されるかどうかは、単純ではない。

## 6　生涯学習理念の体現

　30年以上も前に、社会主義者イリッチ(Illich)は、学校を、強制的カリキュラム、出席の強要、特定の年齢グループ分け、専門家としての教師という四つの特徴を持つ要素から構成される抑圧機関として定義した。彼の脱学校論では、学校に代わるものとして、特定の年齢に関わりなく学習意欲のある者に対しては、その機会を提供し、また学習意欲のある者と、必ずしも資格を

持っていなくても自分の知識を教えたいと願う者、とを結びつけるラーニングウエッブが提案された。アメリカで毎年急速に成長しつつある営利大学は、イリッチの空想を部分的に、皮肉にも資本主義の寵児と先端ＩＴテクノロジーによって実現しつつある。

　フェニックス大学のホームページには、入学希望者用に設けられたページの他に、教員希望者用のページがある。そこには、経営、管理、会計、マーケティング、教育、看護などの分野において、教員資格として専門の学位の他に、現在専門職に就いている者が望ましいと記されている。特に強調されているのは、コミュニケーション技能と、人々の助けになりたいという意欲である。そこでは、特にパートタイムの教員が募集されており、教員として採用された後も、現在就いている職業を犠牲にすることなく継続して行うことができるよう、教授時間は都合のよいときに行われるように調整される。教員募集のホームページでは、学習者が授業から得るものがあることを知ることは、何にも代え難い満足感を保証すると強調している。これはウェッブ上で、学習意欲のある者と教育意欲のある者とを結びつける試み、イリッチのいうラーニングウェッブにほかならない。

　営利大学のセールスポイントは、様々な面での効率性である。キャンパスは、職業を持つほとんどの学生の学習に便利なように人口集中地域にある。それでもアクセスに不便を感じる学生のためオンライン授業も選択できるが、授業料は、キャンパスでの学習のほうが、２〜３割安く設定されている（ちなみに、フェニックス大学の授業料は、キャンパス学生で１単位400ドルである。同地域にある州立大学が州内学生で75ドルであるから、賃金のある職業人を対象にしているとはいえ、かなり高いといえる）。

　アメリカのキャンパス、特に大規模な州立大学を訪れる日本人は、その巨大な物的施設に驚く。フットボール競技場、野球場、ゴルフコース、学生寮、家族持ちの教員大学院生用アパート、消防警察施設、アイススケート場、コンサートホール、室内外プール、球技場、博物館、火力発電所すら持つ大学もある。それらの施設は日本の大学の施設の水準からすると立派であり、例えばアトランタオリンピックのときには、水泳競技はジョージア工科大学の学内プールが使用されたほどである。営利大学は、これらの施設を最初から

持たないため、建設費用、維持費用も不必要である。教育のみに集中することによって、それが、効率的に運営されることになる。そして教育内容も職業に直結する実用的なものである。そして将来も営利大学は、職業教育に特化していくことが予測されている（市川，1999）。よって研究大学やリベラルアーツカレッジとは競合しない見方がある。しかしフェニックス大学の親会社アポログループは、すでに様々な研究分野に投資を始めており、それが採算があると判断された場合、やがて研究分野にも進出が予測される。もちろんそこでも基礎研究ではなく、利益が出やすい応用研究が中心となるであろう。またその他の調査、コンサルタント業務、企業役所などとの契約業務など準研究分野にも進出するだろう。そうなると委託研究、研究契約などで外部資金を積極的に導入している研究大学とも競合することになる。

　アメリカの大企業は、従業員の企業内教育を行うため、自ら大学を設置することもある。フェニックス大学は、そのアウトソーシングを請け負っている。そこでは大学のアセスメントセンターと教員評価者が、企業大学の授業を点検し、それが適切な訓練コースとして大学の単位として認められるかを検討する業務を請け負っている。全米の企業との間で、このような契約が、これまで数多く達成されているという。また企業が、企業内訓練をする際、必要な教室などの物的施設も貸し出しており、自らのキャンパスの有効利用を追求している。

　ところで1990年代に入ってから、企業資産をより実態にそって評価する動きが活発化している。それによってこれまで企業資産は、土地建物、金融資産の大小によって評価されていたのが、次第にパテント、ブランド、タレントなど無形資産がどれくらい大きいかが重要になりつつある。ハードよりもソフトの時代である。アメリカの営利大学発展の事例を観察すると、大学も教育という大学を構成する一部でこの動きがあるということが確認できる。フェニックス大学の発展は、カリキュラム開発、学生募集、場所時間など学生のニーズに合わせた授業というソフトによるところが大きい。キャンパスや教室にこだわらない大学教育の新しい方向を示唆している。これは、今後ウエッブ利用による通信教育でますます盛んになるだろう。

　以上検討した営利大学の特徴を伝統的な非営利大学と比べたのが、表14-1

表14-1 非営利大学と営利大学の特徴

|  | 非営利大学 | 営利大学 |
|---|---|---|
| 税の扱い | 免税 | 課税 |
| 資金調達 | 寄付 | 投資家 |
| 資金 | 基本財産 | 投資資本 |
| 利潤 | 基本財産組み入れ | 株主への配当 |
| 意志決定 | ステイクホルダー | 株主 |
| 管理 | 統治の分散 | 伝統的経営 |
| 組織目的 | 威信最大 | 利潤最大 |
| 価値 | 知識の涵養 | 学習の応用 |
| 活動誘因 | 学問 | 市場 |
| 活動の方向 | コンパスによる | レーダーによる |
| 重視項目 | インプットの質 | アウトプットの質 |
| 権力 | 教授団 | 顧客 |

Ruch, Richard S. *Higher Ed, Inc.: The Rise of the For-Profit University*, The Johns Hopkins University Press, 2001. p10. より若干修正して引用。

である(Ruch, 2001)。ただしこの表で、営利大学はまだ数も少ないため、営利大学を比較的均一に捉えることは可能であるが、非営利大学として念頭に置かれている私立大学は、長い歴史と伝統があり財政、経営、教育理念、教育内容などについてより多様であり、非営利大学としてまとめることには無理が生ずるかもしれない。よって営利と非営利大学との比較にはその点を考慮する必要がある。

### 参考文献

市川昭午、1999、「大学株式会社論」『ＩＤＥ現代の高等教育』No.408 6月号 pp.70–77.

日本私立大学連盟、1999、「私立大学の経営と財政」開成出版。

山内直人、1996、「ＮＰＯとしての私立学校」『経済セミナー』No.503 12月号 pp.60–68.

Ruch, Richard S., 2001, *Higher ED, Inc.:The Rise of the For-Profit University*, The Johns Hopkins University Press.

Sperling, John, 2000, *Rebel with a Cause*, John Wiley & Sons, Inc.

# 終章　私大の経営と学費

## 1　私立大学の経営環境

　1992年以来18歳人口は漸次的に減少しているが、21世紀に入り、私立大学の経営環境はますます苦しくなることが予想される。18歳人口は、ピーク時にくらべ50万人以上減少しているが、現在の私学経営を支えているのは、進学率の上昇である。18歳人口は減ったが、大学に進学する若者は減らなかったということである。しかしこの進学率も2001年初めて男女とも前年を下回った。女子の進学率上昇は、過去四半世紀の私立大学の繁栄をもたらしたが、特にそれが伸びなくなったのは大学産業にとって痛いところである。今後の私学にとって、現在の進学率を維持し、さらに再び上昇させることが大切となる。ちなみにアメリカの高等教育進学率は、70％近くまで達している。

　18歳人口の減少が、大学経営を困難にさせているが、人口増は大学関係者には操作不可能である。しかし進学率は大学の努力で、簡単ではないが上昇させることが可能である。どのように操作可能か。それを考えるために世の中の若者を、3種類に分けてみる。一つのグループは、経済状況がいかに変化しようと、家庭事情が今後どう変化しようと、絶対大学に行く若者で構成される。第二グループは、自立心旺盛なタイプであるが、逆に大学には行かない、それよりも職を身につけ早く社会に出たい若者群である。第三は、状況によってはまたは条件次第では、大学進学するグループである。経済学が対象とする限界人間、マージナル人間で、コストとベネフィットで行動する経済合理性を備えた人間である。ここでは、この第三グループを念頭に入れて進めていきたいと思う。この若者はどのくらいいるかはわからないが、仮に現在の進学率のまわりに10％いるとすると、進学率はうまくいくと55％になる。この層が大学にそっぽを向けば45％に下がる。20％いるとすると、進

学率は高いと60％、低いと40％になってしまう。進学率が60％を超えれば、現在存在する大学はほとんど生き残れる計算になる。

　しかしマージナル人間が進学することによる進学率は、上昇も維持も難しい背景がある。第一に、大学教育費に対する家計負担の上昇が挙げられる。過去25年上昇してきた私学の学生納付金が、大学生の親世代を含む45歳から49歳（データの都合上）の男子年間所得に占める割合は、1975年の約7％から1997年の16％と2倍以上上昇している。この負担の上昇にもかかわらず、進学率が上昇してきたのは家計の努力によるところが大きい。多くの家庭では子どもの小さい時から、定期預金、郵便局の学資保険その他によって、子どもの大学進学費用を準備してきた。しかしそれも限りがあり、長期にわたっての準備が出来ない、またはしなくなる家庭が出てくる。家計負担がこれ以上大きくなると、進学率の上昇は期待できなくなる。

　教育費が家計負担の限界に近づいても、将来大きな利益が保証されているなら、人々は無理してでも子どもを大学に送る。これはアジアからの留学生をみるとわかる。国費留学生や日本政府の奨学金を得ている学生の他にも、私費留学生がいる。その人たちすべてが裕福ではない。借金を背負って来ている人たちも多いと聞く。ただし帰国するとある程度の経済的利益があるから現在の無理もできる。そこで日本の学生の経済的利益を考えてみよう。高卒と大卒の初任給比率を1975年からとると、70年代80年代に高卒に比べ大卒の初任給が上昇してきたことがわかる。特に女子の大卒がこの時代優遇されていたといえる。しかし90年代に入って大卒のプレミアムは減少している。

　さらに悪いことに、大卒短大卒の就職率もこのところ芳しくない。1975年以来、新規大卒短大卒の就職率は上昇してきた。特に女子の大卒は、進学率も上昇していた時期に、就職率も上昇という学生や親ばかりでなく、大学関係者にとってよき時代であった。しかし経済不況と歩調を合わせて、就職率も低下してきた。この就職率の全体的な低下の背景には、大学院進学、専門学校再入学、フリーターの増加、欲しい人材を、欲しい時に、欲しいだけ採るという企業のこれまでの新規学卒者一括採用の見直しがあると思われるので、70年代の就職率の持つ意味とは違うという見方もできる。それほど心配には及ばないかもしれない。あるイギリス人に言わせると、イギリスでは進

学率は日本より低いが、就職率も低い。卒業後あえて就職せずボランティア活動をしたり、旅行したり世界観を広げる学生も多い。大学卒業後90％の若者が、一斉に就職できることのほうが異常であるという。

## 2　日本の私学と授業料

　このように現在の大学進学の背景には、家計負担の上昇と将来の経済的利益の落ち込みという現象がある。この二つが合わさると、なかなか進学率は上昇しない。しかし逆に不況で高校出ても職がない。それでは、とりあえず大学に入って経済状況の好転を待つなり、就職に有利な知識技能を身につけようと考える若者もいるかもしれない。しかしそう考えさせるためには、大学進学のコストができるだけ安くなければならない。また先に検討した家計負担と経済的利益のうち、家計所得、大卒初任給、就職率は、日本経済が活性化しなければ解決できない問題であり、個々の大学や文部科学省が操作できるわけではない。結局大学の経営や政府の政策によって、操作可能なのは家計の負担する教育コストだけである。大学進学率や大学経営を巡る問題は、誰がコストを負担するかという問題とかかわっていると私は考える。

　それには社会または政府が面倒を見るか、大学が努力するか、個人が頑張るかの三つしかない。後に見るようにアメリカは社会と大学が、努力しているといえる。しかし日本では個人へのしわ寄せが大きい。日本の大学も、ある程度のコスト負担をしなければならないが、学費低廉化策はなかなか難しい。私学にとって学費が収入の拠り所であるからである。私学の一般収入に占める学生納付金と補助金の割合を検討すると、学生の納付金の割合が上昇していることがわかる。私学財政にとって授業料依存体質の改善は、明治時代からいわれてきた課題である。しかし現実は、ますます強まっている。一方、2分の1まで補助できるはずの私学への経常費補助は、額は増加しているものの比率は低下傾向にある。それについては私立大学協会ら、私学関係団体の強い要望にもかかわらず、政府財政悪化から2分の1助成は、実現されないままである。

　では他の収入源はというと、例えば私学全体の資産とその運用益を検討し

よう。これによると資産マイナス負債である純資産は、順調に増加している（純資産といっても第1号基本金を含んでいるので自由に使用できる自己資金ではない）。しかし運用益は、このところの低金利の影響を受けて90年代に下降している。但しこの運用益については、この時代においても着実に確保している学校法人もあり、もしその水準を全法人がキープできれば、私の試算では現在の5～6倍、国庫補助金額と同額ぐらいは得ることができると思われる。

経済小説家清水一行の小説『虚構大学』（1978年）は、東京オリンピックが開催された年、すなわち1964年に開学する私立大学の設立プロセスを描いた物語である（現在は集英社文庫）。一人の公認会計士が、資金ゼロの状態から私大設立に熱意を燃やす篤志家と組んで、2、3年で大学を立ち上げる。何もないところから出発して、校地は国有地払い下げ、校舎は銀行から借金によって建設、そしてその借入金と教職員の人件費の支払いは、初年度の受験合格者のうち実際に入学する学生が4月に払う納付金で充当する。もちろんこれはフィクションであって、実際の私立大学設立はこううまくは行かないだろう。ただこの小説は、日本の私大の虚構性、つまり確固たる財政基盤の上に築かれていない点を見事に描いているといえる。経済成長による国民所得の上昇と大卒労働力需要の増加、大学人口急増期、創れば入学者が殺到する需要がいくらでもあった時代で、日本では二度と来ない時代である。この虚構性は、日本の私学設立当初、明治期からの特徴であるといえる。

日本の私立大学は、1918（大正7）年の大学令によって正式にその存在が認められる。戦前の大学経営の理念は、基本財産を有してその果実による運営が行われることであった。しかし私立大学を設置運営する財団法人が、充分な基本財産を有することは少なく（現在と異なり戦前の私学の設置は学校法人ではなく財団法人であった）、現実は現在と同じ授業料に依存する経営であった。ちなみに戦前の大学授業料は官立私立とも差はそれほどなかった。私学が専ら授業料に依存して経営が行えた理由は、法商経といった教育コストの低い専門分野に特化したことである。この分野では教室と教員さえいれば大学教育が成立した。そして大学の下に専門部や大学予科に大量の学生を入学させ、その収入を大学経営にまわす、すなわち内部補助という巧妙な経営組織構造

を作り出した。この内部補助(cross-subsidization)は、戦後にも引き継がれ、大学を付属校や短大の収入でまかなうという学校法人も少なくなかった。戦後の学校法人の学校の設立の仕方を見ると、学校をたとえば高校から短大へとアップグレードしていくばかりでなく、大学がすでにあるのに後から短大を設立するケースがある。これは、収益の見込める短大を設置して、大学の内部補助を行おうとするものだろうと思われる。この内部補助の問題は、負担が公正ではないこと、つまり誰かが損をしていることである。

## 3 アメリカの大学授業料と奨学金

　日本の私立大学にくらべ、アメリカの大学は州立私立問わず、収入全体に授業料の占める割合が低い水準にある。それはもちろん授業料以外の収入があるからであるが、日本と特に異なるのは、資産運用収入の多さである。これは私立ばかりでなく州立にもいえる。州立大学は法人格があり、授業料、教職員給与も独自に決定し、財政的にもかなり独立している。資産運用収入があるのは、大学法人が基本財産を保有しているからであり、この蓄積は日本と決定的に違うといえる。州立大学の中には、19世紀の中頃にモリル法という法律によって、連邦政府が大学に土地を与えて、それを基本財産として発足した大学がある。それは国有地付与大学(land-grant college)と呼ばれ、いくつかは現在有名大学に発展している。そこには設立当初から基本財産という考え方があった。また私立大学の中にも、巨額な財産の寄付によって設立された大学がある。たとえばカリフォルニアにあるスタンフォード大学は、鉄道で財を成したスタンフォード家が、亡くなった息子を偲んで行った寄付をもとに設立された大学である。

　アメリカの大学財政において授業料収入の割合は低いが、それを補う努力はいろいろなされている。例えば卒業生からの寄付がある。これには大学側の努力も見逃せない。何もしなければ、誰も寄付をしてくれない。私はアメリカの大学院を卒業したが、卒業後20年近く経っても大学本部、学部、大学院、同窓会などいろいろな部局からいくつかの広報誌が届く。広報誌の最終ページに封筒があり、そこには寄付金額とクレジット番号を記入すると簡単

に寄付ができるようになっている。寄付は授業料の後払いと考えることもできるし、余裕のある人だけの出世払いと考えることもできる。ちなみにアメリカの大学では、日本のような入学金はない。あっても少額である。これは大学間の学生移動が多いことから生じた現象かもしれないが、消費者にとって意味不明なお金は課さない傾向にあるといえる。使途の明瞭化は、どんな寄付にも必要であり、これがないと寄付の動機付けが弱まると思われる。

　授業料の支払い方も様々に工夫されている。成人学生用の特別支払い制度。親が卒業生の場合の割引（これは学生募集戦略の一つとして、将来日本でも考えなくてはならない）。高齢者割引。さらに同一家庭で二人以上大学授業を受けると、割引される家族割引がある。夫婦で在学するケース、子どもの行っている大学に親が行くケース、その逆のケースは珍しくない。失業者や親が失業中の場合の割引。クレジットカードの一括払い割引。分割払い制度、後払い制度もある。そして支払いの内容が比較的明瞭である。授業料と施設利用料は区別される。例えば授業をとらなくとも論文を書きたい大学院学生がいる。その場合図書館を利用することになるが、施設利用料は払わなければならない。ゴルフ場、ボーリング場、インドアテニス、コンサート、駐車場、カフェテリアなどは施設利用料が必要となる。

　ところで学生募集には、二種類の目的が考えられる。一つは質の確保である。もう一つは、量を確保することが目的の場合である。両者とも奨学金が有効になる。この奨学金には、ニードベースの奨学金とメリットベースの奨学金の2種類を区別しておく必要がある。ニードベースの奨学金は、裕福でない家庭出身者に高等教育機会を与える、高等教育の機会均等が目的である。これは政府の用意する奨学金といえよう。そしてこのタイプの奨学金が充実されれば、学生募集の量の面も確保されることになる。メリットベースの奨学金は、育英金といってもよく、メリット、すなわちある特徴を備えた学生の育成や保護を目的とする。これは政府の仕事でもあり、そのような学生を確保したい場合は、個々の大学が用意する奨学金といえよう。大学がこの奨学金を利用すれば、質と量の面で学生募集に効果を持つ。

　アメリカの大学授業料は、日本と同じように州立私立とも、一般的な家計では負担が大きい。しかし政府の用意するニードベースの奨学金と、大学の

用意するメリットベースの奨学金とを組み合わせて（それをパッケージというが）、家計は授業料負担を軽減することが出来る。授業料を定価（スティッカープライス）で支払うのは余程の金持ちに限られる。メリットベースの奨学金は、多くの場合大学が用意し、各大学はこれを用いて学生募集の目玉にする。有名大学でなくとも奨学金を用意することによって、学力の高い学生、その他顕著な業績を有する学生を確保することができる。有名大学からそうでない大学が、学生を買っていることになる。

　また学生募集に関しては、近年アメリカで急増中の営利法人大学の戦略が参考となる。日本では英会話スクールや会計専門学校が株式会社学校であり、大学という名称は使用できない。アメリカでは認可さえされれば、設置主体が何であれ、大学という名称を用いてもよい。加えて学生は、非営利大学でも営利大学に学んでも、政府の奨学金利用が可能である。日本でも厚生労働省が、5年以上の社会保険加入者に対して自己教育投資に学費の80％、最高30万円までを援助する制度を持っているが、それと同じと考えてよい。その株式会社大学の単位あたりの学費は安くない。しかし職業人に対するマーケティングを徹底し、近年いくつかの営利大学の学生数が伸びている。強力な宣伝と消費者ニーズの充足が成功の秘訣である。プログラムは、ビジネス簿記、看護学、カウンセリング、コンピュータなど実践的なものに特化し、学生が必要としない科目は学ぶ必要をなくしている。

　営利大学から示唆されることはいろいろあるが、その一つは授業料の個別化である。学生一人一人履修する科目と単位数によって支払額が異なる。これまでほとんどの大学では、授業料は履修科目数に関係なく一律に課される。そこでは細かい受益者負担の原則が適用しにくい。欲しい人だけが代金を支払い、代金を支払った人だけが消費できることになっていない。大学も将来この専門科目はいらない、この専門科目だけでいいから授業料を安くしてくれという要求が出てきてもおかしくない。最近のパソコンにはいろいろなソフトが初めから付いており、ビデオには使えないような高度な機能もついている。それはいらないからその分安くして欲しいと願う人は多い。それと同じである。

## 4 授業料の大学間と学生間格差の拡大

　かつて飛行機による旅が、それほど普及していなかった時代、料金はほとんど一律であったはずである。少なくとも乗客はそう信じていた。しかし経済の成長と技術の進歩によって、多くの人々が航空機による旅行をするようになった。空の旅は、奢侈サービスから一般サービスに移行し（かつては航空バッグをもらえ、スチュワーデスの機内サービスも今より充実していた）、航空業界の規制緩和も進んだ。それは（海外は日航、国内は全日空という）政府の護送船団方式から、旅行業界をも含めて市場原理、競争原理の支配する世界になった。そこでは、企業間の競争により、運賃は下がりそして一律ではなくなった。早期割引制度を利用する人、旅行会社のパッケージツアーを利用する人は安く、急な出張には正規運賃を支払うという具合に個別化が進んだ。乗っている飛行機や到着時刻は同じでも運賃は違う。そして皆納得している。その理由は、高い運賃を支払う乗客も、条件次第では自分も安い運賃で旅行でき、誰でも安いチケットを購入する機会は、均等に与えられているとわかっているからである。チケット購入に関して各自自己責任を取っているからである。

　大学教育の世界も、ユニバーサル化、規制緩和、競争原理の導入という点において航空業界といくつか類似点を持つ。そしてそれらは将来の大学学費に、少なくとも二つの影響を与えると考えられる。一つは、授業料の大学間格差の拡大化であり、もう一つは、授業料の学生間の差別化である。かつて私は受験産業の発表する学部別入学難易度と、授業料との関係をデータを使って調べたことがある。10年以上前には難易度の高い私立大学ほど、授業料が高い傾向があった。しかしその相関は弱く、難易度と授業料の関係は強くないという印象を持った。経済学の教科書は、水とダイアモンドを例にして、手に入りにくいものほど高価になると教えてくれる。アメリカの私立大学の学費は、入学しにくいエリート私大ほど授業料が高く、オープンアドミッション制をとっている公立大学ほど授業料は安価であり、ほぼ教科書通りといえる。日本の私立大学は、この関係が強くないのである。

　これは、大学教育市場が完全競争ではないからである。この理由として、

日本の大学システムの中で国立大学の存在が挙げられる。日本では国立大学は、概して私立大学より教育条件が良く、授業料が安く設定されている。ここでは国立と競争しようとする私大、特に有名私大は、授業料を高く設定できない。また有名私大の財務理事にインタビューしたことがあるが、その方は有名私立大学は授業料のペースセッターであり、他の私大への影響を考えて、授業料を値上げできないという。こういった状況下では、授業料は私大間で比較的均一になり、学費の値下げによって学生募集の競争力をつけるといった戦略が取れなくなる。かつて国立と私立の授業料には今よりも大きな差があった。国立大学の授業料が上昇し、私立との格差が狭まってきた。とはいえ私大授業料は、国立の2倍ある。このような状況下で、国立大学と競争できるようになった有名私大は、ますます授業料を上げずに、学生の質確保に走るようになる。よって難易度と授業料との関係は、私大全体をみると、難易度の高い大学が、安い授業料を課するようになってきた。10年前と違って教科書ではますます説明できない状況にある。

　国立大学は、今後法人化によって各大学で授業料が、自由に設定できるようになる。市場原理が導入されてきたといえる。国立大学の授業料はおそらく現在よりも下がることはない。国立大学法人が授業料を現行私学並に大幅に上げれば、私学には朗報である。そうすれば私学でも難易度の高い大学が、より高い授業料を課す傾向が強くなると思われる。このほうが、私学全体にとってよいかもしれない。学生募集に苦労しないで済む大学は高い授業料を、競争力のない大学は授業料を低くして学生を募る。そういうことが可能となる。私学授業料の横並び状態は崩れ、私学間の格差が大きくなることが予想される。そこでは各大学は、授業料は高いが、他の大学とくらべて学生の教育に特別熱心であるとか、教育の質は、そこそこであるが、お値打ちであるといった独自の授業料設定ポリシーが求められる。

## 5　結論：私学の対応と助成強化

　日本の大学は、本章のテーマである授業料設定、学生募集方法、奨学金提供の分野において戦後ほとんど変化してこなかったといってよい。しかし経

済や人口構成も人々の考え方も変わってきた。大学、とくに私学もあるところであわせなければならない。

　第一に大学教育の様々の面で多様化が進まざるを得ない。これまで大学は1月から3月にかけて、試験を行い、合格者はほとんど同じ学費を支払い、一斉に4月に入学する。そして学んだ内容と程度に関わりなく、4年後に一斉に卒業し、そして4月に一斉に就職する。しかし企業は新卒4月一括採用人事から、欲しい時期に、欲しい人材を、欲しいだけ採る方法に変化しつつある。大学も一斉入学させ、一斉卒業させる意味が薄れてくる。その時は、当然学費も一律ではなくなるだろう。先に授業料の私学間格差が大きくなると指摘したが、同一大学学部内での授業料も学生間で差が生じることが予想される。学費の差別化は、学生の履修する授業単位数と種類によって、また在学中に受け取る奨学金や授業料免除制によって行われるだろう。

　第二に日本では、これまで高校選択、大学選択、就職、結婚といった人生における進路選択において、人々は時間とエネルギーをそれほど使ってこなかった。楽な選択をしてきたといえる。大学選択は、学びたいことではなく、偏差値によって進路指導の先生任せ、就職も指定校制度やゼミの先生・先輩任せ、結婚もお見合い・親任せというケースがあった。これらの選択にはお互いサーチコストが、かからないという利点があった。しかしより自己実現が強く意識される時代になると、進路選択により時間とエネルギーをかけるようになるだろう。また企業もかつてのように大学の名前だけで採用人事をすることがなくなる。そうすれば大学志願者は、大学で何が学べるか、どんな能力が身に付くのか、授業料に見合った教育が受けられるのか、大学教育の中身により関心を抱くようになる。そして大学はそれらの志願者に、納得のいく説明をすることが大切となる。それができない大学は学生募集において不利益を被ることになろう。

　志願者に対し大学教育の中身の説明と、日本育英会を始めとする学外奨学金と学内奨学金の説明のできる専門スタッフが必要となる。このスタッフは、(住宅金融公庫融資を利用するときのように)受験者の大学教育資金の相談もできなければならない。日本では大学教育費の準備とその説明は、大学がするのではなく、現在郵便局の保険貯蓄募集職員、生命保険社員、銀行の教育ロー

ン係が行っている。

　さて学生に対する学内奨学金または、その他の学費差別化の財源の調達であるが、これについては第3号基本金によって行うのが理想的である。ただし問題は果実があるだけ十分基本金蓄積のある学校法人が、多くはないことである。よって経常費から支出することになるが、これはすでに諸大学で行われている方法である。そこでの問題は学生納付金が奨学金に充当されるという道義的責任である。これについては情報開示して、ステイクホルダーすなわち利害関係者である学生、保護者、教職員、同窓会に明瞭に説明すべきである。

　最後に私学助成の強化の必要を指摘しておきたい。高等教育政策とは、単純化すれば質の高い教育を、いかに効率的安価に提供するかである。需要側と供給側、買い手と売り手に情報の非対称性があり、需要が豊富であれば、安かろう悪かろうのサービスが提供される危険が生じる。高等教育の場合それを避けるために政府は、大学設置基準等を設けて一定水準のサービスを提供することに努力することになる。しかし安価ではあるが、ある程度の質を保証するとなると、供給側の努力だけでは限界があり、経営が成り立たず結果として私学助成が必要となった。これが日本の辿ってきた道である。

　国立私立問わず、大学教育は将来の社会と個人への投資である。社会が投資から収益を得るならば、ある程度社会が負担すべきである。にもかかわらず日本では、私立大学の学生数を見ればわかるとおり、これまで社会に代わって、専ら家計の努力で高等教育への投資が行われてきた。これを高等教育発展の「日本モデル」と呼ぶ人もいる。政府からすれば、効率的モデルであり、言ってみれば安上がりモデルである。しかし社会的投資を家計が担っているので、家計からすると不公平モデルである。よってこの不公平是正に高等教育への公財政支出と私大助成の強化が、必要と考えられる。私学助成は、施米ではなく、社会的投資に対する貢献として私学に対する支払金である。ただし配分方法は、これまでの私学助成に見られる一律の機関補助を継続していくのか、奨学金を中心とした個人補助に比重を移していくのか、政策レベルで充分議論する必要がある。日本の高等教育の発展には、私学が大きな役割を果たした。そして経済成長や社会発展に与えた効果は計り知れない。

もし私学がなければ、国はとんでもない財政負担を強いられたことになる。大学教育の需要充足をしなければ、社会不安も高まったであろう。その役割を正当に評価してもらう必要がある。

# あとがき

　本書は、筆者が3年前に上梓した『私立大学の財務と進学者』(東信堂)の続編である。前著に対しては、書評、研究会、私信、インフォーマルな会話を通して、ご批判、感想、要望など数々のコメントをいただいた。本書では、そのうちのいくつかに対する答えを提示できたと思っている。もちろんまだ答えを出していない部分が多いのであるが、なるべく早い時期に返答したいと考えている。ただし私立大学政策、高等教育財政、私大経営などを扱った本書で明らかにできたことは、ほんの僅かであり、むしろ今後答えるべき問題、検討すべき課題が、それ以上に明確化してきたという研究のトラップに引っかかっている。この点については、これまで通り地道にやっていくしかないと思っていると同時に、研究結果をできるだけ早い段階で刊行したいと考えている。

　本書に収められたのは、ほとんどここ3年間に発表した論文であるが、第8章付論及び第10章付論の二つの付論はしばらく前に書いたものであり、かつデータ分析に基づく研究である。データが古いので分析結果にそれほど意味があるとも思えないが、考え方やデータの扱い方について参考にしていただければと考えている。第8章付論は、大学退学を扱った分析である。近年大学退学者が増加しているせいか、この論文が引用されることも、筆者への問い合わせもあるので、敢えて本書に加えさせていただいた。また第3章は私学の資産をデータ分析する際に、データ分析ではわからない点を確認するため、筆者が財務理事に行ったインタビューをまとめたものである。本来は基礎資料であるべきものであるが、研究の途中から幾人かの研究者の興味を引いたので本書に加えた。お忙しいところインタビューに答えて下さった方々に記して謝意を表したい。初出一覧は、以下の通りである。

序章「私学経営を取り巻く環境」『椙山女学園大学研究論集』第33号　社
　　会科学篇　2002年3月 pp.103-114.
第1章　第2章　第3章　原題「私学の資産」『高等教育政策と費用負担』

科学研究費研究成果報告書第10章（研究代表者　矢野眞和　東工大教授）2001年3月　にそれぞれ修正を加えた。

第4章　原題「学生募集における学費差別化と奨学金の役割」『Between』No.167　進研アド　2000年9月　pp.16-18.

第5章「大学教育の質と価格」『椙山女学園大学研究論集』第31号　社会科学篇　2000年3月 pp.103-113.

第6章　新稿

第7章　原題「学生による教員評価は大学教育改善に有効か」『大学教育研究』第8号　神戸大学大学教育研究センター　2000年3月　pp.1-7.

第8章　新稿　付論　原題「大学退学に対する大学環境要因の影響力の分析」『教育社会学研究』第39集　1984年9月　pp.140-153のデータを示した表を除き、修正した。

第9章　原題「教育の利益」『椙山女学園大学研究論集』第32号　社会科学篇　2001年3月 pp.117-127.

第10章　原題「経済発展に対する教育の影響力」『大学論集』第28集1998年度　広島大学大学教育研究センター　1998年5月 pp.117-130.　付論　原題「戦後我が国における高等教育投資の時系列的分析」『大学研究ノート』第63号　広島大学大学教育研究センター　1985年10月 pp.73-77の教育費、収益率、ミスアロケーションコスト等の計測結果を示した諸表を省き、一部修正した。

第11章　原題「アメリカの奨学金制度とその課題」『大学と学生』第442号　文部科学省高等教育局学生課　2001年10月　pp.19-24.

第12章　原題「アメリカの入学者マーケッティング」『ＩＤＥ現代の高等教育』No.421 民主教育協会　2000年9月号　pp.25-29.

第13章　原題「Disorder is a good order」『高等教育政策と費用負担』科学研究費研究成果報告書第28章（研究代表者　矢野眞和　東工大教授）2001年3月。

第14章　原題「アメリカにおける株式会社大学の成長」『人間関係学研究』椙山女学園大学　2002年3月　pp.211-218.

終章　原題「学生募集における学費戦略と奨学金の役割(1)〜(3)」『教育学

術新聞』2002年1月9日～2月6日。

　本書を完成させるまでいろいろな方々にお教えいただいた。前著でお名前を挙げさせていただいた先生方には、もちろん今回もお世話になった。再度お礼申し上げる。

　私は、2000年4月より発足した日本私立大学協会附置私学高等教育研究所の研究員に仰せつかったが、喜多村和之研究主幹、原野幸康日本私立大学協会常務理事、小出秀文同事務局長を始め諸先生やスタッフの方々から、そこでの研究会議、公開研究会を通じて、また私的な会話を通じて日本の私立大学の発展過程や現在抱えている問題、今後の展望などを学ぶことができた。さらに書物では学べないビビッドな私学の実態を教えていただいた。そこで得た知見の一部は本書に含めたし、今後の研究にもさらに生かしたいと考えている。

　また同じく2000年4月より、国立学校財務センター科学研究費プロジェクト（研究代表者天野郁夫同センター教授）に参加させていただき、国立大学の法人化問題を検討する過程で、日本の高等教育財政や設置形態論などを学ぶことができたが、それが本書での私立大学の財政問題を考える上で役立った。研究プロジェクトで知り得た先生方にお礼申し上げたい。

　2001年5月からは、北海道大学高等教育機能開発総合センター生涯学習計画研究部の客員教授に任命され、当センターにて貴重な長期研修の機会を与えられた。研究部の町井輝久教授はじめセンターの諸先生からも、高等教育の機能開発について多くを学ぶことができ、研究上の刺激を得た。ここで謝意を表したい。

　そして著者に15年以上も恵まれた研究環境を用意して下さり、2冊の著書を出版する機会を与えてくれた椙山女学園大学の椙山正弘先生、太田正光学園理事長、武藤泰敏学長と教職員の皆様に感謝したい。

　最後に前著につづいて再度出版をお引き受け下さった東信堂社長下田勝司氏、及び本書の刊行までいろいろな面でバックアップして下さった社員の方々に心より御礼申し上げる。

　零下20度光り輝く朝に　2002年1月

　　　　　　　　　　　　　　　　　　　　　　　　　　丸山文裕

# 事項索引

## 【ア行】

| | |
|---|---|
| アイオワ大学 | 195 |
| アカウンタビィリティ | 91 |
| アグネス・スコット大学 | 193 |
| イェール | 197 |
| イギリス法律学校(中央) | 33, 34 |
| 育児(への影響) | 138 |
| 委託研究費 | 61 |
| イリノイ大学 | 197 |
| 因果関係(教育と経済) | 159 |
| イングラム慈善財団 | 195 |
| ヴァッサーカレッジ | 196 |
| ヴァンダービルト大学 | 195 |
| ウィスコンシン大学 | 80 |
| ウィリアムカレッジ | 193 |
| ウエスタン・ガバナーズ大学 | 191 |
| 営利機関 | 181 |
| 営利(法人)大学 | 199, 207, 212, 225 |
| エッカード大学 | 193 |
| エモリー大学 | 193 |
| 桜美林大学 | 94 |
| オハイオ州立大学 | 197 |

## 【カ行】

| | |
|---|---|
| カールトン大学 | 81 |
| 海軍士官学校 | 80 |
| 開発途上国 | 161 |
| 外部効果 | 21, 23, 136, 203 |
| 学習投資 | 139 |
| 学生／教員比 | 127 |
| 学生納付金 | 15, 36, 63 |
| 学生一人あたりの経費 | 113 |
| 学生募集 | 67, 224 |
| 学納金収入 | 54 |
| 家計負担 | 16, 220 |
| 家族計画 | 161 |
| 学校教育法 | 213 |
| 学校法人 | 22, 33 |
| 学校法人会計(基準) | 62, 213 |
| 家庭生活(への影響) | 142 |
| カリフォルニア大学 | 80, 192 |
| カリフォルニア大学システム | 194 |
| カレッジインパクト・モデル | 120, 121, 129, 132 |
| カレッジインパクト研究 | 79, 80, 109, 110, 112, 114, 115, 139 |
| 川崎商船学校 | 38 |
| 関西法律学校(関西) | 33, 34 |
| 機会均等(化) | 179, 224 |
| 機関研究 | 79 |
| 機関助成 | 68, 178 |
| 寄付(金) | 28, 37, 38, 54, 56, 60, 69, 113, 194, 223 |
| 基本財産 | 19, 23, 32, 33, 36, 46, 55, 56, 82, 113, 204, 222, 223 |
| 逆オークション | 66, 188 |
| キャンパスアメニティー | 26, 55 |
| キャンパスツアー | 186 |
| 教育機会奨学金 | 176 |
| 教育経済学 | 35 |
| 教育研究経費比率 | 74 |
| 教育減税(策) | 199, 200 |
| 教育達成モデル | 120 |
| 教育の間接的効果 | 141, 144 |
| 教育の質 | 71, 72, 74, 163, 164, 212, 214 |
| 教育の収益率 | 153 |

| | | | |
|---|---|---|---|
| 教育の利益 | 135 | 子どもの質(への影響) | 138, 158 |
| 教育ローン | 199 | 雇用機会奨学金 | 176 |
| 教員評価 | 92, 99 | コロンビア大学 | 185, 194, 197 |
| 京都大学高等教育教授システム開発センター | 93 | コンソーシアム | 27, 94, 209 |

## 【サ行】

| | | | |
|---|---|---|---|
| 金銭的個人的利益 | 136, 139 | 財団法人 | 19, 22, 33, 36, 44, 222 |
| 空軍士官学校 | 80 | 差額法 | 187 |
| 慶應(義塾) | 32, 34, 37, 39, 40 | サンタ・ローザ短期大学 | 194 |
| 経済成長 | 139, 151, 167 | サンフランシスコ大学 | 208 |
| 経済と法律専門の専修学校（専修） | 34 | 私学助成 | 23 |
| 経済発展 | 35 | シカゴ大学 | 81 |
| 経常費補助 | 221 | 志願率 | 15 |
| ゲイツ夫妻 | 195 | 自己点検評価 | 24, 70, 96, 135 |
| 結婚(への影響) | 138 | 資産運用 | 41-43, 45, 48, 54, 56, 57, 60, 192, 223 |
| 建学の精神 | 95 | 私大新増設抑制策 | 46 |
| 減価償却 | 43, 55, 59 | 私的収益率 | 167 |
| 健康(への影響) | 138, 145, 158, 161 | 支払能力選抜法 | 188 |
| コース評価 | 100 | 市民性 | 147 |
| 合格取り消し法 | 188 | 社会的収益率 | 167 |
| 合格率 | 15 | 社団法人 | 33 |
| 公私協力方式 | 62 | 収益率 | 160 |
| 工場モデル（factory model） | 112, 121 | 就職能力 | 92, 95 |
| 皇典講習所（國學院） | 34 | 就職率 | 16, 220 |
| 高等教育機会(の均等化) | 21, 202 | 18歳人口 | 15, 17, 25, 41, 47, 55, 95, 184, 219 |
| 高等教育財政 | 191 | 授業評価 | 92 |
| 高等教育のユニバーサル化 | 202 | 授業料 | 113 |
| 高等教育の利益 | 135 | 授業料差別化 | 25 |
| 高等教育費 | 166 | 授業料収入 | 36, 37, 39, 41 |
| 神戸商船学校 | 38 | 出生率 | 141, 142, 144 |
| 神戸大学大学教育研究センター | 93 | 純資産 | 42, 43, 48, 57, 60, 221 |
| 國學院（大学） | 39 | ジョージア工科大学 | 216 |
| 国際基督教大学 | 93 | ジョージア大学 | 193 |
| 国有地付与大学 | 223 | 生涯賃金 | 136-138 |
| 国立衛生研究所 | 192 | 奨学金 | 25, 56, 61, 63, 113 |
| 国立科学財団 | 191 | 消費性向 | 140 |
| 護送船団方式 | 18 | 消費的利益 | 138 |
| 国庫助成 | 46 | 情報開示 | 24, 55, 62, 64, 214, 229 |
| 国庫補助金 | 49, 54, 56, 61 | | |

| | | | |
|---|---|---|---|
| 情報公開 | 62, 91 | 大学審議会 | 17, 26, 89, 90 |
| 情報の非対称性 | 213, 229 | 大学生の退学 | 119 |
| 職業教育 | 162 | 大学設置基準 | 71, 89, 96 |
| 初等教育 | 170 | 大学の質 | 82 |
| 初等中等教育 | 161 | 大学の歴史 | 75, 76 |
| 所得格差 | 168 | 大学評価 | 70, 97 |
| 初任給 | 16, 136, 220 | 大学予科 | 222 |
| 私立学校振興助成法 | 213 | 大学令 | 32, 35-37, 222 |
| 私立学校の財務状況に関する調査 | 42-44 | 第3号基本金 | 59, 69, 229 |
| 私立学校令 | 36 | 第三者の支払い | 179 |
| 進学率 | 15, 16, 219 | 第三者評価 | 24, 70, 97 |
| 神宮皇学館 | 34 | 貸借対照表 | 42, 55, 57, 59, 63 |
| 人的資本モデル | 137 | 第2号基本金 | 59 |
| 人的資本投資 | 146 | 台湾協会学校 | 38 |
| 人的資本理論 | 79, 159, 160, 162 | 拓殖大学 | 38 |
| 椙山女学園大学 | 94 | 脱学校論 | 215 |
| スクリーニング | 79, 137, 160 | 単位費用 | 39, 73 |
| スタッフォード・ローン | 176 | 短期的利益 | 141 |
| スタッフ・デベロップメント(SD) | 25, 27, 89 | 地域開発研究所 | 207 |
| スタンフォード大学 | 197, 223 | チャーター | 116-118 |
| スティッカープライス | 186, 225 | チャーターリング・モデル | 120, 123, 132 |
| スピル・オーバー | 136, 163 | 中央(大学) | 38, 39 |
| 生産性効率 | 146 | 中等教育 | 170 |
| 成長勘定 | 152, 154, 157 | 長期的利益 | 141 |
| 西部学校大学基準協会 | 208 | 直接効果 | 144 |
| 説明責任 | 91, 209, 214 | 直接的(教育効果) | 141 |
| セント・メアリーズ大学 | 209 | 定員超過率 | 73, 76 |
| 専門学校 | 31, 33 | ディヴィジア指数 | 155 |
| 専門学校令 | 32, 34, 60 | ディスクロージャー・システム | 24, 214 |
| 専門部 | 19, 36, 37, 222 | テキサス大学 | 80, 192 |
| 相関関係(教育と経済) | 159 | デューク大学 | 81 |
| | | デュポン社 | 195 |
| **【タ行】** | | ドイツ学協会専修校 | 33 |
| 第1号基本金 | 42, 43, 48, 222 | 東海大学 | 93 |
| 退学率 | 110 | 東京商船学校 | 38 |
| 大学環境 | 109, 115, 116, 126 | 東京専門学校(早稲田) | 31, 34, 38 |
| 大学環境変数 | 110 | 東京仏学校法律科 | 33 |
| 大学教育学会 | 94 | 東京法学社(法政) | 34 |

| | | | |
|---|---:|---|---:|
| 同志社（大学） | 33, 34, 39 | | 27, 89, 90 |
| 透明性 | 209, 214 | フィランソロフィー | 203 |
| 特別認可学校規則 | 31 | フェニックス大学 | 207, 209, 210 |
| 独立行政法人化 | 18, 95 | 普通教育 | 162 |
| トランスペアレンシー | 91 | プラス・ローン | 176 |
| トランスログ関数 | 154, 154 | ブラッド・フォード大学 | 201 |
| ドロップアウト率 | 79 | プリテスト・ポストテスト | 111 |
| | | 古河財閥 | 38 |
| | | 文教大学 | 94 |

【ナ行】

| | | | |
|---|---:|---|---:|
| 内部収益率 | 136, 137 | ベル奨学金 | 176 |
| 内部補助（cross-subsidization） | 19, 37, 39, 222 | ペンシルバニア大学 | 197 |
| 内部留保資産 | 42 | ホームページ | 184, 210, 216 |
| ニードベース（奨学金） | 25, 175, 177, 224 | 法政（大学） | 39 |
| 西ミシガン大学 | 81 | 北中部学校大学基準協会 | 209, 211 |
| 日本（大学） | 39 | 北海道大学高等教育機能開発総合センター | |
| 日本私学振興財団 | 23 | | 93 |
| 日本私立大学協会 | 94 | 北海道帝国大学 | 38 |
| 日本私立大学振興・共済事業団 | 42 | | |
| 日本私立大学連盟 | 94 | | |

【マ行】

| | | | |
|---|---:|---|---:|
| 日本法律学校（日本） | 34 | マーケティング | 25, 184, 211 |
| ニューヨーク大学 | 197 | マックガバーン夫妻 | 195 |
| 入学難易度 | 75, 76, 80, 82, 118, 121 | ミシガン州立大学 | 81 |
| 乳児死亡率 | 144 | ミシガン大学 | 80, 81, 192, 197 |
| 認定（accreditation） | 207 | ミスアロケーション・コスト | 169 |
| | | 三菱商船学校 | 38 |

【ハ行】

| | | | |
|---|---:|---|---:|
| | | 南カルフォルニア大学 | 196 |
| パーキンス・ローン | 176 | ミネソタ大学 | 197 |
| バージニア大学 | 193 | 民主教育協会 | 94 |
| ハーバード大学 | 81, 192, 196 | 明治大学 | 32, 39 |
| 配分効率 | 146, 152 | 明治法律学校（明治） | 33, 34 |
| 犯罪（への影響） | 140, 147 | メディア教育開発センター | 94 |
| 東ミシガン大学 | 81 | メリットベース（奨学金） | 25, 175, 224 |
| 非金銭的個人的利益 | 138, 139 | メリット・レギュレーション・システム | |
| 非伝統的学生 | 83 | | 24, 214 |
| 病院モデル（hospital model） | 113, 121 | | |

【ヤ行】

| | | | |
|---|---:|---|---:|
| 広島大学大学教育研究センター | 126 | | |
| 広島大学高等教育開発センター | 93 | UCバークレー | 197 |
| ファカルティ・デベロップメント（FD） | 25, | ユニバーサル化 | 226 |

| | | | |
|---|---|---|---|
| 予科 | 19, 32, 36 | ワシントン・リー大学 | 193 |
| | | 早稲田（大学） | 32, 37, 39, 40 |

**【ラ行】**

**【欧字】**

| | | | |
|---|---|---|---|
| 利子収入 | 32, 33, 36 | FD活動 | 25, 27 |
| 立命館大学 | 94 | merit-base | 198 |
| リベラルアーツカレッジ | 201, 204, 217 | MIT | 195 |
| 臨時定員増 | 47 | need-base | 198 |
| 連邦政府方式 | 177 | SAT | 80, 185 |
| ローン | 58 | ＳＤ活動 | 25, 27 |
| ロイヤリティー収入 | 194 | ＳＴ比 | 72, 76 |
| | | UCLA | 197 |

**【ワ行】**

ワシントン・ジェファソン大学　　197

# 人名索引

## 【ア行】

アーサー・レビン（Levine, Arthur） 201
アスティン（Astin, Alexander W.） 112-115, 121, 125
天野郁夫 36
荒井克弘 39, 40
イリッチ（Illich, Ivan） 215
大久保利謙 32

## 【カ行】

カメンズ（Kamens, D.H.） 123
ギルモア（Gilmore, Jeffrey L.） 82
クーとステージ（Kuh, G.D. and F.K.Stage） 115
クラーク（Clark, Burton R.） 79
クロトフェルター（Clotfelter, Charles T.） 81
コーエンとゲスク（Cohn, Elchanan and Terry G.Geske） 136

## 【サ行】

サカロプロス（Psacharopoulos, George） 153, 158, 160, 161, 163, 164
サマースキル（Summerskill, John） 125
シーウェルとシャー（Sewell, W.H. and Shah） 120
清水一行 224
シュルツ（Shultz, Theodore W.） 159

ジョーゲンソン（Jorgenson, Dale W.） 157
スパーリング（Sperling, John） 207, 210, 212
ソロモン（Solmon, Lewis C.） 162
ソロモンとファグナノ（Solmon, Lewis C. and Cheryl L. Fagnano） 141, 163, 164

## 【タ行】

チンロイ（Chinloy, P.） 154, 157
辻村江太郎 155
ティント（Tinto, V.） 122, 127
デニソン（Denison, Edward） 154

## 【ナ行】

永井道雄 34, 35, 38
夏目漱石 34

## 【ハ行】

パスカレラ（Pascarella, Ernest T.） 122
ブローグ（Blaug, Mark） 136, 159
ベッカー（Becker, Gary S.） 147
ペンカベル（Pencavel, John） 152, 157, 158
ボーエン（Bowen, Howard） 109, 110, 137-140, 147

## 【マ行】

マイヤー（Meyer, John W.） 115-118, 123
マクマホン（McMahon, Walter） 161, 162
ミンサー（Mincer, Jacob） 144, 159, 161, 163

著者紹介

丸山文裕（まるやま　ふみひろ）
1981年、名古屋大学大学院教育学研究科博士課程後期修了。1983年、ミシガン州立大学教育学大学院修了（Ph.D）。現在、国立学校財務センター教授。

**主要著書**
『私学大学の財務と進学者』東信堂（1999年）、「女子高等教育進学率の変動」市川昭午編『大学大衆化の構造』玉川大学出版部（1995年）、「教育の拡大と変動」柴野昌山他編『教育社会学』有斐閣（1992年）。

The Financial and Academic Management in Private Universities

私立大学の経営と教育　　　　　　　　　　　＊定価はカバーに表示してあります

2002年10月10日　初　版第1刷発行　　　　　〔検印省略〕

著者© 丸山文裕　発行者　下田勝司　　　印刷・製本　中央精版印刷
東京都文京区向丘 1-20-6　郵便振替 00110-6-37828
〒113-0023　TEL (03) 3818-5521(代)　FAX (03) 3818-5514　株式会社 東信堂発行所

Published by TOSHINDO PUBLISHING CO., LTD.
1-20-6, Mukougaoka, Bunkyo-ku, Tokyo, 113-0023, Japan

ISBN4-88713-440-1 C3037 ¥3600E　©Maruyama Humihiro

## 東信堂

|  |  |  |
|---|---|---|
| 大学の自己変革とオートノミー——点検から創造へ | 寺﨑昌男 | 二五〇〇円 |
| 大学教育の創造——歴史・システム・カリキュラム | 寺﨑昌男 | 二五〇〇円 |
| 大学教育の可能性——教養教育・評価・実践 | 寺﨑昌男 | 二五〇〇円 |
| 立教大学へ〈全カリ〉のすべて——リベラル・アーツの再構築 | 全カリの記録編集委員会編 | 二二〇〇円 |
| ICUへリベラル・アーツのすべて | 絹川正吉編著 | 二三八一円 |
| 大学の授業 | 宇佐美寛 | 二五〇〇円 |
| 作文の論理——〈わかる文章〉の仕組み | 宇佐美寛編著 | 一九〇〇円 |
| 大学院教育の研究 | バートン R クラーク編 潮木守一監訳 | 五六〇〇円 |
| 大学史をつくる——沿革史編纂必携 | 寺崎・別府・中野編 | 五〇〇〇円 |
| 大学の誕生と変貌——ヨーロッパ大学史断章 | 横尾壮英 | 三二〇〇円 |
| 新版・大学評価とはなにか——自己点検・評価と基準認定 | 喜多村和之 | 一九四二円 |
| 大学評価の理論と実際——自己点検・評価ハンドブック | H.R.ケルズ 喜多村・舘・坂本訳 | 三二〇〇円 |
| 大学評価と大学創造——大学自治論の再構築に向けて | 細井・林編 千賀・佐藤編 | 二五〇〇円 |
| 大学力を創る・FDハンドブック | 大学セミナー・ハウス編 | 二三八一円 |
| 私立大学の財務と進学者 | 丸山文裕 | 三五〇〇円 |
| 私立大学の経営と教育 | 丸山文裕 | 三六〇〇円 |
| 短大ファーストステージ論 | 舘昭 | 二〇〇〇円 |
| 短大からコミュニティ・カレッジへ | 舘昭編 | 二五〇〇円 |
| 夜間大学院——社会人の自己再構築 | 新堀通也編著 | 三二〇〇円 |
| 現代アメリカ高等教育論 | 喜多村和之 | 三六八九円 |
| アメリカの女性大学：危機の構造 | 坂本辰朗 | 二四〇〇円 |
| アメリカ大学史とジェンダー | 坂本辰朗 | 五四〇〇円 |
| 高齢者教育論 | 松井政明 山野井敦徳 山本都久編 | 二二〇〇円 |

〒113-0023 東京都文京区向丘1-20-6　☎03(3818)5521　FAX 03(3818)5514／振替 00110-6-37828

※税別価格で表示してあります。

― 東信堂 ―

|  |  |  |
|---|---|---|
| 比較・国際教育学〔補正版〕 | 石附実編 | 三五〇〇円 |
| 日本の対外教育——国際化と留学生教育 | 石附実 | 二〇〇〇円 |
| 比較教育学の理論と方法 | J・シュリーバー編著 馬越徹・今井重孝監訳 | 二八〇〇円 |
| 世界の教育改革——21世紀への架け橋 | 佐藤三郎編 | 三六〇〇円 |
| 教育は「国家」を救えるか〔現代アメリカ教育2巻〕——質・均等・選択の自由 | 今村令子 | 三五〇〇円 |
| 永遠の「双子の目標」——多文化共生の社会と教育 | 今村令子 | 二八〇〇円 |
| ドイツの教育 | 天野正治編 | 四六〇〇円 |
| 21世紀を展望するフランス教育改革——一九八九年教育基本法の論理と展開 | 別府昭郎編 | 四〇〇〇円 |
| フランス保育制度史研究——初等教育としての保育の論理構造 | 小林順子編 | 八六四〇円 |
| 変革期ベトナムの大学 | 藤井穂高 | 七六〇〇円 |
| フィリピンの公教育と宗教——成立と展開過程 | D・スローパー編 レクタ・カン編 大塚豊監訳 | 三八〇〇円 |
| 国際化時代日本の教育と文化 | 市川誠 | 五六〇〇円 |
| ホームスクールの時代——学校へ行かない選択、アメリカの実践 | 沼田裕之 | 二四〇〇円 |
| 社会主義中国における少数民族教育——「民族平等」理念の展開 | M・メイベリー/J・シウルズ他 秦明夫・山田達雄監訳 | 二〇〇〇円 |
| 東南アジア諸国の国民統合と教育——多民族社会における葛藤 | 小川佳万 | 四六〇〇円 |
| ボストン公共放送局と市民教育——マサチューセッツ州産業エリートと大学の連携 | 村田翼夫編 | 四四〇〇円 |
| 現代英国の教育社会学——教育の危機のなかで | 赤堀正宜 | 四七〇〇円 |
| 現代英国の宗教教育と人格教育(PSE) | 柴沼晶子編 | 五二〇〇円 |
| 子どもの言語とコミュニケーションの指導 | 新井浅浩編 | 二五〇〇円 |
| 教育評価史研究——評価論の系譜 | 能谷一乗 | 二八〇〇円 |
| | D・バーンスタイン他編 池内山緒方訳 | |
| | 天野正輝 | 四〇七八〇円 |
| 日本の女性と産業教育——近代産業社会における女性の役割 | 三好信浩 | 二八〇〇円 |

〒113-0023 東京都文京区向丘1-20-6 ☎03(3818)5521 FAX 03(3818)5514 振替 00110-6-37828

※税別価格で表示してあります。

====== 東信堂 ======

## [現代社会学叢書]

**開発と地域変動** ―開発と内発的発展の相克
北島滋 ３２００円

**新潟水俣病問題** ―加害と被害の社会学
飯島伸子・舩橋晴俊編 ３８００円

**在日華僑のアイデンティティの変容** ―華僑の多元的共生
過放 ４４００円

**健康保険と医師会** ―社会保険創始期における医師と医療
北原龍二 ３８００円

**事例分析への挑戦** ―個人・現象への事例媒介的アプローチの試み
水野節夫 ４６００円

**海外帰国子女のアイデンティティ** ―生活経験と通文化的人間形成
南保輔 ３８００円

**有賀喜左衛門研究** ―社会学の思想・理論・方法
北川隆吉編 ３２００円

**現代大都市社会論** ―分極化する都市？
園部雅久 ３６００円

**インナーシティのコミュニティ形成** ―神戸市真野住民のまちづくり
今野裕昭 ５４００円

**ブラジル日系新宗教の展開** ―異文化布教の課題と実践
渡辺雅子 ８２００円

**イスラエルの政治文化とシチズンシップ**
奥山真知 ３８００円

**正統性の喪失** ―アメリカの街頭犯罪と社会制度の衰退
G・ラフリー 宝月誠監訳 ３６００円

**福祉国家の社会学** [シリーズ政策研究１] ―21世紀における可能性を探る
三重野卓編 ２０００円

**戦後日本の地域社会変動と地域社会類型** ―都道府県・市町村を単位とする統計分析を通して
小内透 ７９６１円

**新潟水俣病問題の受容と克服**
堀田恭子著 ４８００円

**ホームレス ウーマン** ―知ってますか、わたしたちのこと
E・リーボウ 吉川徹・蕗里香訳 ３２００円

**タリーズ コーナー** ―黒人下層階級のエスノグラフィ
E・リーボウ 吉川徹監訳 ２３００円

〒113-0023 東京都文京区向丘１−20−6 ☎03(3818)5521 FAX 03(3818)5514／振替 00110-6-37828

※税別価格で表示してあります。

═══ 東信堂 ═══

〈シリーズ 世界の社会学・日本の社会学 全50巻〉

タルコット・パーソンズ —— 近代主義者の最後の —— 中野秀一郎 一八〇〇円
ゲオルク・ジンメル —— 現代分化社会における個人と社会 —— 居安 正 一八〇〇円
ジョージ・H・ミード —— 社会的自我論の展開 —— 船津 衛 一八〇〇円
奥井復太郎 —— 都市社会学と生活論の創始者 —— 藤田弘夫 一八〇〇円
新 明 正 道 —— 綜合社会学の探究 —— 山本鎭雄 一八〇〇円
アラン・トゥーレーヌ —— 現代社会のゆくえと新しい社会運動 —— 杉山光信 一八〇〇円
アルフレッド・シュッツ —— 主観的時間と社会的空間 —— 森 元孝 一八〇〇円
エミール・デュルケム —— 社会の道徳的再建と社会学 —— 中島道男 一八〇〇円
レイモン・アロン —— 危機の時代の透徹した警世思想家 —— 岩城完之 一八〇〇円
米田庄太郎 —— 中 久郎 一八〇〇円
髙田保馬 —— 北島 滋 続刊

白神山地と青秋林道 —— 地域開発と環境保全の社会学 —— 橋本健二 四三〇〇円
現代環境問題論 —— 理論と方法の再定置のために —— 井上孝夫 三二〇〇円
現代日本の階級構造 —— 理論・方法・計量分析 —— 井上孝夫 三二〇〇円

〔研究誌・学会誌〕
社会と情報 1〜4 「社会と情報」編集委員会編 各一八〇〇円
東京研究 3〜5 東京自治問題研究所編 二〇六〇円〜
日本労働社会学会年報 4〜12 日本労働社会学会編 二九一三〜三三〇〇円
労働社会学研究 1〜3 日本社会学会編 二三五〇〇円
社会政策研究 1・2 「社会政策研究」編集委員会編 二三五〇円

〒113-0023 東京都文京区向丘 1 −20 − 6　☎03(3818)5521　FAX 03(3818)5514／振替 00110-6-37828

※税別価格で表示してあります。

## 東信堂

|  |  |  |
|---|---|---|
| 責任という原理——科学技術文明のための倫理学の試み | H・ヨナス 加藤尚武監訳 | 四八〇〇円 |
| 主観性の復権——心身問題から「責任という原理」へ | H・ヨナス 宇佐美滝口訳 | 二〇〇〇円 |
| 哲学・世紀末における回顧と展望 | H・ヨナス 尾形敬次訳 | 八二六円 |
| バイオエシックス入門〔第三版〕 | H・ヨナス 今井道夫・香川知晶編 | 二三八一円 |
| 思想史のなかのエルンスト・マッハ——科学と哲学のあいだ | 今井道夫 | 三八〇〇円 |
| 今問い直す脳死と臓器移植〔第二版〕 | 澤田愛子 | 二〇〇〇円 |
| キリスト教からみた生命と死の医療倫理 | 浜口吉隆 | 二三八一円 |
| 空間と身体——新しい哲学への出発 | 桑子敏雄 | 二五〇〇円 |
| 環境と国土の価値構造 | 桑子敏雄編 | 三五〇〇円 |
| 洞察＝想像力——知の解放とポストモダンの教育 | D・スローン 市村尚久監訳 | 三八〇〇円 |
| ダンテ研究Ⅰ——Vita Nuova 構造と引用 | 浦一章 | 七五七三円 |
| ルネサンスの知の饗宴〔ルネサンス叢書1〕——ヒューマニズムとプラトン主義 | 佐藤三夫編 | 四四六六円 |
| ヒューマニスト・ペトラルカ〔ルネサンス叢書2〕 | 佐藤三夫 | 四八〇〇円 |
| 東西ルネサンスの邂逅〔ルネサンス叢書3〕 | 根占献一 | 三六〇〇円 |
| 原因・原理・一者について〈ジョルダーノ・ブルーノ著作集・3巻〉——南蛮と補寛氏の歴史的世界を求めて | 加藤守通訳 | 三二〇〇円 |
| ロバのカバラ——ジョルダーノ・ブルーノにおける文学と哲学 | N・オルディネ 加藤守通訳 | 三六〇〇円 |
| 三島由紀夫の沈黙——その死と江藤淳・石原慎太郎 | 伊藤勝彦 | 二五〇〇円 |
| 愛の思想史〔新版〕 | 伊藤勝彦 | 二〇〇〇円 |
| 荒野にサフランの花ひらく〈続・愛の思想史〉 | 伊藤勝彦 | 二三〇〇円 |
| 必要悪としての民主主義——政治における悪を思索する | H・R・ヘイル 中森義宗監訳 | 一八〇〇円 |
| イタリア・ルネサンス事典 | 中森義宗監訳 | 続刊 |

〒113-0023 東京都文京区向丘1-20-6　☎03(3818)5521　FAX 03(3818)5514　振替 00110-6-37828

※税別価格で表示してあります。